本书系国家自然科学基金项目“农业经营新模式对增进与分享规模
（编号：71473205）的阶段性研究成果

本书由以下项目共同资助：

1. 重庆工商大学“创新型国家建设与‘一带一路’绿色发展”创新团队项目（编号：CJSYTD201705）
2. 教育部人文社会科学重点研究基地重庆工商大学长江上游经济研究中心
3. “三峡库区百万移民安稳致富国家战略”服务国家特殊需求博士人才培养项目

刘　晗／著

农户生产分工差别化影响研究

RESEARCH ON THE INFLUENCE OF RURAL HOUSEHOLDS' DIFFERENTIATION OF DIVISION OF LABOR

中国财经出版传媒集团
经济科学出版社
Economic Science Press

图书在版编目（CIP）数据

农户生产分工差别化影响研究/刘晗著．—北京：
经济科学出版社，2018.8
ISBN 978-7-5141-9559-0

Ⅰ.①农…　Ⅱ.①刘…　Ⅲ.①农户-农业生产-
分工-研究-中国　Ⅳ.①F325.1

中国版本图书馆 CIP 数据核字（2018）第 163540 号

责任编辑：周胜婷
责任校对：靳玉环
责任印制：邱　天

农户生产分工差别化影响研究
刘　晗　著
经济科学出版社出版、发行　新华书店经销
社址：北京市海淀区阜成路甲 28 号　邮编：100142
总编部电话：010-88191217　发行部电话：010-88191522
网址：www.esp.com.cn
电子邮箱：esp@esp.com.cn
天猫网店：经济科学出版社旗舰店
网址：http://jjkxcbs.tmall.com
固安华明印业有限公司印装
710×1000　16 开　16 印张　250000 字
2018 年 9 月第 1 版　2018 年 9 月第 1 次印刷
ISBN 978-7-5141-9559-0　定价：68.00 元
（图书出现印装问题，本社负责调换。电话：010-88191510）

序

回顾改革开放以来近40年的发展历程，中国农业经济发展取得举世瞩目的成就，农业生产力显著提升，农产品产量持续上升，农民收入水平节节攀升，正在朝着现代农业发展方向不断前进。在新时代的历史条件下，随着乡村振兴战略的深入实施，农业农村发展必将再迈上一个新台阶。我作为一名从事农业经济管理研究的工作者，有幸亲历中国农业农村发生的巨大变化，既对"三农"领域的伟大成绩心生感慨，又对未来的乡村振兴事业满怀憧憬，经常思索着如何才能为新形势下的农业现代化发展贡献自己的绵薄之力。在一次与我的博士生导师王钊教授的学术研讨中，他曾提到"农业生产组织方式正在由以血缘、地缘为纽带的传统模式向以市场为纽带的新模式转变"。我从他这话当中获得了研究的灵感，农业生产新模式应是改变以往农户独自完成劳作的生产方式，转变为通过获取农业生产性服务支持来开展生产活动，本质上看，这是一种社会化分工生产方式。在梳理若干相关文献以及回顾过去所做的研究课题之后，我发现农户分工生产虽有利于提高经济效益，但并不是所有农户都愿意通过这种方式进行生产，不同农户之间在生产分工上表现出了明显差别。正是在这样的背景之下，我开始了本书《农户生产分工差别化影响研究》的撰写工作，试图回答农户生产分工为什么会呈现出差别化这个问题。

本书研究着重解答以下科学问题：农户生产分工表现出什么样的差别特征？经营效益及其他因素对农户分工影响效应和作用机理如何？这些因素影响下农户生产分工差别化形成的内在规律是什么？旨在通过对农户生产环节分工差别化的探索，揭示农户生产分工差别化的一般规律，进而为促进农户生产分工，增进农业经营效益，推动农业现代化发展提供借鉴和参考。内容主要包括5个部分：第一部分是农户生产分工影响理论分析框架，主要是对农户生产分工概念内涵做出界定，在理论上分析经营效益与农户生产分工的互动影响，以及交易费用、交易风险、生产迂回和要素资源等因素对农户生产分工影响的作用路径。第二部分是农户生产分工演进趋势与发展现状，主要是回顾农户生产分工发展变化轨迹，总结其演进趋势和特征，结合对种植业农户的实际调查，分析当前农户生产分工的基本现状。第三部分是农户生产分工差别特征描述和比较，主要是运用调查数据描述农户生产分工的总体差别，比较不同经营效益水平农户的生产分工差异。第四部分是农户生产分工影响因素实证分析，主要是建立计量分析模型，实证估计经营效益及其他因素对整体生产分工水平和细分环节分工程度的影响效应，归纳这些因素的影响方向和效应程度。第五部分是农户生产分工差别化影响机理解析，主要是分析经营效益与农户生产分工累积作用机理，以及交易费用、交易风险、生产迂回和要素资源等影响效应在经营效益影响作用下的反馈与强化，探讨多重因素影响下农户生产分工差别化形成过程，解析分工差别化过程中调节作用机制。

在本书即将付诸出版之际，首先，我要感谢西南大学经济管理学院王钊教授，师从王钊教授6年，获益良多，使我得以充分汲取知识的营养，不断充实和提升自我，丰富人生阅历。本书研究得益于王钊教授的悉心指导，亦是他所主持的国家自然科学基金面上项目“农业经营新模式对增进与分享规模经济的作用机理研究”的阶段性成果。其次，我要感谢重庆工商大学经济学院、长江上游经济研究中心给予我的支持，使我能够安心从事教学与科研，完成本书的最后撰写工作，依托学校丰富的学术资源，继续攀登学术高峰。再其次，我要感谢经济科学出版社的编辑，他们不仅向我提供了诸多有益的修改建议，还不厌其烦地为本书多次进行编审和校对，正是在他们的帮助和支持下，本书才能得以顺利出版。最后，我还要感谢我的家人，感谢我的妻子曹祖文女士在英文文献搜集和统计数据处理上给我的帮助和支持，感谢我的父亲刘国宇先生和我的母亲陈瑶女士从小对我的谆谆教导，培养我对写作的兴趣，让我有能力完成这样一部二十余万字的著作。此外，还要感谢多年来在我学习、工作和生活中为我提供帮助的所有人。

由于我自身学术研究能力有限，本书研究在农户样本选择、指标量化方式、计量分析方法等方面还有许多需要改进的地方，关于农户生产分工与经营效益提升之间的研究也还需要进一步升华。在此，也衷心希望读者们能多批评指正！

学术之路漫漫，其修远长。唯有不断求索，方得始终。

刘　晗

2018 年 4 月 20 日于重庆江北

目　　录

第1章　导　　论

1.1　研究背景与问题

1.1.1　研究背景

尽管我国农业经营体制经历了若干次重大的历史变迁，但集体所有、均田承包和家庭经营的大格局几乎没有发生根本性变动（罗必良和李玉勤，2014）。改革开放以来，家庭联产承包责任制成为我国农业生产的主要组织形式，农户以家庭为单位向集体组织承包生产任务和土地等生产资料，依照承包合同规定的权限范围进行独立自主经营，在完成国家和集体任务前提下分享经营成果。这种以家庭为基础，统分结合的双层经营体制极大地促进和提高了农户生产积极性，在一定时期内推动了农业生产力快速向前发展（林毅夫，1992）。按照1978年不变价格计算[①]，农林牧渔业总产值在1978～1985年间的年均增长率达到8.89%，农业生产力得到空前发展，农业经营制度创新取得巨大成功。然而，不可忽视的一点是，虽然“分”层面上农户家庭自主经营得到较好贯彻，但“统”层面上集体经济组织却长期处于缺失状态，导致农业经济增长后劲乏力。在1986～1995年、1996～2005年和2006～2014年这三个时期，农林牧渔业总产值年均增长率分别为

① 资料来源：《中国统计年鉴2015》。不变价格选取历年农林牧渔业总产值的当年价格，以1978年为基期，通过居民消费价格指数进行平减计算得到。

5.95%、5.04%和7.67%，经历了一个先降低后回升的过程，与改革之初相比，农业生产发展差强人意。原因在于，随着“制度红利”逐步消散，“统”与“分”相脱节的弊端逐渐开始显现，小规模、分散化的经营方式引发出土地细碎化、农户兼业化、劳动力弱质化、农业副业化和生产非粮化等一系列问题（罗必良，2014a），农户家庭经营与农业大市场之间的矛盾不断激化，阻碍了我国农业经营效益提升，影响了农业现代化发展进程。为应对上述难题，政府曾尝试通过引导土地集中的方式来克服农户分散经营生产效益低下的困境，但实施效果却收效甚微，1986年农户户均耕地面积9.2亩、分散为8.4块，2007年下降为7.4亩（何秀荣，2009），2011年户均耕地面积进一步降低到5.58亩（国务院发展研究中心农村部课题组，2013），户均土地规模日益缩小的不利局面并未得到有效缓解。虽不能以此否定推进土地承包经营权流转的积极意义，却也必须意识到在家庭经营体制短期内难以变更的情况下，还需要探索小规模、分散化农户生产经营效益提升可行的有效路径。

有专家认为，如果能够确保农业分工与专业化生产，即使在现有农户家庭经营且户均耕地规模较小的情况下，同样可以提高生产经营效益，改善农户经济效率（向国成，2005；罗必良和李玉勤，2014；胡新艳等，2015b）。农户通过生产环节外包、购买农业社会化服务以及崇州“1+1+1”模式等形式的生产环节分工都是提升农业生产经营效益的有效手段（Kruseman and Bade，1998；Schuh，2001；Coelli and Fleming，2003；王继权和姚寿福，2005；Vinnichek and Melnik，2009；王志刚等，2011；孔祥智和刘同山，2013；谢琳等，2014；Elias et al.，2015；张忠军和易中懿，2015）。其内在逻辑可以简要归纳为农户把部分生产环节剥离出去，专一从事某些环节的生产活动，同时农户转变为服务需求方，向农业经营组织或个体获取其他生产环节服务，从而提高每个环节的生产效率，通过农业生产环节分工促进经营效益的提高。对此，中央政府也逐渐认识到农业社会化分工的重要性，审时度势，尝试提出一系列旨在促进农业社会化分工发展，提升农业生产经营效益的政策措施。2014年，中央一号文件提出：健全农业社会化服务体系，大力发展主体多元、形式多样、竞争充分的社会化服务。2016年，中央一号文件强调，支持多种类型的新型农业服务主体开展代耕代种、联耕联种、土地托管等专业化服务，扩大政府购买农业公益性服务机制创新试点，加快发展农业生产性服务业。2018 年，中央一号文件进一步明确，促进小农户和现代农业发展有机衔接，培育各类专业化市场化服务组织，推进农业生产全程社会化服务，帮助小农户节本增效。这些政策举措的制定与落实，可谓切中肯綮，为促进农业分工发展提供了制度保障。需要注意的是，当前时值我国深化改革全面推进，经济发展步入新常态，以及乡村振兴战略起步实施的特殊时期，农业发展面临的外部环境和内在动因正在发生深刻变化，农业生产环节分工在实践过程中可能还会有新的矛盾不断涌现，对农业现代化发展提出新的挑战。因此，深入探讨农业分工尤其是农户生产分工的一般规律，已然成为乡村振兴战略背景下农业现代化推进工作中亟待研究的重要课题之一。

1.1.2 问题提出

实践研究表明，尽管分工行为在农户中普遍存在，但不同农户间生产环节分工的细化程度却不尽相同，农户只是有选择地购买农业社会化服务，部分生产环节仍然由农户自己完成，并未彻底实现生产环节分工（王钊等，2015）。如果说小规模、分散化农户可以通过农业产前、产中、产后甚至是生产诸环节分工来实现经营效益的提升，那么在客观条件允许情况下农户应该会把生产环节工作交由专业化组织或个人来完成以提高生产效率。那么，为什么不同农户在生产分工程度上会具有差别？哪些因素影响了农户的生产环节分工？进一步地，经营效益的提高是否也会对农户分工行为产生影响？回答这些问题，可以透析农户分工行为的一般规律，有助于促进农业生产分工发展以加快农业现代化进程。为此，本书以种植业农户为例，尝试对农户生产分工差别化现象做出科学解释，着重解答以下问题：农户生产分工表现出哪些特征？不同经营效益水平的农户生产分工具有什么差别？经营效益及其他因素对农户分工影响效应和作用机理如何？这些因素影响下农户生产分工差别化形成的内在规律是什么？

1.2 研究目的及意义

1.2.1 研究目的

本书试图通过借鉴一般理论及方法，搭建农户生产环节分工行为的理论框架，透析农户分工的发展轨迹及差别化特征，梳理包括经营效益在内的影响农户生产环节分工的主要因子，实证考察这些因素对生产分工的影响效应和程度，解析农户生产环节分工差别化的内在机理，旨在通过对农户生产环节分工差别化的探索，揭示农户生产分工差别化的一般规律，进而为促进农业生产分工，提升生产经营效益，推动农业现代化，实现乡村振兴既定战略目标提供借鉴和参考。具体而言，研究目的可分解为三个层次：一是建立农户生产分工行为的一般理论分析框架，在理论层面探询经营效益及其他因素对农户生产分工的作用途径；二是根据微观调查数据实证分析这些因素对农户生产环节分工的影响效应，洞悉因果传递关系及内在作用机理；三是归纳总结农户生产分工差别化的逻辑规律，形成研究结论，提供相关部门决策参考。

1.2.2 研究意义

本书聚焦农业现代化领域中农户生产分工这个热点问题，研究意义主要在理论、实践和现实等层面体现。

（1）理论意义。以农户家庭经营为主的分散式、小规模的经营模式，并不一定与农业经营效益的实现条件相抵触，而是通过产前、产中、产后以及生产诸环节分工，增进农业生产的经营效益。但农户在生产环节上的分工细化程度却不尽相同，体现出差别化特征，表面上看，似乎并没有表现出为促进经营效益提升而持续深化生产环节分工的意愿。为什么？这是一个具有一定理论价值的问题。回答这个问题，能够加深对农户生产环节分工与农业经营效益的认识，澄清两者之间的关系，深入挖掘影响农户分工行为的其他可能因素，透过农户生产分工差别化的现象，揭示农户生产环节分工的本质规律，为相关研究提供一定的经验借鉴和参考。

(2) 实践意义。我国农业小规模、分散化的家庭经营格局短时期内无法改变，为解决小农户与大市场之间的矛盾，改变小农户经营效益低下的困境，可以尝试促进农户生产分工以增进经营效益这条亟待探索的有效途径。本书以农户生产分工差别化为切入点，厘清经营效益提升与农户生产分工的因果关系，解析农户分工行为的内在规律，能够定位农业分工中的关键节点和突破口，其成果转化可以在实践中发挥一定的指导作用，进一步细化农业生产环节分工，有助于改善经营效益提升的实现条件，在确保农业生产经营体制不变前提下，通过促进生产分工深化以增进农户生产经营效益，加快农业现代化步伐，具有一定的实践价值。

(3) 现实意义。随着深化改革进入关键期，经济发展步入新常态，农业发展迎来了新的机遇和挑战。面对新时代新形势下的新要求，转变发展方式，加快促进农业现代化，成为乡村振兴战略实施的重点工作内容之一。通过本书的研究，可以激活生产环节分工这个实现经营效益提升的关键点，促进农业生产分工进一步细化，不断提高农业经营中的经济效益，逐步朝着现代农业发展方向转变，增强农业可持续发展能力，增加农户家庭经营性收益，激发农业农村经济活力，实现乡村振兴既定目标，逐渐缩小城乡发展差距，破除“三农”问题对我国社会经济发展的制约，全面提升社会经济发展水平。

1.3 研究内容和思路

1.3.1 研究内容

本书研究的根本目的是要揭示农户生产分工差别化形成的一般规律，为顺利达到研究目标，主要研究内容设计如下。

(1) 农户生产分工影响理论分析框架。主要任务是在理论借鉴和文献综述基础上，构建农户生产分工影响的理论分析框架，引导后续实证研究的开展。对农户生产分工的概念内涵进行界定，阐释农户生产分工的特殊性，厘清与相似概念的区别与联系，通过一般均衡分析法，分别分析经营效益影响农户生产分工的作用途径以及农户生产分工影响经营效益的实现路径，进而梳理农户生产分工主要影响因子，分别分析交易费用、交易风险、生产迂回和要素资源等因素影响农户生产分工的作用路径，理论上全面了解和掌握农户生产分工的影响因素，从而能够为后续实证研究的开展奠定理论基础。

（2）农户生产分工演进趋势与发展现状。主要任务是在理论分析农户生产分工差别化影响的基础上，刻画农户生产分工发展变化趋势，调查反映农户生产分工现状特征。回顾农户分工发展历程及不同时期生产分工取得的成就，勾勒农户生产分工演进轨迹和特征，进而定量分析农户生产分工演进的趋势变化。在此基础上，开展农户生产分工现状调查，概述调查实施基本情况，对样本农户户主基本特征、经营状况以及生产条件等信息进行描述性统计。在对调查数据进行收集整理的基础上，对农户生产分工进行量化与测度，进而分析农户整体生产分工水平和细分环节分工程度上的特征表现。

（3）农户生产分工差别特征描述和比较。主要任务是在对农户生产分工发展现状调查基础上，重点观察农户生产分工的区别及特征，进一步比较不同经营效益农户的分工差别。对农户生产分工差别进行总体描述，分别分析整体生产分工水平和细分环节分工程度差别的特征表现。构建指标评价体系，对经营效益进行综合测算与分析，简要分析农户经营效益水平，为对比不同经营效益条件的农户生产分工差别奠定基础。进一步地，按照农户经营效益水平进行分组，比较不同的经济效益条件下农户的生产分工差别，归纳总结整体生产分工水平和细分环节分工程度随经济效益水平变化的特征。

（4）农户生产分工影响因素实证分析。主要任务是在通过微观截面数据识别农户生产分工差别化特征基础上，实证测度和分析经营效益及其他因素对农户生产分工的影响效应。基于种植业农户问卷调查数据，建立农户生产分工影响的实证分析模型，对实证分析方法以及使用指标数据进行必要解释和说明，包括实证方法原理、指标量化原则、数据统计描述等，分别实证估计经营效益及其他因素对整体生产分工水平和细分环节分工程度的影响效应，并对估计结果进行稳健性检验，进而归纳经营效益及其他影响因素对农户生产分工的影响方向和效应程度，为解析农户生产分工差别化影响的一般规律奠定基础。

（5）农户生产分工差别化影响机理解析。主要任务是在实证分析经营效益及其他因素对农户生产分工影响效应基础上，深入分析这些影响因子对农户生产分工的作用机理，进而揭示农户生产分工差别化形成的内在规律。围绕经营效益对农户生产分工累积影响机理展开分析，分别分析交易费用、交易风险、生产迂回和要素资源对农户生产分工影响的作用机理，以及这些影响在经营效益影响作用下的效应反馈与强化，探讨多重因素影响下农户生产分工差别化形成过程，解析分工差别化过程中调节作用机制，揭示农户生产分工差别化影响的内在规律，从而对农户生产分工具有差别特征的现实状况做出科学、合理的解释。

1.3.2 研究思路

根据本书研究的主要内容，按照“科学问题识别—理论分析推演—实证分析验证—规范分析归纳”的逻辑思路展开研究，如图1-1所示。首先，依据经验事实、前期成果和文献回顾提出本书研究的核心问题，即农户生产分工为何会具有差别化特征？通过对科学问题的有效识别，聚焦研究核心问题，明确研究目的，引领研究逐次展开。其次，从经营效益视角出发，构建理论分析框架，阐释农户生产分工与经营效益的概念内涵与外延，对经营效益与生产分工相互作用关系和作用途径，以及其他主要因素对农户生产分工的影响路径进行理论阐述和分析，通过理论推演建立研究的基本分析框架，指导后续实证研究的展开。再其次，运用宏观时序数据观察农户生产分工演进趋势以及不同经济效益时期分工差别，在对农户生产分工发展变化特征了解基础上，通过问卷调查来获取农户生产分工一手数据资料，分析农户整体生产分工水平和细分环节分工程度的现状，比较不同经营效益水平下农户生产分工差别，进而建立回归模型实证估计经营效益及其他影响因素对农户生产分工影响效应，分析不同因素影响方向和程度大小，通过实证分析验证理论推演的正确性，清晰反映现阶段农户生产分工差别化状况。最后，梳理经营效益及其他因素对农户生产分工的影响效应及其作用机理，归纳多种影响作用下农户生产分工差别化形成的内在机理，总结农户生产分工差别化影响的一般规律，通过规范分析归纳研究结论。通过贯彻上述研究逻辑思路，逐层展开研究，层层递进，上下衔接，刻画出经营效益视角下农户生产分工差别化的一般规律，确保研究目的达成。

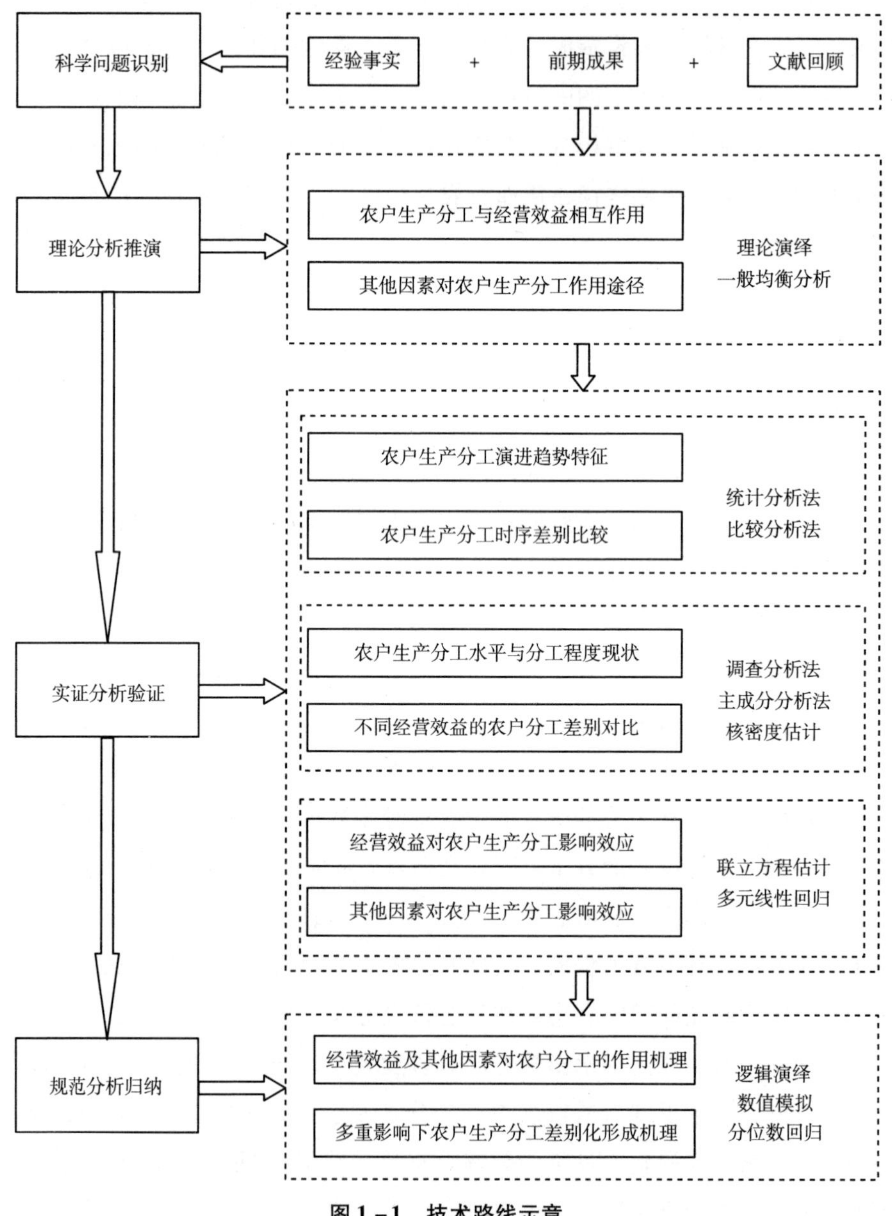

图1-1　技术路线示意

1.4 研究方法与资料

1.4.1 研究方法

本书研究方法主要有问卷调查法、统计分析与比较分析相结合的方法定量分析与定性分析相结合的方法。

（1）问卷调查法。为保证研究目标的顺利达成，同时确保研究结论的科学性和准确性，通过实地调查获取农户生产经营活动的微观运行数据资料，应用于本书的研究。调查对象选择家庭经营基础上从事种植业生产且在不同生产工序环节上分配劳动的农村家庭户，选取分层抽样方式来抽取样本，先把总体单位划分为若干个次级层，再从每个层面内随机抽样，组成一个统计学样本，以调查问卷为访谈基础，通过与调查对象面对面访谈的方式填写问卷，同时也了解其他相关信息，作为问卷调查的补充，调查内容涉及农户家庭基本情况、农户家庭生产经营与分工状况、农户合作社参与情况、农户生产要素获取情况以及农户生产经营环境等。

（2）统计分析与比较分析相结合的方法。统计分析法应用于农户生产分工与经营效益等核心指标的测度与分析，运用描述性统计法在宏观时序上刻画农户生产分工发展轨迹与趋势，在微观调查上分析农户整体生产分工水平及细分环节分工程度，采用主成分分析法对表征经营效益的多个指标进行降维，凝练出反映农户经营效益水平的综合性指标，通过数据统计发现农户生产分工和经营效益水平的主要特征；比较分析法是在统计分析基础上，对比分析不同农户生产分工存在的差异，着重比较不同经营效益水平农户之间整体生产分工水平和细分环节分工程度的差别。

（3）定量分析与定性分析相结合的方法。定量分析主要包括：运用随机前沿生产函数测度要素弹性、全要素生产率以及技术效率等反映农户经营效益的指标数据；使用核密度估计法刻画农户生产分工随经营效益变化情况，描绘两者之间相关关系，建立农户生产分工与经营效益的联立方程组；回归估计经营效益及其他影响因素对农户生产分工的影响效应；采用分位数回归法估计各个影响因素对不同分工水平农户生产分工的影响程度。定性分析主要是通过理论演绎、一般均衡分析方法在理论上分析经营效益及其他因素对农户生产分工的影响，运用逻辑演绎法分析农户生产分工差别化形成的一般过程与实现机理。

1.4.2 研究资料

本书在对农户生产分工差别化影响进行研究时，主要使用的资料分为文本和数据两个大类。

（1）文本资料。一是政策文件，主要是历届中共中央委员会全体会议报告，历年中央一号文件，以及其他关于农业农村发展的相关政策文件。二是理论专著，主要是关于农户生产分工的经典理论专著，包括分工理论、农户行为理论和交易费用理论等。三是已有成果，主要是围绕农业生产分工展开研究的论文和研究报告。

（2）数据资料。一方面，以调查数据为主。来自于 2016 年 7 ~ 8 月对山东、河北、安徽、江西、湖南、重庆、四川、贵州、甘肃全国 9 个省市农户进行的入户调查，共计 545 份有效调查问卷。另一方面，以宏观数据为辅，主要是历年《中国农村统计年鉴》《中国农业统计年鉴》《中国统计年鉴》《新中国农业 60 年统计资料》等。

1.5 可能的创新之处

本书尝试解析农户生产分工差别化影响的一般规律，研究具有一定特色和新意，可能的创新之处是：

（1）从经营效益这个较新的切入点出发研究农户生产分工行为。本书突破已有研究成果的研究视域，尝试通过经营效益切入研究农户生产分工问题，在研究视角上具有一定新意。现有关于农户生产分工研究成果大多是围绕交易费用、不确定性、要素禀赋等展开，尽管这些都是影响农户生产分工的重要因素，但是它们却可能都只是分工的必要非充分条件，换言之，上述条件改善确有利于农户生产分工发展，但不一定是触发农户生产分工的动因。以经营效益为切入点来看待农户生产分工，特别是考虑经营效益与生产分工具有的互动影响关系，能够观察出与以往分析有所不同的农户生产分工状况。因此，本书透过经营效益来分析农户生产分工行为，可以发现一些分工现象背后的新规律。

（2）提出农户分工差别会在调节机制作用下保持相对稳定的较新观点。本书聚焦已有研究较少涉及的农户生产分工差别化问题，认为农户分工差别会在内部调节机制作用下保持相对稳定状态，在观点上有所创新。本书揭示农户生产差别化形成一般机理，在实证农户生产分工与经营效益具有互动影响基础上，发现诸如交易费用、交易风险、生产迂回、要素禀赋、资源条件等因素对农户生产分工产生的影响会通过上述两者之间的互动影响实现效应的反馈与响应，从而加剧不同农户生产分工的分化，经过长期作用累积最终形成分工差别化；研究进一步发现由于经营效益及其他因素对不同分工水平农户生产分工影响程度具有差异，因而农户生产分工不会呈现极端的两极分化，会在这种内在调节作用下形成一种自我稳定机制，使分工差别维持在相对稳定的状态。

（3）在研究农户生产分工差别化问题中尝试运用新方法。本书在借鉴现有研究成果基础上，尝试把主成分分析、核密度估计、联立方程组估计、分位数回归等定量研究方法引入分析农户生产分工差别化问题的研究中，在方法上可能具有一定新意。具体而言：一是实证分析农户生产分工影响因素效应过程中建立联立方程组进行回归估计，实证经营效益与农户生产分工之间的互动影响效应，比以往研究有所新意。二是运用分位数回归法实证影响因素对不同分工水平农户生产分工影响效应差异，进而发现农户生产分工差别化过程中差别能够维持稳态的较新观点。三是通过主成分分析法，建立多维度指标评价体系，量化农业生产经营效益，在指标量化上略有创新。

第2章　文献综述与理论基础

本章的研究任务是在明确研究目的和内容的基础上，整理和搜集相关文献资料，为后续理论分析框架的构建奠定基础。主要内容包括：回顾和总结关于农业生产分工的现有研究成果，汲取研究经验，明确创新方向，进一步深化研究；对分工理论、农户行为理论和交易费用理论发展脉络、逻辑思想和分析方法等进行梳理，借鉴相关理论，指导后续研究的开展。

2.1　国内外文献回顾及述评

本节研究内容主要是围绕农业生产分工来回顾和梳理已有研究文献，分别综述农业生产分工作用效果、影响因素和促进措施，对现有研究成果进行总结，汲取前人研究经验，明确深化研究方向，引导后续研究展开。

2.1.1　关于农业分工作用效果的研究

分工对经济社会发展带来的变革和影响一直是学术界研究的热点问题之一。农业生产中的分工现象也引起了国内外学者的兴趣，众多学者开始围绕农业生产分工展开研究，探讨其对农业农村经济发展产生的作用效果。

2.1.1.1　分工促进农业经营组织模式演进

许多学者认为农业生产分工与经营组织模式存在千丝万缕的联系，详尽阐述了农业生产分工如何促使经营组织模式改变。

（1）农业生产分工提高生产组织化程度。劳动分工促使独立经营的分散农户在农业生产过程产生合作的需求，为适应农业生产分工带来的作业流程、技术采纳和机械使用等新变化，农户会选择加入经济合作组织来寻求帮助（Perelman，1973；Gonczi，1983）。由于分工生产在提高生产效益的同时也会带来一定成本，且主要表现为交易费用，因而农户这种主动寻求合作行为的动机是为了减少分工产生的负面效益。随着农业生产分工的进一步深化，为满足农户降低交易成本的利益诉求，催生出非营利性的合作组织，越来越多的农户加入合作组织，使得农业生产组织化程度得以不断提高（张雁和刘峰，2004；Valentinov，2006；刘晓彬，2009）。杨丹（2012）对西部地区 355 个农户的实证研究结果显示，农户参与农业生产环节分工对其加入合作社的影响系数为 0.467，表明农户进行生产分工确有利于提高农业组织化程度。

（2）农业生产分工促动农户兼业化。一方面，农业生产分工提升了农户生产组织化程度；另一方面，也因组织化程度的加强使得生产效率提高，从而让农户能够兼业化生产。布赖恩特等（Bryant et al.，1980）对美国弗吉尼亚州 541 个农户进行访谈调查，发现当地约有 1/3 的劳动力不止一项工作，并认为这种兼业化现象与当地完善的农业分工体系有关。向国成和韩绍凤（2005）对比分析了中国、美国和日本等三国的农户兼业化现象，归纳得出农户兼业化是农户家庭内部分工的长期组织均衡状态的结论，并认为农户兼业化会进一步促进迂回经济的发展，提高农民组织化水平，进而提高小农经济效率。从农户家庭经营决策的视角来看，农业生产分工发展为农户尽可能地利用家庭内部分工优势创造了条件，部分家庭成员在现有分工体系下从事农业生产，另一部分成员进入非农生产部门，符合农户最优利益决策（钱忠好，2008；侯明利，2013）。

（3）农业生产分工影响经营组织形式的改变。改革开放以来我国农业组织形式沿着集体经济、家庭经营、农业商业化、农业产业化、农民团队化轨迹发展的原因就在于交易效率提高促进分工演化，这也是农户实现最优组织结构的结果（向国成和韩绍凤，2007）。张清津和王新志（2016）认为专业化分工导致农业生产趋于同质化，有利于降低劳动监督成本，进而改变生产组织形式；在横向上，可以促进小农经营向家庭农场演进；在纵向上，能够推动农业向一体化经营综合体转变。不过，无论农业专业化分工如何发展，生产组织形式如何演变，都不能改变我国以家庭经营为基础的农业生产经营体制（黄云鹏，2003）。

2.1.1.2 分工促进农业生产经营效益提升

农业生产分工改变了经营效益提升的实现条件，有利于提高农业生产的经营效益。基于上述观点，国内外学者开始从不同角度论证农业生产分工对增进经营效益的影响。

（1）农业生产分工有利于扩大经营规模。随着农业分工体系日趋完善，生产环节逐渐被剥离开来，由专业组织或个人提供生产性服务，这种社会化服务使得受困于劳动力不足的农户扩大自身经营规模成为可能（Hossain，2004；张娟，2013；熊鹰等，2016）。埃利亚斯等（Elias et al.，2015）对埃塞俄比亚西北部的案例研究结果表明，缺乏农业推广服务是制约当地女性劳动力投入生产的主要原因，如能促进农业生产性服务发展，则能有效利用女性劳动力以增大土地经营规模。戚迪明（2015）对辽宁省 277 个农户土地规模经营意愿的影响因素进行实证分析，结果显示生产环节外包对规模经营意愿具有显著正向影响，系数达到 0.8106，表明农业生产分工有助于提高农户的土地规模。克鲁斯曼和巴德（Kruseman and Bade，1998）、C. A. 沃尔夫（Wolf，2003）、毕加索 - 塔德奥和雷格 - 马丁内斯（Picazo-Tadeo and Reig-Martínez，2006）、杨俊和李争（2015）等的研究成果也反映出分工对农户规模经营具有促进作用。

（2）农业生产分工可以提高生产效率。在分工条件下，农业生产效率会有明显提升。诸如，科埃利和弗莱明（Coelli and Fleming，2003）对巴布亚新几内亚农户技术效率的实证研究结果显示，专业化分工程度对农户生产技术效率具有显著正向影响。罗富民和段豫川（2013）利用 SBM—DEA 和空间计量模型研究四川南部山区农业生产效率，结果发现农业产业分工和生产环节分工均对生产效率起到促进作用。杨俊和李争（2015）在赣抚平原农区的实证考察结果表明，专业型农户耕地利用效率明显高于不完全分工型农户。此外，还有布朗和韦伯（Braun and Webb，1989）、赫夫曼和埃文森（Huffman and Evenson，2000）、王继权和姚寿福（2005）、徐锐钊（2009）、张忠军和易中懿（2015）等的研究成果也支持农业生产分工提高生产效率的论断。

（3）农业生产分工提高经济效益水平。农业生产分工增强生产经营效益最终体现在其对农户收益水平的提升上，这也得到学者们研究成果的支持。例如，黑崎卓（Kurosaki，2003）考察了印度旁遮普地区1903～1992年间的农业发展，发现生产力水平与分工专业化程度高度相关，农业分工显著提高了当地土地生产率。王志刚等（2011）对全国2381个水稻种植户的调查结果显示，在移栽环节发挥分工优势，采取环节外包行为可使各类水稻产出增加22.30%～23.73%，在收获环节则可增产14.40%～17.48%。刘自敏和杨丹（2014）利用Treatment Effects模型分析农户参与分工对农业收入的影响，实证结果显示影响系数达到0.561，表明农户进行生产分工可以显著促进农业收入增长。除此之外，奥马莫（Omamo，1998）、G. E. 舒（Schuh，2001）、维尼切克和梅尔尼克（Vinnichek and Melnik，2009）、杨丹和刘自敏（2011）等的研究也得到同样结论。随着分工逐渐深化，农业生产经营规模经济效益不断提升，还能实现"农民"由身份到职业的转变（王振坡等，2016）。

2.1.1.3 分工提高农村经济社会发展水平

农业生产分工在农村经济社会发展中扮演着越来越重要的角色，对完善农村产业体系、激发农村经济活力、引导农村社会结构变迁等均产生积极作用。

（1）农业生产分工有助于生产性服务业发展。阿莱西纳和罗德里克（Alesina and Rodrik，1994）运用分工理论阐明了随着生产中"服务"内容的不断增加，农业和工业中的部分生产环节会逐渐交由专业化组织来完成，进而形成生产性服务业。实践经验表明，农业生产性服务业发展对于农业农村经济增长具有显著的促进作用（Postner，1977；Reinert，1998），而专业化分工则是生产性服务业发展的主要驱动因素（周师迅，2013）。王铁成和朱恒鹏（2016）指出现阶段农业及农村服务业发展缓慢的关键原因就是农业分工水平低于工业，必须要从根本上深化农业生产分工，促进农业生产性服务业发展，进而实现农业规模化经营。郝爱民（2013）的研究还提及农业生产性服务业的外溢效应，并认为发挥生产性服务业外溢效应的根本动力来源于专业化分工。

（2）农业生产分工激发农村经济活力。蔡昉等（2002）认为专业化分工是实现经济持续增长的关键。由专业分工带来的组织化与集中化互强、集中化与现代化互强以及组织化与现代化的互强，可以使分散农户、凋敝农村和薄弱农业得到重塑（楼栋等，2012），而现阶段我国农业分工水平低，制约了农村经济增长和农民普遍富裕，需要采取促进农业生产分工和规模经营，带动农业农村经济发展（罗进华，2014）。实证研究方面，高帆（2009）利用2005年我国省级截面数据，测度了分工演进综合指数及其对农民收入和农业发展的影响，对数回归结果显示分工演进综合指数对农民人均纯收入影响系数为1.2357，对人均工资性收入和经营性收入之和的影响系数为1.2181，表明农业生产分工可以明显促进农民收入和农村经济发展。福斯特和罗森茨魏希（Foster and Rosenzweig，2002）、樊辛蒂（Fan，2003）、韦吉飞和李录堂（2010）、皮特等（Pitt et al.，2012）等国内外学者的研究成果也表明农业生产分工确有助于促进和提高农村经济发展水平。

（3）农业生产分工引导农村社会结构变迁。现阶段我国社会利益结构变化迅速，在社会阶层结构变迁中还存在不平等现象（李强，2002；孙立平，2003）。不过，尽管农村地区社会阶层结构变迁过程需要漫长时间，但是其向现代社会阶层结构转变的大方向不会改变（陆学艺，2002）。张清律（2014）认为农村社会阶层结构变迁的动力之一就是农业生产分工，农村的产业分化和相应的劳动分工使得农村收入分配出现新的格局，许多家庭通过收入增长提高了在农村的地位，同时，农村分工专业化还促生了新型经济组织，替代传统家族，进一步加快农村向现代社会阶层结构转变。

2.1.2　关于农业分工影响因素的研究

分工对农业农村经济发展具有重要的促进作用，但是现实中却不是所有农户都参与农业生产分工。这一问题很快引起了国内外学者的思考，国内外学者在农业领域分工问题的研究开始聚焦在农业生产分工的影响因素上，目的在于厘清不同影响因子在农业生产分工中产生的作用效应程度。研究发现，影响农业生产分工的因素主要集中在以下几个方面。

2.1.2.1　经济水平差异影响农业生产分工

在农业生产中，每个农户拥有的资产、得到的收入和付出的成本都不尽相同，经济水平上的差异会影响其对农业生产分工的决策，主要表现在：

（1）农业收益对农业生产分工产生影响。宏观层面上，劳动力成本是不同国家之间农业分工的关键影响因素，也是农业外包服务产生的重要推动力（Gianessi and Reigner，2005）。微观层面上，农户参与农业生产分工的目的在于可以通过分工提高经营收益，因而其分工行为必然会根据农业经营效益的高低来做出决策。这点可以从许多学者的研究成果得到佐证，如吉莱斯彼等（Gillespie et al.，2010）在对美国西部乳制品牧场主外包行为的研究中，运用 Tobit 模型实证分析牧草种植环节外包行为，发现资产负债率、牛奶收入占比等经营效益相关指标对外包行为具有显著影响。江雪萍和李尚蒲（2015）对广东省 2511 个农户参与分工行为进行实证研究，结果显示农户种植业收入对生产分工的影响系数为 0.219，存在显著正相关性。王钊等（2015）在对重庆市农户社会化服务需求的研究中，发现农业生产收入对农资供应、技术服务、加工销售等 5 类农业社会化服务需求均具有显著促进作用，表明农户经营效益会对其分工决策选择会产生影响。谈存峰等（2010）、阿斯富等（Asfaw et al.，2012）、李荣耀（2015）、邹宝玲和钟文晶（2015）等学者的研究也得到相同结论。

（2）资本积累对农业生产分工产生影响。除了经营效益会对农业生产分工产生影响外，从存量上看，农户资本积累也会影响其分工决策。在时间序列上看，经济发展伴随着农户分工不断深化，而分工演进则与资本积累息息相关（Wintle，1991；Rodriguez-Clare，1996；韩绍凤和向国成，2007）。罗欧等（Loan et al.，2004）对越南乳制品经营户的调查研究发现，资本匮乏是影响当地经营户进行生产分工和扩大规模的主要因素。应瑞瑶和徐斌（2014）选取 7 省 1059 个农户进行病虫害统防统治需求调查，实证结果表明农户外出务工收入对其选择病虫害统防统治的影响系数达到 0.102，表明农户非农收入来源越多，家庭资本积累就越快，则参与分工的意愿就越强。胡新艳等（2015c）利用广东省农户调查数据实证考察生计资本对农户分工的影响，结果表明不同类型的生计资本对农户分工均有不同程度的影响。李俏和张波（2011）、陈超等（2012）、库纳（Kuehne，2013）、申红芳等（2015）的实证研究结果也表明资本积累对农户购买社会化服务和生产环节外包具有显著影响，有利于农户生产分工发展。

2.1.2.2 要素禀赋条件影响农业生产分工

农业生产具有的特殊性，不仅受到经济因素的影响，还会受自然条件的制约，因而农户具备的要素禀赋条件会对其生产分工产生影响。

（1）土地经营规模影响农业生产分工。大量实证研究结果表明，土地经营规模对于农户购买社会化服务、生产环节外包等分工行为具有显著影响。如埃格塔等（Igata et al.，2008）对比了日本和荷兰农户的生产外包行为，发现农场规模是导致两国农户生产外包行为产生差异的主要原因。李俏和张波（2011）对陕西省74个村农户的抽样调查发现，农户家庭农地面积对其农业社会化服务需求的影响系数为0.712，表明土地规模确会对农户分工决策产生影响。邹宝玲和钟文晶（2015）实证分析了广东省2511个农户的专业化分工行为，结果显示平均地块面积对不同类型农户的生产分工均产生显著的正向影响。展进涛等（2016）分析了水稻种植户生产性环节外包服务的发展，结果表明对于整地、育秧、病虫害防治以及收割等环节而言，种植规模对种植户外包行为均产生正向影响，而土地细碎化程度则抑制了种植户外包需求，反映出土地经营规模对农业生产分工的重要性。在刘自敏和杨丹（2013）、应瑞瑶和徐斌（2014）、蔡荣和蔡书凯（2014）、江雪萍和李尚蒲（2015）、王钊等（2015）、周丹等（2016）、朱文珏和罗必良（2016）、陈昭玖和胡雯（2016）等的研究中，也都能得到土地经营规模促进农业生产分工的例证。

（2）劳动力数量影响农业生产分工。在劳动力数量对农业生产分工的研究中，学者们还存在一定分歧。一些学者认为农户家庭劳动力数量充裕，则其选择农业生产分工的可能性较小。例如，申红芳等（2015）对全国7个水稻主产省份水稻生产环节外包调查发现，农户家庭务农劳动力数量对整地、移栽、病虫防治和收割等环节外包均有不同程度的负向影响，影响系数介于 -0.227 ~ -0.680 之间。李俏和张波（2011）、宋海英和姜长云（2015）也得到同样结论。而陈超等（2012）、江雪萍和李尚蒲（2015）、邹宝玲和钟文晶（2015）、胡新艳等（2015c）、周丹等（2016）等学者的实证研究结果则显示劳动力数量对农户生产分工存在正向影响，农户家庭劳动力或者雇佣劳动力数量越多，越能促进生产分工。此外，还有研究发现农户家庭劳动力质量也会对农业生产分工产生影响，如罗明忠和刘恺（2015）、陈昭玖和胡雯（2016）的研究结果显示，农户家庭劳动力女性化和老龄化特征对其分工行为会产生负面影响。

（3）交通区位条件影响农业生产分工。按照分工水平受到市场规模限制的“斯密猜想”命题，农业地理集聚作为农业分工的空间组织形态，是分工利益和分工效率改善的前提条件（肖卫东，2012）。换言之，市场规模较大地区的农户分工水平相对要高，距离中心区域越远地方的农户受到分工辐射的影响越小，其分工程度会相应降低。已有研究表明，交通区位条件确会对农业生产分工存在显著影响。如谈存峰等（2010）在解释农业社会化服务供求关系时，就认为地理位置、交通通信等会影响农户的社会化服务需求。宋海英和姜长云（2015）对我国 8 省小麦种植户农机社会化服务的考察发现，农户与乡镇政府的距离对耕地和播种环节农机服务需求的影响系数分别为 -0.094 和 -0.046，表明农户的交通区位条件会对其参与农业生产分工产生显著的负向影响。陈昭玖和胡雯（2016）对江西、广东农户生产环节外包行为进行调查研究，结果显示调查户离镇中心距离对其生产环节外包的影响系数为 -0.040，说明距离市场越近的农户选择生产分工的可能性越高，而距离中心区域越远，农户越难参与农业生产分工。

2.1.2.3　交易费用影响农业生产分工

越来越多的证据表明交易费用和资源禀赋在解释农业生产分工时能够相互补充（McIvor，2009）。农户的生产分工行为受到交易费用的影响，主要表现在：

（1）协调成本影响农业生产分工。分工专业化实现产业演进发展的关键点是解决好劳动分工中的协调成本问题，因为劳动分工主要受到协调成本的限制（Williamson，1996）。朱富强（2004）把协调概念引入企业内部分工和社会外部分工的分析中，认为分工的基础就在于协调经济的增进，市场交易效率低下以及企业低效率运营的主要原因是缺乏合适的协调处理机制，导致过高的协调成本，进而影响分工效率。陈雅萍和蔡伟贤（2009）勾勒出一个简要的数理分析模型，指出分工水平取决于分工的边际生产成本与边际协调成本的交点，如果协调成本增加，则分工效率受损，分工发展受到阻碍。薛继亮和李录堂（2009）利用 1990 ~ 2006 年时间序列数据，构建分工指数和综合交易效率指数，分析两者之间的相关性，结果发现考察期内交易效率指数与分工指数均呈现上升趋势，两者具有正相关关系，表明降低协调成本，提升交易效率，有助于分工水平的提高。

（2）信息不对称影响农业生产分工。费尔南德斯 - 奥尔莫什等（Fernández-Olmos et al.，2009）在对葡萄酒酿造经营户的生产性服务购买行为研究中，发现不确定性会显著影响经营户的外包行为，而这种不确定性主要是由信息不对称引起的。胡新艳等（2015b）对广东省农户调查发现，技术考核难易程度对农户各种生产环节的外包行为均有显著影响，考核越容易，农户越倾向选择生产外包，表明信息不对称影响程度越小，越有助于实现农业生产分工。在农业生产中，农民合作社、职业经理人和服务超市等中介组织的加入可以有助于分工深化，原因就是这些中介组织可以降低信息不对称对分工造成的负面影响（徐金海，2002；杨丹，2011；谢琳和钟文晶，2016）。之所以要尽量减小信息不对称的影响，是因为它不仅抑制农户分工决策，还会直接影响农业生产环节可分工性（胡新艳等，2015d）。

（3）资产专用性影响农业生产分工。孙永朋（2009）通过 2003 ~ 2007 年数据比较了我国畜牧业和种植业生产分工水平，发现这两个产业专业化分工水平存在一定差异，原因在于产业内部的资产专用性程度不同。陈思羽和李尚蒲（2014）运用威廉姆森范式分析了广东农户生产环节外包的影响因素，结果发现物资资产、地理资产和人力资产专用性会对多种生产环节外包产生不同程度负向影响。陈文浩和谢琳（2016）基于对专家问卷的定量评估，分析了影响农业生产环节服务外包的因素，结果显示对于耕整、种苗、插栽和收获等生产环节，受到资产专用性的影响较大，说明资产专用性是对农业生产分工产生影响的关键性因素。

2.1.2.4　农户家庭状况影响农业生产分工

除了受到诸多外部因素影响外，农业生产分工还会因不同农户家庭状况而表现出一定差别。主要表现在以下几方面。

（1）受教育程度影响农业生产分工。人力资本是影响农户职业分工的重要因素（Sjaastad，1962），农户受教育程度越高，拥有的社会资源可能越加丰富，进而会对生产分工产生影响（Nee，1996）。刘新智和李璐（2014）实证分析了全国 10 个省区农户社会化服务需求的差异，结果表明农户受教育程度对农业社会化服务需求产生显著影响，且影响效应在不同地区存在一定差别。李荣耀（2015）经过对农户的实地调查后发现，不同教育水平受访农户的农业社会化服务需求存在差别，受教育程度会影响农户生产分工的选择。此外，基布维卡（Kibwika，2009）、高希（Ghosh，2010）、李寅秋（2012）、库纳（Kuehne，2013）、应瑞瑶和徐斌（2014）、周丹等（2016）的实证研究结果也都表明，农户受教育程度确实会对农业生产分工产生影响。

（2）合作社参与影响农业生产分工。在众多分工和交易的协调机制中，建立在合作与信任基础上的农业经济合作组织作用显著，是促进农业生产分工发展的“催化剂”（王留鑫和何炼成，2016），如果农户之间的经济合作程度低下，则农业分工可能受到抑制（李佳和杨世武，2012）。刘自敏和杨丹（2013）对全国 6 省农户的调查发现，农户参与合作社对生产环节分工和农业分工程度的影响系数分别达到 10.344 和 0.661，且均在 1% 显著性水平下显著，表明合作社参与对农户生产分工具有明显的促进作用。蔡荣和蔡书凯（2014）对安徽省水稻主产区农户生产环节外包进行实证考察，结果显示对于育秧和移栽环节，农户加入经济合作组织对选择生产外包的影响系数分别为 2.680 和 5.055，说明参与农民合作组织的农户要比未参与农户有更强的农业生产分工意愿。

（3）农户兼业化影响农业生产分工。还有学者关注农户非农产业经营对其生产分工行为的影响，如巴利特考察了美国佐治亚州兼职农户的生产情况，发现当地农户为了降低农业经营风险，会选择兼职其他工作，这在一定程度上促进了农业分工的发展。宋修一（2009）通过对山东诸城的调查，运用Logit模型分析了农户兼业程度对农机作业服务的影响，得出兼业化影响农业生产分工的结论。

2.1.3 关于促进农业分工发展的研究

鉴于农业生产分工对农业农村经济社会发展起到重要的促进作用，同时又受到诸多内外部因素影响，学者们尝试从需求和供给两个维度来解决农业分工发展面临的困扰，需求侧措施重点在于完善农业农村制度，供给侧措施要点是要促进农业生产性服务业发展。

2.1.3.1 完善农业农村制度深化农业生产分工

经验研究表明，我国家庭承包经营制度总体上是成功的，如果能够通过制度完善和产权细分来形成农业分工经济，则能够进一步提高家庭承包经营制度的经济绩效与社会认同（罗必良等，2014）。

（1）实现土地产权细分。本质上看，产权是个人直接消费或者通过交易间接消费某种财产的权利，谁的行为能力强，产权界定给谁就最有效（Barzel，1989；张维迎，2001）。但是，与权利行使相关的知识和技能往往并不集中在某个单一主体身上，因而产权需要分散行使，通过社会分工协作并进行整合，才能确保发挥最大效用（Hayek，1945）。对于农业生产而言，土地是其中的核心要素，通过细分土地产权，可以把土地各个细分出来的权利分散给最有效率的主体，进而促进农业生产分工发展。胡新艳等（2015a）详细考察了四川崇州的“1+1+1”农业经营模式，认为土地产权细分可以生成新的经营主体，促进分工效率的提升，具体做法是把土地产权划分为所有权、承包权和经营权，再将经营权细分成决策权、管理权和生产操作权，通过合作社、职业经理人和“四大服务体系”等权能主体的协作，深化农业生产分工，提高经营绩效。

（2）改革农村户籍制度。现代农业中的农户与传统农业下的小农具有显著差异，从分工的角度看，传统农户主要是以“家庭—家族”为纽带的亲缘性分工为主，而现代农户则是采取“市场—货币”为核心的市场性分工模式（黄振华，2009）。根据现阶段农户的分工逻辑，促进市场开放，使农户融入社会化生产体系中去，是实现农户分工的有效途径。刘明宇（2004）指出农业分工抑制就是由农民的制度性贫困所导致，其中户籍制度成为制约农业生产分工的主要因素，原因在于农民在进入非农产业部门工作的同时，无法完全脱离农业生产，从而对农业分工深化造成阻碍。为此，需要降低农民进城的“门槛”，逐渐放开户籍，允许农民在城乡之间自由流动，给予其医疗保险、教育和社会保障等制度，通过劳动力分工演进，实现农业生产分工和其他产业分工的深化（郑宏和李保华，2013）。

（3）完善政府政策供给。还有的学者主张建立农业分工与社会化服务体系，通过政府政策供给确保体系正常运转，进而加快农业生产分工发展。如孔祥智等（2012）认为，政府应该加强农业社会化服务体系建设的政策供给，在农业技术推广服务、农业生产社会化服务、农村金融服务、农村信息服务、农产品质量安全服务等方面进行制度优化。黄祖辉和傅琳琳（2015）提到，政府在完善农业服务体系，促进农业生产分工发展的过程中，应通过政策手段处理好市场化服务和非市场化服务的关系，既要培育服务经营主体，也要加强公共服务供给。

2.1.3.2　发展生产性服务业促进农业生产分工

农业生产分工是部分生产环节从农户家庭经营中逐渐剥离，转由专业经营主体来提供服务的一个动态过程，分工能否持续深化一定程度上取决于这种生产性服务的发展水平。鉴于此，学者们主张通过发展生产性服务业来促进农业生产分工，主要有以下观点。

（1）健全农业产业化分工体系。小农经济转型的关键是要加快农业产业化进程，优化现代农业体系，促进农业生产的分工专业化，让农户在农业产业链条上分工合作（高刚，2015）。王亚飞（2011）认为农业产业链纵向分工可以带来分工的经济性和生产效率的提升，进而从产业链治理角度出发，提出要通过法律法规、政府政策等正式制度安排，以及信任机制、声誉机制等非正式制度安排来巩固农业产业链上的合作关系，建立稳定的农业产业化分工体系。

（2）提高农业生产性服务水平。与发达国家相比，我国农业社会化服务还处于较低水平，无法满足农业生产要求，服务质量和效率低下的问题制约着现代农业的发展，迫切需要提高农业生产性服务水平（金兆怀，2002）。张颖熙和夏杰长（2010）认为提高农业生产性服务水平的根本在于培育服务经营主体，政府应以公共服务机构为依托完善公益性服务职能，加强合作组织在农业社会化服务中的基础地位，同时增强农业龙头企业的服务能力。殷秀萍等（2013）则认为政府要同时推进农业科技、信息、金融等综合性服务和农机、灌溉、物流等单项服务，才能提高生产性服务质量。此外，还应该基于农业多功能性，发挥政府引导作用，拓展生产性服务内容，促进农业分工发展（李俏等，2013）。

（3）发挥中间组织作用。在农业产业链纵向解构，分工深化的过程中，农业合作社等中间性组织发挥着重要作用，是联系农业生产性服务供需主体，提高服务水平的关键性因素（王亚飞和唐爽，2013）。孔祥智等（2009）认为，在完善农业社会化服务体系、提高生产性服务水平的过程中，不能忽视合作组织的基础性地位，应该扶持农民专业合作组织的发展，一方面作为农业生产性服务供需双方的纽带，另一方面也可以直接从事生产性服务业经营，强化整体服务质量。张学会和王礼力（2014）还建议以合作社等中间组织为中心，建立农户、合作社、农资供应企业、农产品销售企业等不同主体的利益联结机制，提高农业产前、产中、产后服务水平，深化农业纵向分工与协作。

2.1.4 简要述评

通过对农业生产分工相关文献进行回顾和梳理，得到诸多有益的经验启示，同时也发现现有研究还有可进一步深化的空间。

2.1.4.1 研究经验启示

纵观国内外关于农业生产分工的现有研究成果，学者们在农业生产分工的作用效果、影响路径和促进措施等方面进行了深入研究，形成一系列观点，概括而言主要有以下几点。

（1）农业生产分工受到诸多因素影响。根据现有关于农业生产分工研究进展，农业生产分工会受到多种因素影响，体现在以下几个方面：一是经济收益水平影响农业生产分工。农业经营中的收入水平会对农户分工行为产生影响，资本累积程度等存量经济因素也会对生产分工产生影响。二是要素禀赋条件影响农业生产分工。土地规模、劳动力数量、地理区位等要素禀赋条件都会对分工产生不同程度影响，丰富的要素资源以及优越的区位条件都有助于农业生产分工发展。三是市场交易条件影响农业生产分工。协调成本、信息不对称、资产专用性等引起的交易费用均会制约农业生产分工，是阻碍农业生产分工发展的约束性因素。四是农户家庭状况影响农业生产分工。包括受教育程度、合作社参与、兼业化等在内的农户家庭状况，都会对农户生产分工决策产生一定影响，且影响效应和作用方向有所区别。

（2）农业生产分工与经营效益提升相互关联。已有农业生产分工作用效果和影响因素的研究成果显示，两者之间具有一定关联关系，学者们分别从不同起点出发展开研究。一方面，基于农业生产分工作用效果的角度观察，农业生产分工有利于扩大经营规模，提高生产效率，提升效益水平，增强农业经营收益。同时，这种论断也得到了一些实证研究结果的支持，依靠农业生产分工在土地分散条件下增进生产经营收益是一种可行路径。另一方面，以农户生产分工影响因素研究为起点，一些学者对农业生产分工的实证结果发现，农户收入水平、资本积累等经济效益因素会对农业生产分工产生一定影响，其中就包含了经营效益提升对农业生产分工起到影响作用的观点。因此，结合上述两个方面的研究进展，农业生产分工与经营效益提升之间具有密切的关联关系。

（3）促进农业生产分工发展具有积极意义。学者们对农业生产分工研究结果表明，农业生产分工能够提升农户生产收益水平，激发农业农村经济活力，同时，对于农村社会结构变迁也具有一定积极作用。可见，促进农业生产分工发展有利于加快推进农业现代化进程，有助于解决当前“三农”问题困境。为此，学者们从完善农业农村制度和发展生产性服务业两个维度提出促进农业生产分工发展的对策建议，主要是通过明晰农户土地产权对生产分工产生激励作用，改变现有户籍制度的制约，使农户能够融入社会化分工体系当中，进而促进分工发展，依靠一系列政策措施的实施来对农户生产分工给予有效保障，同时，大力发展农业生产性服务业，通过生产性服务供给优化，健全农业产业化分工体系，从而实现农业生产分工发展。

2.1.4.2 尚存改进空间

现有研究成果丰富了农业生产分工相关领域的科学研究，提供了诸多有益的研究方法和经验借鉴，启迪了本书提出研究问题的灵感思路。尽管如此，现有文献中却也还存在些许可以深化和改进的空间。

（1）针对农户生产分工差别化形成机理的研究较为少见。已有对农业生产分工的研究中，学者们通过农户购买农业社会化服务和生产服务外包等行为的观察，已经发现了不同农户的农业生产分工程度具有一定差别，观察到农业生产经营中的分工差别化现象。但是多数研究主要重视分析不同影响因素对农户生产分工行为的影响效应和作用程度，较少关注在一系列因素影响下农户生产分工差别形成的一般机理，即主要分析了不同因素对农户生产分工的影响结果，尚未完全深入解析这些因素对农户生产分工的作用过程，也还没有详细解释多种因素共同影响下农户生产分工为什么会出现差别特征的问题，针对上述问题的研究还可以进一步深化，应尝试全面剖析农户生产分工差别化现象背后蕴含的一般规律。

（2）少有研究从经营效益来切入研究农户生产分工。在现有研究成果中，从经营效益切入考察农户分工差别化的相关文献还比较少见。在对农户生产分工影响因素的考察中，多数学者把农户进行生产分工作为既定发生的事件，主要分析要素禀赋、交易费用、农户特征等农业生产分工中必要非充分条件的影响，这些条件的改善固然有利于分工发展，但却并不一定是激发农户分工行为的根本动因；他们较少考虑到经营效益这个促进农户生产分工的充分条件影响。这样，可能会忽略一些农户生产分工充分条件的考察，难以全面考察和认识农户生产分工影响的一般规律。为此，还需要在现有研究基础上，拓展研究维度，从经营效益切入来研究农户生产分工，从而发现一些农户生产分工的新规律。

（3）农户生产分工与农业经营效益互动关系研究较少。一些学者从实证分析和规范分析等不同方面得出农业生产分工有利于增进农业经营效益的结论，同时，也有研究成果表明经营效益提升可以促进农户生产分工发展。不过，这些研究大多属于单向因果关系的研究，即只研究了农户生产分工对经营效益的影响，或是仅分析经营效益对农户生产分工的影响效应，较少把两者纳入同一分析框架中进行研究，可能不能全面分析两者之间的互动影响关系，也就难以解析农户生产分工内在运行规律。同时，在实证研究方面也少有分析两者相互影响效应和作用程度的相关成果。对此，有必要在相应研究领域进行一些深入分析，全面了解和掌握农户生产分工与农业经营效益之间的互动影响关系，进而深化对农户生产分工的认识。

鉴于此，本书尝试从经营效益切入来研究农户生产分工差别化形成的一般规律，基于农业生产分工和经营效益提升之间可能存在的互动影响关系，分析经营效益对农户生产分工产生的影响，进而结合其他影响因素对农户生产分工作用效果的分析，清晰地勾勒出农户生产分工差别化产生的逻辑机理，同时，在实证研究中运用构建指标体系的方法对农业经营效益进行量化，保证研究结果的科学性、完整性和准确性。

2.2　理论借鉴

本节研究内容主要是对分工理论、农户行为理论和交易费用理论等进行理论借鉴，分类总结不同学派的思想主张、分析框架和研究经验。

2.2.1　分工理论

分工是经济学研究中亘古未变的核心问题之一，经过长时期的发展，逐渐形成一个较为完备的理论体系，包括古典经济学、新古典经济学和制度经济学在内的众多经济学经典理论中都专门提及生产分工问题。

2.2.1.1 古典经济学的分工思想

古典经济学代表人物斯密（1776）首次把分工置于经济学研究的重要位置，通过扣针制造工厂的案例详细阐述了分工对于提高生产力的作用。他的分工理论思想大致可以概述为以下几个方面。一是分工能够提高劳动生产力水平。分工可以提升每个工人的劳动熟练程度，节约劳动时间，有利于把最先进的技术运用于生产，从而全面提高劳动生产力，即“劳动生产力最大的增进，以及运用劳动时所表现的更大熟练、技巧和判断力，似乎都是分工的结果”①。二是分工的作用发挥有赖于资本积累。分工的持续深入提高了劳动生产力，每个工人可以加工的生产资料数量随之提高，在工人数量保持不变的前提下，必然要求储备的生产资料相应增加，以满足分工所创造出的新的劳动生产力的要求，才能真正发挥分工提升劳动生产力的作用，所以通过分工来改进劳动生产力，需要有资本积累作为保障。三是分工会受到市场规模的限制。分工程度不是由人的主观意志所决定，而是受到市场购买力大小的限制，如果市场交易范围过小，则无法实现分工细化，同时，市场范围的大小又取决于运输条件所能覆盖的人口及资本数量，因而基础设施也是分工发展的重要条件。

马克思（1867）同样把分工视为劳动生产力提高的重要源泉，同时论证了分工在相对剩余价值生产中的作用。他对分工的论述可简要归纳为下面几点。一是分工改变生产过程。分工的发展使得生产工艺流程不断被分解为若干细小的具体操作环节，改变了以往时间上串联在一起的单一生产过程，转变为既能够在时间上相继发生，又能在空间上并存的有机生产过程。二是分工促进劳动生产专业化。生产环节的细化和分解，让每个环节实现专业化生产，“不仅通过协作提高了个人生产力，而且创造了一种生产力，这种生产力本身必然是集体力”②，从而显著提高劳动生产力。三是分工受到技术条件的约束。分工组织形式起源于制成品本身的技术性质，在技术水平低下时，生

① ［英］亚当·斯密．国富论（上卷）［M］．北京：商务印书馆，2014.

② ［德］马克思．资本论（第1卷）［M］．上海：上海三联书店，2009.

产过程分解和劳动分化水平不高，只有通过技术进步，才能使劳动工具不断丰富，生产过程逐渐细化，进而全面提高分工水平。四是分工能够产生需求和供给。社会分工把国民经济划分为不同功能的经济部门，一个部门的生产会产生需求，这种需求必然会要求有其他部门的生产来满足，这样就构成了一个社会供求体系，只要确保各个部分生产的恰当比例关系，就能使社会供求达到均衡。

2.2.1.2　新古典经济学的分工思想

作为新古典经济学的代表人物，马歇尔（1890）从报酬递增和分工组织两个维度扩充了分工理论，运用边际分析法描绘了分工收益的来源。其对分工理论的贡献主要体现在两个方面。一方面，首次把组织作为生产要素的一种，认为它与土地、资本和劳动力等生产要素具有同等重要性，私人合伙企业、股份公司及合作社等组织促进职能分工的形成，以便于获取分工经济；另一方面，提出生产分工可以实现报酬递增，认为把工业生产集中于特定地区，通过行业专利公开化、技术推广与扩散、科技创新及产品研发、高端机械设备投入和使用、熟练技工市场培育以及众多辅助行业的发展，产生的外部经济效应带来报酬递增，同时，企业扩大生产规模，依靠内部分工实现内部经济，进而获得报酬递增。

杨格（Young，1928）沿袭斯密和马歇尔的研究思路，进一步丰富和发展了分工理论，其思想的核心是劳动分工、报酬递增和经济组织结构（制度安排）之间的关系。主要表现在：一是分工深化与市场规模间具有循环累积因果关系。不同于斯密提出的分工受制于市场规模的单向因果关系，他认为市场规模大小决定了分工程度，而分工深化也会影响市场规模，两者相互作用为经济增长提供不竭动力。二是迂回或间接生产方式是实现分工经济的重要手段。报酬递增取决于劳动分工的发展，而分工经济的获取有赖于采用迂回或间接生产方式，即通过利用生产出的生产资料及生产性服务进行生产。三是分工具有网络效应。观察单个企业难以明确报酬递增机制，企业规模大小取决于行业内其他企业的规模，某一行业规模也受其他行业规模的影响，要把产业经营看作相互联系的整体。

贝克尔和墨菲（Becker and Murphy，1992）在知识、劳动分工、协调成本和产出之间构建关系模型，从分工深化引致协调成本和知识积累的角度来解释经济增长。其分工理论思想主要有：一是分工内生于经济增长。分工作为经济增长的重要推动因素，内生于经济增长之中，即便没有外生技术进步等因素的影响，经济也可以持续增长。二是分工受到协调分工的成本的制约。分工深化在实现报酬递增的同时也会产生协调成本，协调成本的增加会制约分工的进一步发展。三是社会知识积累有助于分工发展。当社会知识存量不断提高时，知识的积累可以降低协调成本，从而促使分工演进发展。

此外，斯蒂格勒（Stigler，1951）拓展了分工和市场之间关系的研究，提出分工与专业化程度和市场发展程度具有负向影响关系，分工与专业化本质上是企业职能不断分化，交由其他企业来承担的过程，分工持续深化会导致市场垄断，对市场结构产生影响。舒尔茨（Schultz，1993）则重点强调了人力资本在报酬递增中的重要作用，认为劳动分工和竞争市场可以通过企业家的组织活动而相容，分工产生的作用主要是加速知识的累积，通过人力资本积累来实现报酬递增。

2.2.1.3 新制度经济学的分工思想

不同于古典和新古典经济学的研究范式，新制度经济学在对分工的解释中强调制度的重要性，同时引入了交易费用、资产专用性等约束。科斯（Coase，1937）提出“既然分工可以使生产者在市场上买卖专业化生产的产品，为什么还会出现企业这种生产组织”① 的悖论，进而从产权界定、交易费用和制度安排等切入点研究市场分工，其对分工理论的贡献可简述为：一是产权界定是分工与交易的充分条件。交易和分工是同一事物的不同侧面，两者互为因果关系，其成立前提条件是拥有权利，人们可以通过分工生产和交换商品正是基于这种权利，分工和专业化生产也需要建立在生产者的产权界定基础之上。二是分工与交易会产生交易费用。基于产权界定的交易活动会产生交易费用，即人们在制定交易规则和实施交易行为所付出的代价，交易

---

① Coase，R. H. . The Nature of the Firm [J]. *Economica*，1937，16 (4)：386 –405.

费用的存在会对分工与专业化产生影响。三是分工发展受到制度安排的影响。市场交易不仅依赖正式规则，也受到文化、道德、习惯等非正式制度的影响，正式与非正式制度安排都会左右分工的发展，分工发展受到制度变迁方向和程度的约束。

威廉姆森（Williamson，1985）进一步论证了市场交易费用与生产组织形式之间的动态匹配关系，认为随着分工与专业化发展，交易费用会不断增加，当其达到一定边界时，一体化的企业会比市场更有效率，通过交易费用这个媒介，分工与专业化受到自身发展的制约。阿尔钦和德姆塞茨（Alchian and Demsetz，1972）从剩余索取权和劳动监督等方面讨论企业存在的合理性，企业产生主要是因为分工产生的收益难以在参与的劳动者之间公平分配，劳动监督的有效性会影响分工发展，需要有相应制度安排。诺思（North，1990）则认为分工发展在增加交易费用的同时也降低了生产成本，某种制度选择是交易费用和生产成本共同作用的结果，分工取决于边际交易费用与边际生产成本的大小。与新制度经济学分工思想相类似的观点还有：杨小凯（1998）认为分工演进有赖于交易效率的改进和提高。分工经济和交易费用之间存在两难冲突，分工生产既能实现分工经济以获取分工收益，同时也会产生相应的交易成本，通过改善市场交易环境可以提高交易效率，进而降低交易费用，促进分工发展。

纵观分工理论发展脉络，古典经济学建立了分工理论，论述了分工可以改变生产过程，促进劳动生产专业化，提高劳动生产力，推动经济增长，同时也受到技术进步、资本积累和市场规模等因素的影响。新古典经济学把报酬递增和迂回生产等引入分工理论框架，解释了分工促进经济增长的关键在于实现报酬递增，其主要手段在于迂回或间接生产以及人力资本积累等，并提出分工发展与市场规模之间具有累积循环关系。新制度经济学又把产权界定、制度安排及交易费用概念纳入分工理论分析中，把产权界定作为分工的前提，将制度安排作为分工的限制条件，并且指出分工除了降低生产成本之外会产生交易费用，交易费用会制约分工发展。这些理论表明，分工是经济增长的动力源泉，但也受诸多因素的影响。考虑到农业领域生产分工的特殊性，以及我国特有的农业家庭经营生产组织形式，在研究中还需要在现有分工理论的基础上，结合农业产业特点和经营组织形式等特征对分工理论进行演绎。

2.2.2 农户行为理论

农户经济行为是农业经济学较早关注的研究领域，经过长期发展逐渐形成了较为系统的理论体系，主要分为组织生产学派、理性小农学派和历史学派（翁贞林，2008）。

2.2.2.1 组织生产学派的农户行为解释

组织生产学派研究的理论基础是劳动消费均衡论和家庭生命周期假说，主要关注家庭农业生产组织和农业经济结构等问题。恰亚诺夫（1925）根据长达30年的农户跟踪调查，总结了农户经济生产行为的一般规律。主要有两点：一是小农生产决策在于消费满足与劳动付出的均衡。小农户主要进行自给自足的生产经营，其目的是满足家庭成员的消费需求，一旦需求得以满足，便不再投入劳动生产，如果没有能够满足家庭生存要求，即使在边际收益递减条件下，他们依然会投入生产，即小农追求的不是生产利益最大化，而是消费的边际效用等于劳动的边际效用。二是经营规模取决于小农家庭结构。小农生产经营规模的上限取决于家庭劳动力数量的可利用程度，下限是维持家庭生存的必要规模。利普顿（Lipton，1968）和斯科特（Scott，1976）在此基础上进一步分析小农经济行为，着重考虑了风险和不确定性条件下的经济行为决策。归纳而言主要有以下两点：一是小农具有风险厌恶偏好。小农户生产决策不是追求利润最大化，而是尽可能地降低经营风险，他们不会为了获得更高收益而冒险扩大生产。二是小农保守的经营决策是出于生存安全的考虑。小农户基于他们自身生存需要做出生产抉择，因而一些看似不合理的经营行为恰是他们出于规避风险而做的“理性”考虑。

2.2.2.2 理性小农学派的农户行为解释

与组织生产学派对于农户生产经营行为取决于劳动消费均衡的观点不同，

理性小农学派认为农户是“理性经济人”，同样追求利润最大化。舒尔茨（Schultz，1964）全面分析了传统农业中的生产经营行为，提出一系列农户行为观点，主要有：一是农户经营追求利润最大化原则。传统农业中的农业经营户与资本主义社会中的农场主一样，都是经济学上的“理性人”，生产决策遵循利润最大化原则。二是农户的资源配置富有效率。在传统农业中，要素资源配置效率低下的情况十分罕见，农户对所掌握的资源做出了最优化的配置，在没有新的生产要素投入情况下，不可能再通过改变现有要素配置来提高农户生产收益。三是缺乏现代生产要素投入是农户经营发展的制约因素。传统农业条件下农户经营增长停滞的原因是缺少必要的现代投入，如果能够在合理成本范围内得到现代生产要素，则农户会在追逐利润最大化的驱使下实现经营扩张。四是人力资本投资对于农户生产经营至关重要。改造传统农业的正确途径是促进人力资本积累，使农户合理运用生产要素，因而进行人力资本投资对农户经营十分重要。波普金（Popkin，1979）进一步提出农户是理性个人或家庭福利的最大化者，能够根据自己的偏好和价值观做出效用最大化的经营选择。比彻（Becher，1965）则创建了农户经济学模型，其核心思想是农户把家庭劳动力按照市场工资价格予以估价，根据成本最小原则组织生产，根据效用最大化原则制订消费计划，通过劳动力时间安排、购买性商品、生计性消费品的消费组合来实现家庭效用最大化。

2.2.2.3　历史学派的农户行为解释

历史学派的观点认为农户经营面临的内外部环境条件不一，其生产经营行为不可一概而论，需要在特定历史条件下进行分析。黄宗智（1986）提出“过密化”理论用以解释农户经营行为。其主要观点有以下三点。一是农户生产的劳动力投入存在“过密化”。由于农户不能解雇家庭中多余的劳动力，因而出现了劳动力过剩现象，这些劳动力只能继续依附在小农经济之中，不能成为雇佣劳动者。二是农户投入过多劳动力的原因是劳动的机会成本过低。农户把其劳动的边际报酬降至低于雇佣劳动工资之下的“不合理”行为是由于缺乏其他就业机会，导致劳动机会成本几乎为零，而这部分只能获得较低边际报酬的劳动投入生产，对于农户来说却可以得到较高的“边际效用”。三是耕地规模和市场结构的制约会加重农户的“过密化”经营行为。耕地不足会给农户带来的更大的生存压力，市场经济发育不完善使得劳动力缺乏非农就业机会，在这种双重约束之下农户还会不断投入劳动力，直至其边际收益趋近于零。

总结各个学派对农户行为的解释，组织生产学派认为小农生产经营属于自给自足的自然经济，其经营决策点在于劳动力投入满足家庭消费需求的均衡点，并不追求利润最大化，同时小农具有风险厌恶偏好，生产经营决策更多地会考虑规避风险。理性小农学派则肯定了农户是“理性经济人”，能够根据自己的偏好和效用做出经营抉择，从而实现利润最大化，并且农户已将自身可支配的要素资源配置到最佳状态，真正制约农户经营发展的因素是缺少必要的现代生产要素。历史学派综合了上述两个学派的观点，提出农户经济行为应在特定历史条件下进行分析，并建立了“过密化”理论，指出农户生产经营存在劳动力过度投入现象，原因是缺少其他就业机会导致劳动机会成本过低，而耕地规模和市场限制会进一步加剧农户生产的“过密化”。这些理论表明，农户经营行为很大程度上取决于自身禀赋条件，既有追逐利润最大化的倾向，又有风险厌恶的偏好，且容易受到外部市场环境的影响。这些均为本书的研究提供了借鉴和参考，但上述农户行为理论中的有些观点与当前农业经营日趋市场化、社会化的现实不符，也与我国特有的二元结构存在矛盾，因而在应用于研究时还要进一步结合我国农户生产经营实际情况进行斟酌和考虑。

2.2.3 交易费用理论

随着新制度经济学的兴起，交易费用这个概念开始应用于分析经济理论和经济现象，特别是对转型国家的经济问题具有较强的解释力，并逐渐发展成为一个独立的理论体系。

2.2.3.1 交易分工视角下的交易费用理论

按照交易分工学说对交易费用的解释，交易费用的产生与生产分工和市场交易息息相关。科斯（1937）认为交易费用就是利用价格机制所需要付出的成本，包括交易准备阶段的费用、交易活动进行过程中的费用以及为应对未来不确定性和风险所付出的费用，同时，企业内部也存在着内部交易费用，诸如行政管理费用、生产监督费用、组织费用等，内部交易费用表现为企业的管理费用，交易费用的高低决定了社会分工和企业规模的边界，而分工与专业化程度也可能会对交易费用产生影响。杨小凯（Yang，1991，1995）区分了外生交易费用和内生交易费用，前者是在交易过程中直接或者间接产生，后者是由交易各方决策者为了争取更多分工利益而做出非最优决策导致的总体收益降低，同时指出企业和市场并非组织之间的替代，而是劳动力市场替代产品市场，企业与市场的边界由劳动交易效率与产品交易效率比较所决定。总结交易分工学说中的交易费用理论思想，主要有：一是交易费用的产生源于分工。社会分工与专业化产生了交易行为，而为了顺利完成交易必然会要支付相应费用，即使所有生产活动都集中在一个企业内完成，也会存在表现形式为管理费用的内部交易费用，这是因为企业本身也有内部生产分工。二是交易费用的高低取决于交易效率。不同交易效率水平下的交易费用存在差异，交易效率越高，需付出的交易费用就越少。因此，选择企业还是市场方式进行生产，取决于劳动交易效率和产品交易效率的高低。三是部分交易费用产生于交易主体的“利己”决策。部分交易费用内剩余交易行为，交易主体为了更多摄取收益，会不惜减少交易对方的所获得的分工好处，造成资源分配偏离帕累托最优，产生费用耗损。

2.2.3.2　交易契约视角下的交易费用理论

交易契约学说围绕契约履行来探讨和分析交易费用，强调交易费用与契约之间的相关性。科斯（1960）发现在一份交易契约的履行过程中，需要支付一笔额外的开销，包括交易谈判、合同议价、拟定契约、监督实施等环节产生的相应费用。达尔曼（Dahlman，1979）把交易契约中的交易费用划分为三种，包括契约签订之前交易双方彼此了解对方意愿所消耗的时间和金钱，契约签订时对交易条件的决定支付的成本，以及契约签订之后为保证契约执行而对交易对方实施监督和控制所支付的费用。张五常（Cheung，1983）论证了产权交换、契约安排和交易费用三者之间的关系，认为每个生产要素所有者要么自己生产和销售产品，要么出售全部生产要素，或者通过委托代理的方式把生产要素的使用权委托给代理人以获得收入，前两种属于市场交易，后一种属于企业生产，这三种产权交换方式都要通过契约安排来进行，且产权交换一定会产生交易费用，因而不同的契约安排会使得交易费用表现出差异。威廉姆森（1985）从交易频率、不确定性和资产专用性等三个维度论述交易费用。交易频率是一段时期内交易发生的次数，不同的交易频率会影响契约方式的选择，进而对交易费用产生影响；不确定性包括信息不对称、偶然事件发生、风险预测防范等，会对交易费用产生影响；资产专用性是指特定耐久性资产转向其他用途的难易程度，资产专用性越强，越不容易转向其他用途，交易失败产生的损失也越大，因而资产专用性与交易费用高度相关。归纳交易契约学说中的交易费用理论思想，主要有：一是交易费用贯穿契约交易的全过程。契约签订之前、契约签订过程和契约履行环节都会产生相应的交易费用，完成一个契约交易过程须支付必要的交易费用。二是不同契约安排下的交易费用有所差异。产权交换必然产生交易费用，同时产权交换可以由不同的契约方式来完成，不同契约安排下的交易费用则会有所差异。三是交易费用受到交易频率、不确定性和资产专用性的影响。交易频率越高，交易费用就越低；不确定性越大，交易费用就越高；资产专用性越强，交易费用也越高。

除此之外，还有主张从制度角度入手看待交易费用，认为交易费用本质属于一种制度成本。张五常（1969）认为只要是一个人以上的社会，就必须要有相应的制度来约束个人行为，制度的产生源于交易费用，因而交易费用可以视为一种制度成本，其发生在人与人的社会关系之中，包括信息成本、谈判成本、起草和实施的成本、界定和实施产权的成本、监督管理的成本及改变制度安排的成本。

上述几种学说都是基于新制度经济学的分析框架对交易费用理论的探讨，都反映了交易费用的不同侧面，使之形成一个较为完整的框架体系。从交易分工的角度来看，社会分工和专业化促进交易需求的增加，而交易活动中不可避免地会产生交易费用，这些交易费用的多少取决于交易活动的效率，交易效率越高，交易费用也就越低，出于节省交易费用的目的，根据交易效率的高低会有与之相适应的生产组织形式。从交易契约的角度来看，为履行契约必然会产生大量交易费用，且交易费用会贯穿契约执行的全过程，采用不同的契约方式可能会有不同水平的交易费用，因而选择适宜的契约安排至关重要，同时，交易费用会受到交易频率、不确定性和资产专用性等因素的影响。这些理论思想给予本书研究很好的启迪，在把交易费用理论应用于农户生产分工的研究时，还应该结合我国农业农村实际状况，综合考虑农户自身的禀赋个性以及农业农村交易活动和合约方式的特殊性，确保不会因脱离实际而产生偏颇，保证交易费用应用的正确性。

第3章　农户生产分工影响理论分析框架

本章的研究任务是在文献综述和理论借鉴基础上，建立农户生产分工影响的理论分析框架，引导后续实证研究的开展。主要内容包括：对农户生产分工核心概念内涵进行界定；理论阐释和分析农户生产分工与经营效益之间互动影响的作用途径；梳理农户生产分工主要影响因素，分别解析这些因素影响农户生产分工的作用路径。

3.1　核心概念解析与辨识

本节研究主要内容是界定农户生产分工的概念内涵，阐释农户生产分工的特殊性，全面厘清和辨析核心概念。

3.1.1　农户生产分工概念内涵

根据《新帕尔格雷夫经济学大辞典》关于分工定义的表述，分工是一种工序的划分，把某项工作分为若干组成部分，每个部分由不同的人负责完成。由于社会知识和技术体系分散在每个个体之中，不同领域的知识和技术由不同的个体所掌握，因而分工在社会经济生产中表现为人们工作的独立化和专业化（斯密，1776；Hayek，1945）。在动态演进视阈下，分工就是这种工作独立化和专业化的持续强化，使整个社会中的无数多个职能不断分离的过程。

这个过程可以分为两个层面，一个层面是在整个社会范围内的职能分离，另一层面是在单个行业或部门内的职能分化（盛洪，1992）。从量化角度上看，如果每个人在各种生产活动中都分配相同的时间份额，则分工水平最低，处于经济自给自足状态；当每个人致力于生产不同于其他任何个体的一种产品时，分工水平达到最高，属于完全分工状态（杨小凯，2003）。

具体到农业生产经营中，农业分工就是把整个农业生产活动分散为不同部分，由每个经营主体专门从事某个部分的生产。在农业生产中，分工有两种表现形式，从横向上看，农产品生产可以划分为种植、养殖、林业等大类产品，种植大类产品又可分为粮食作物和经济作物等细分类别产品，粮食作物细分产品下还能进一步分成水稻、小麦等具体产品种类，此时分工表现为农业产品种类分工，即经营主体在所有农产品之间进行生产划分，专门只从事某种具体农产品的生产。从纵向上看，农业产业链可以先粗略划分为产前、产中和产后等生产环节，又可以进一步细分为耕整、播栽、施肥、灌溉、收获、储运等具体生产环节，这时分工表现为农业生产环节分工，即经营主体在整个农业生产环节上进行划分，专门针对某个生产工序进行劳动工作。本书着重考察和研究的是后者，即农户在农业生产环节上的分工。

结合研究的目的和内容，本书对农户生产分工进行如下基本概念界定：家庭经营条件下，从事种植业生产经营活动的农户，在耕整、育种、播栽、施肥、灌溉、植保、除草、收获、储运等不同工序环节中非独自完成工作的一种生产行为。整体生产分工水平是指农户采取分工生产（非完全独自完成）的环节数量，假如农户对全部农业生产环节都采取分工方式完成，表明农户专注于农业生产经营活动的管理，分工水平最高；反之，假如农户在全部农业生产环节上都没有进行分工，则说明农户生产经营活动全部由自己独立完成，分工水平最低。细分环节分工程度是指农户在某个环节上分工生产（非自己完成）的工作量。如果农户把某个农业生产工序环节上的工作全部交由其他组织或者个人来完成，表明农户在该生产环节上的工作量全部由专业服务组织或个人完成，分工程度最高；反之，如果农户独立完成某个农业生产工序环节上的工作，则说明农户在该生产环节上没有进行分工，分工程度最低。

3.1.2 农户生产分工的特殊性

不同于工业及其他产业，农业是自然再生产和经济再生产的交织，具有生产特殊性、监督困难性、交易特别性等特点，在农户生产分工上表现出有限性的特征。

3.1.2.1 生产特殊性与分工约束

首先，与工业和服务业相比，农业的最大不同在于生产过程中对于自然条件和生命个体的依赖。农产品是本质上具有生命体征的个体，其生长有赖于阳光、水、土壤等自然资源的供养，受到自然环境的约束，表现为生产的连续性和不可逆性。由于农业生产的连续性和不可逆性，使得其生产工序环节的可分离性不高，且参差不齐，一些环节可分离性大，而另一些环节可分离性小。从技术角度上看，这与农业生产活动连续作业所需技术体系的完整性、延续性和精确性密切相关，农业技术施用必须要符合农作物的生命节律，根据生物生长状况做出准确反映和控制，有些技术可以分开实施，而个别关键技术却不能分离。在经济上，农业生产环节的可分离性取决于这些环节分离后的成本变化，一部分环节分离可以实现作业成本的降低，但另一部分环节分离可能因生产的连续性遭到破坏而导致成本的大幅提高。其次，农业生产的特殊性又体现在周期性和季节性上。农产品生产需要一定周期，在每个生产周期内，又根据季节条件差异划分为不同生产阶段，各个阶段生产流程所需要的劳动力数量或者替代劳动力的机械设备投入量不尽相同，表现为“农忙”和“农闲”的季节性交替。这种在不同生产环节需要不同数量劳动力或者机械投入的特性，使得农业生产工作处于一种非连续状态，对工序环节分工造成阻碍。最后，农业生产还具有众多不确定性。比如抗旱、抗洪和抗虫害等，这些突发性事件不时发生，对农业生产造成巨大影响。由于这些不确定性事件的影响，原本的生产环节分工状态容易被打破，使得分工在农业生产中难以得到深化。总体上看，农业生产的这些特殊性都会对农户生产分工造成不同程度的影响和约束。

3.1.2.2 监督困难性与分工限制

农户生产分工的实质就是把部分生产环节剥离出去，交由其他主体或者个人代为完成，是一个典型的“委托—代理”关系，农户作为委托人把个别生产环节分包出去，农业服务组织或者个人作为代理人来完成这些生产环节的工作。这个关系能够维系的前提是双方都能对对方表示满意，对于代理人而言，满意的标准是委托人是否依照规定支付相应报酬；对委托人来说，其满意的关键在于代理人是否按照要求完成生产工作任务。代理人对委托人的考察相对容易，因为报酬金额是可见的，且易于衡量判断，但是，委托人对代理人的考评却不太容易，原因就是对工序环节的工作效果难以及时掌握。特别是对农业生产而言，不像工业生产那样可以制定标准化、定量化、规格化、程序化的工序流程，导致农业分工的成果核收没有一个统一的可参照标准，进一步增加了委托人的监督考核难度。一方面，农户对服务组织或个人的信息掌握是不充分的，农户可能需要事后甚至多次交易后才能了解服务组织或个人的服务能力、工作质量、劳动效率等信息，这种信息不对称可能使得农户认为难以把握分包生产环节的工作质量，从而选择不采取分工方式进行生产；另一方面，农业活动的主体必须根据生物需要的指令来及时做出有效的“现场”反应，由此引致劳动考核和报酬的计量难以做到精确（罗必良，2008）。由于考核工作难度过大，农户对服务组织或个人工作的监督往往特别困难，监督成本有可能远远高于其获得的分工收益，特别在多个环节进行分工的情况下，农户的监督工作更是捉襟见肘，以至于农户做出逆向选择，放弃分工这种可能效率更高的生产方式。总之，农业生产分工工作监督的困难性会限制农户对分工生产方式的选择，从而影响分工的进一步发展。

3.1.2.3 交易特别性与分工局限

农业生产与产品交易和工业及其他产业相比较为特别，在产品交易上的特别之处也会使得农户生产环节分工产生局限。首先，从市场需求上看，产品需求取决于该产品的可替代性，可替代性越强，这种产品的需求弹性就越大。对于农产品而言，作为人们生活的必需品，几乎没有其他可替代的产品，因而农产品需求弹性很小，即使人们收入水平得到较大提高，对农产品的需求也不会有明显增长，农产品市场需求增长的限制导致农产品生产规模被限定在一个较小区间。由于细化分工在带来效率提高的同时会产生交易费用，产量规模越大越有利于分工深化发展。在一个限定的产量区间内进行分工生产带来的收益提升是有限的，甚至可能出现分工提高生产效率，增加农产品产量，造成“谷贱伤农”的现象发生，从而降低农户进行分工细化的积极性。其次，农产品鲜活易腐的特性使得其市场流通半径有限，基本上产地与销地处在同一区域，农户收获、储运等环节进行分工可选择的服务主体有限，一定程度上限制了分工的发展。再其次，农户在农产品市场交易中很难取得谈判地位，属于价格接受者，农产品交易市场价格极易波动，农户面临的经营风险较高，且短期内无法从容调整生产，进而影响其生产分工决策。最后，与工业产品相比较，农产品之间的差异性较小，很难把不同产地、不同品质的农产品区分开来，使农产品更多地体现出同质性特征，在市场交易中，农户难以获得农产品的排他性认可，对通过生产环节分工提高生产效率和提升产品品质的动力不足，也会使农户生产分工局限在一个较低水平。

3.2 农户生产分工与经营效益互动影响

本节研究主要内容是通过一般均衡分析法，分别分析经营效益影响农户生产分工的作用途径以及农户生产分工影响经营效益的实现路径。

3.2.1 经营效益影响分工实现途径

按照农户行为理论，农户属于理性“经济人”，在自身条件允许的情况下，会在“利润最大化”目标驱使下寻求经营收益增加的有效途径。分工生产方式作为其中一种可能的增收路径，其选择与否取决于通过分工生产增进的收益与分工生产方式所需支付的成本之差，换言之，只有分工收益能够弥补因分工而产生的成本，农户才会选择这种方式进行农业生产。因此，经营效益理应会对农户生产分工决策产生一定影响，可以通过一般均衡分析法来分析经营效益影响农户生产分工的作用途径及其影响效果。

在建立图形坐标基础之上，通过均衡分析法来解释经营效益对农户生产分工的影响及其作用途径。如图 3－1 所示，横轴表示农户分工生产环节数量，纵轴表示农户分工服务价格。把农户生产过程看作若干个工序环节的集合，每个环节都可以通过支付一定价格，从生产性服务提供者购买服务或者外包生产。假定分工服务市场是一个完全竞争市场，市场上有无数个农户是分工服务的需求方，同时也有无数个生产性服务组织或个人是分工服务的供给方，且任何参与市场交易的主体都是理性“经济人”，需求者随着分工服务价格提高（降低）而减少（增加）需求，供给者随着分工服务价格提高（降低）而增加（减少）供给。由于分工服务市场是一个完全竞争市场，因而所有人都是价格的接受者而非决定者，分工服务市场价格由供需均衡点来决定。在图 3－1 中，DC_0和 SC_0分别是农户和生产性服务经营主体（以下简称“供给方”）的需求曲线和供给曲线，两条曲线相交于 W_0点，W_0点是一个供需平衡点，在 W_0点上农户的分工环节数量是 L_0，对应的每个环节的价格为 P_0，可见，如果没有其他因素的干扰，作为理性“经济人”的农户不会增加或者减

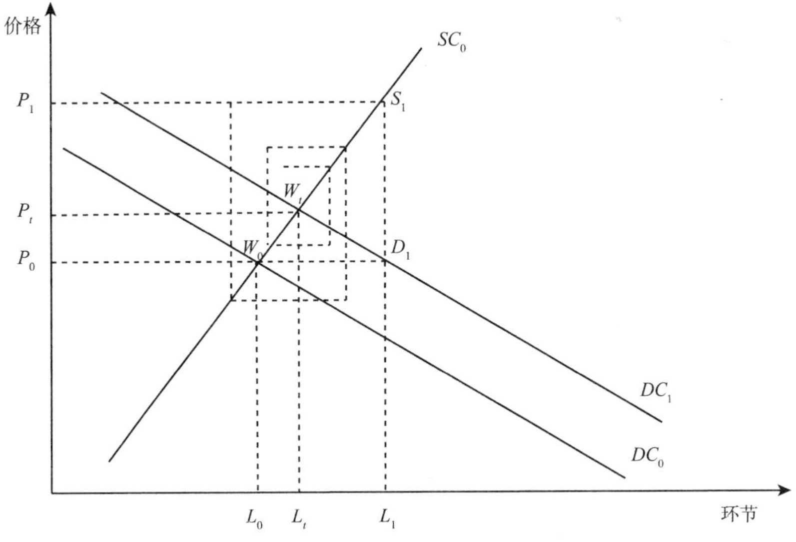

图 3－1　经营效益影响农户生产分工示意

少分工环节数量。如果农户经营效益得到提升，那么由于分工激励、收入增加等原因会提高农户购买分工服务的能力，这样就使原来的需求曲线 DC_0 向右平移到 DC_1，与原先的价格 P_0 相交于 D_1 点，农户分工环节数量从 L_0 变动到 L_1，分工环节数量增加 $L_1 - L_0$。

不过，由于点 D_1 不是一个供需均衡点，因而农户分工服务需求增加的 $L_1 - L_0$ 部分是不能满足的。按照供需法则，只有价格达到 P_1 时供给方才愿意提供 L_1 单位的分工服务，分工服务市场价格会提高 $P_1 - P_0$。对于农户而言，在 P_1 的高价下，购买分工服务意愿必然降低，从而使供需价格偏离均衡点，农业分工服务价格开始随机波动。按照蛛网模型理论，分工服务价格偏离均衡点 W_0 之后，会存在收敛和发散两种情况，前者经过一段时期之后会使分工服务价格重新收敛于一个新的均衡点，后者则使分工服务价格从此随机波动，收敛与发散取决于供需双方的弹性大小，如果供给弹性小于需求弹性，则分工服务价格收敛于新的均衡点，反之，供给弹性大于需求弹性，则分工服务价格发散。对于农户而言，分工生产只是农业经营的一种方式，不通过分工也可以自己完成生产任务，因而农户对分工服务是富有弹性的。对于供给方而言，由于从事的分工服务行业需要购置大量机械设备，这些都是一次性固定投入，且具有较强资产专用性，难以把农业服务经营的固定资产用于其他生产，相对于农户来说，其供给弹性较小。因此，根据蛛网模型理论，经过 t 时期的供需博弈之后，农户与供给方会按照图 3－1 中线段所示的蛛网路径重新在 W_t 点达到供需均衡，此时，分工服务价格为 P_t，农户所需的分工环节数量为 L_t。在经营效益提升作用影响下，农户生产分工环节数量最终增加了 $L_t - L_0$，分工水平得到明显提升。

进一步地，观察经营效益促进农户生产分工的作用效果。如图 3－2 所示，深色阴影表示农户消费者剩余，浅色阴影表示生产者剩余。左图反映了农户在得到经营效益提升之前的消费者剩余，是一个较小的三角形，当农户提高经营效益并促进分工深化之后，在新的均衡点 W_t 上，深色阴影面积明显得到扩大，说明农户消费者剩余有所增加，经营效益提升农户生产分工水平的同时也提高了农户在分工服务中的消费者剩余。与此同时，分工服务供给方的生产者剩余也有一定程度的提高，右图中的浅色阴影面积大于左图的浅色阴影面积，表明经营效益促进农户生产分工的同时也提高了农业生产性服务经营组织或者个人的收益。可见，从经营效益促进农户生产分工的作用效果来看，既有助于农户分工水平提升，也有利于农业生产性服务经营组织或者个人的发展。

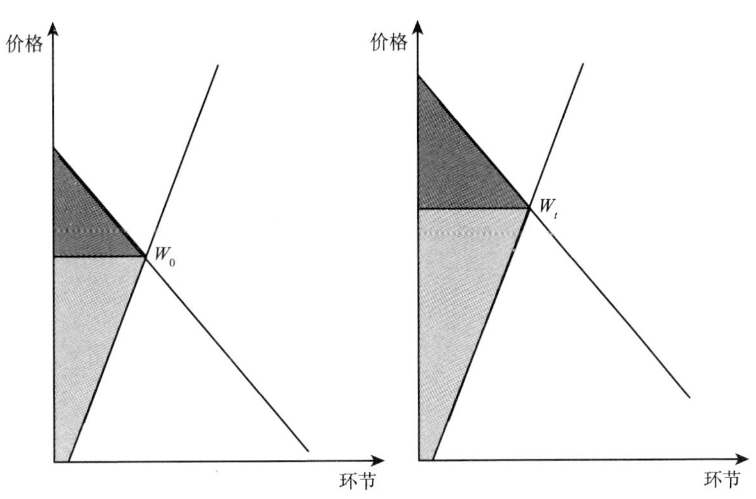

（a）经营效益提升前的农户消费者剩余　（b）经营效益提升后的农户消费者剩余

图3-2　经营效益影响下农户消费者剩余变化

综上所述，经营效益通过激发分工积极性和提高支付能力来提升农户生产分工水平，同时有助于农业生产性服务经营主体发展，全面促进农业分工深化。具体而言：一是经营效益激发农户分工积极性。农户作为理性“经济人”，在进行生产决策时首先考虑每种生产方式带来的收益变化，如果某种方式可以显著提升经营收益，则农户会倾向于采用该种方式进行生产。分工是农户可以选择的生产方式之一，是通过向生产性服务经营主体购买农业社会化服务，或者是直接把某个生产环节外包给其他专业组织或者个人来完成的一种生产方式，采取这种方式生产肯定会需要支付一定的服务费用，因而依靠分工生产能够带来多少的收益增长就会成为农户着重考虑的决策因素，关键在于分工生产带来的收益增长在弥补为此付出的成本之后能否还有结余。因此，生产经营效益较高的农户会比那些经营收益较低的农户更愿意选择分工方式进行生产，因为经营效益的增进提高了农户对分工生产的经济预期，从而激发农户分工积极性。二是经营效益提高农户支付能力。分工是一种具有成本的生产方式，采用分工方式进行农业生产意味着农户需要在支付物质费用之外还需要额外支付一笔费用，用于购买生产性服务或者分包生产环节上的工作。这部分费用的多少取决于市场机制作用下的供需双方均衡价格，通常情况下，单个农户在市场上购买分工服务只能是价格的接受者，在分工有利于促进农业生产的前提下，农户的分工需要能否转变为分工服务购买需求的关键在于农户是否有能力支付分工服务费用。通过对分工服务供需均衡分析，经营效益的改善提升了农户经营收入水平，进一步提高农户购买农业社会化服务或者外包生产环节的支付能力，从而增加农户分工生产环节的数量，促进农户分工深化。同时，在完全竞争市场假定下，经营效益不仅能够促进农户生产分工水平提高，还可以增加农户购买分工服务的消费者剩余，有利于农户生产经营发展。三是农户经营效益提高有助于农业生产性服务经营主体发展。对于农业生产性服务经营主体而言，由于农业社会化服务经营的特殊性，需要在经营前期购置足够多的机械设备，这些机械设备占用资金量大，且资产专用性较高，不易转做其他用途，使得生产弹性较为缺乏，容易因为市场需求降低而遭受损失，经营风险较大。因此，经营效益通过激发农户生产分工需求，增强农户购买分工服务的能力，从而提高农业生产服务的市场需求量，有利于农业生产性服务经营主体发展，此外，与农户获得消费者剩余提高相类似，在经营效益的影响作用下，农业生产性服务经营主体的生产者剩余也能够得到增加。

3.2.2 分工影响经营效益实现途径

按照分工理论的基本原理，农户能够增进经营效益的根本原因不在于土地经营面积的扩大，而是通过分工与专业化生产有效促进农业生产经营效益提高，只要能够保证分工生产的有效性，在既定规模下也能提高经营效益。对此，可以运用几何图形解析的方法来明确分工影响经营效益的作用途径。

在建立图形坐标基础之上，通过一般均衡分析法来解释农户生产分工对经营效益的影响及其作用途径。按照本书对农业经营效益的内涵界定，以农户在生产经营活动所达到的经济效率水平来衡量经营效益。如图3－3所示，横轴表示土地规模，纵轴表示经济效率，假定整个农业生产环节总共有包括a、b、c在内的3个环节，每个环节对应一条效率曲线，分别记为E_a、E_b、E_c，每条效率曲线均服从厂商生产的一般原理，随着规模扩大先升高后降低，最高点为E^*，即经济效率水平最高点。由于不同农业生产环节达到经济效率最优点所需要的规模具有差异性，例如，土地耕整环节的最佳规模可能要大于播种、插秧、除草等其他环节，因而生产环节a、b、c对应的最优规模分别为Q_a、Q_b、Q_c，且$Q_a < Q_b < Q_c$，当农户经营规模为Q_a时，对于生产环节a而言，实现了经济效率最优，效率达到最高值E^*，但是就生产环节b、c而言，此时并未在效率最高的经营规模点上。同理，在生产环节b、c各自的最佳规模点上，其他生产环节的效率也非最高。

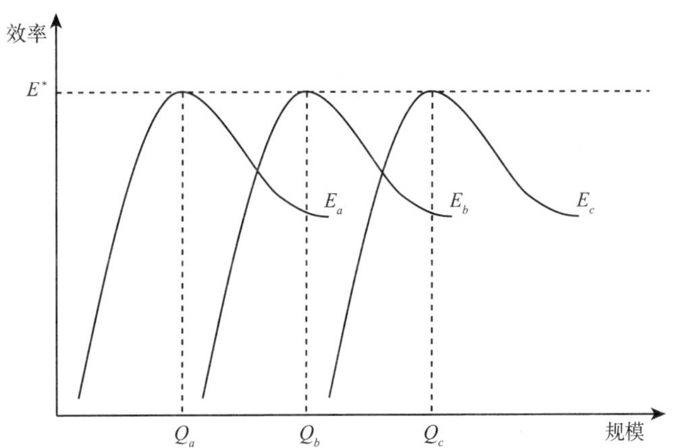

图3－3　农业生产环节经济效率变化示意

按照上述原理，通过比较分工和非分工状态下农户生产经济效率水平，就可以分析农户生产分工对经营效益的影响。如图3－4所示，左右两个图形分别表示非分工与分工状态下农户经营效益水平，两个坐标轴横轴为生产环节，纵轴为经济效率，为便于分析，此时假定总共有9个农业生产环节，每个生产环节均能够由不同规模的农业经营主体达到最高经济效率 E^*，单个农户可以在某个生产环节实现 E^* 的最高效率，而在其余生产环节效率依次递减，最后一个生产环节的经济效率仅为 $1/9E^*$。左侧图形就反映了单个农户在没有分工情况下完成整个农业生产过程的效率变化，可以用一条阶梯式下降折线来表示。在右侧图形中，把单个农户的效率折线通过微分处理用虚线 E 来代替，是一条倾斜下降的直线。在可以分工情况下，农户可以只进行在其既定经营规模下效率最高环节的生产，并用在该生产环节上的劳动换取其他不具有效率优势生产环节的经营成果。如不考虑交易费用，则每个农户通过相互之间的分工交易均能在各个生产环节上达到 E^* 的最高经济效率。这时候，效率曲线在右侧图形中以实线 E^* 来表示，该条实线上每一点的经济效率均为 E^*，阴影面积 $E_0^*\ E_1^*\ E_1$ 就是单个农户通过生产分工提高的经济效率。通过图形对比分析可以发现，如果不考虑分工，农户在农业生产中无法根据每个生产环节来随意调节经营规模，不同规模农户只能在个别生产环节上实现效率最高，而在其他环节上生产效率低下。在不考虑交易费用前提下，农户通过分工交易能够在既定经营规模上整体经济效率的提升，从而增进经营效益。

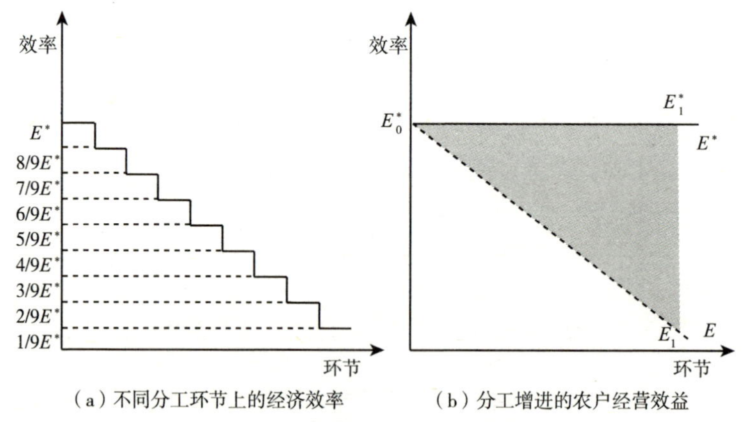

图 3-4　分工影响经营效益示意

此外，还可以从生产成本角度看分工对经营效益的影响。同理，如图 3-5 所示，横轴表示土地规模，纵轴表示生产成本，C_a、C_b、C_c 分别是生产环节

a、b、c对应的成本曲线，且随着规模扩大先降低后升高，最低点为C^*，即生产成本最优点。从图3－5中可以看出，农户只能在某个环节上实现成本最小化，而在其他环节面临较高生产成本。在图3－6中，左右两个图形分别表示农户在非分工与分工状态下生产成本，两个坐标轴横轴为生产环节，纵轴为生产成本，每个生产环节均能够由不同规模的农业经营主体达到最低生产成本C^*，单个农户可以在某个生产环节实现C^*的最低成本，而在其余生产

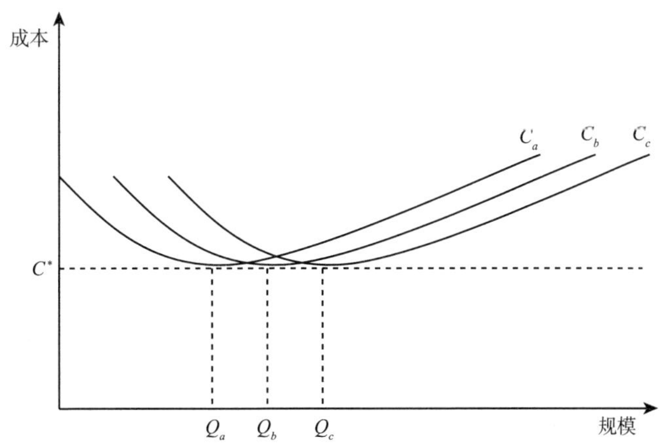

图3－5　农业生产环节成本变化示意

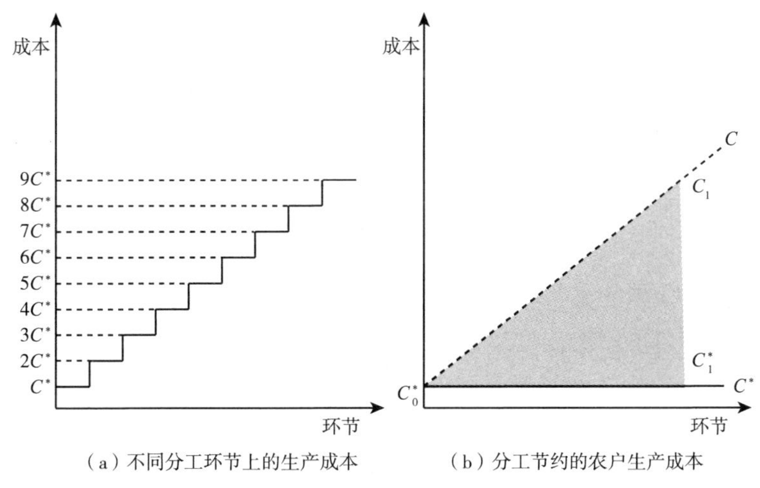

（a）不同分工环节上的生产成本　　（b）分工节约的农户生产成本

图3－6　分工影响生产成本示意

环节成本依次递增，到最后一个生产环节成本达到 $9C^*$。左侧图形就反映了单个农户在没有分工情况下完成整个农业生产过程所需要付出的成本，以一条阶梯式上升折线来表示。在右侧图形中，把单个农户的成本折线通过微分处理用虚线 C 来代替。右侧图形表示在可以分工情况下，农户可以只进行在其既定经营规模下成本最低环节的生产，并用在该生产环节上的劳动换取其他不具有成本优势生产环节的经营成果。假定每个生产环节上的工作均按照最低生产成本 C^* 来定价，且不考虑交易费用，则每个农户通过相互之间的分工交易均能在各个生产环节上达到 C^* 的最低成本。此时，成本曲线在右侧图形中以实线 C^* 来表示，线上每点的成本均为 C^*，阴影面积 $C_0^*\ C_1^*\ C_1$ 就是单个农户节约的生产成本。可见，农户生产分工有利于降低经营成本，进而增进生产经营效益。

综上所述，农户生产分工对经营效益影响作用途径主要有两个方面。一方面，农户生产分工提高经济效益水平。整个农业生产过程可以看作若干工序环节的集合，每个工序环节具有一定次序，逐次递进，进而完成农业生产全过程。在这个过程中，每个工序环节实现效率最大化需要的规模条件不同，比如，耕整和收获环节提高效率依赖大量机械投入代替劳动力，农机作业需要在大面积土地上才具有效率性，在耕整和收获环节提升效率有赖于经营规模的扩大，而在其他环节则可能在农户经营面积较小情况下达到经济效率最优。在现有家庭承包责任制下，土地较为分散，要实现每家每户都能达到规模经营条件是不可能的，肯定有部分农户因为土地面积原因在诸多生产环节上难以提高效率，这些农户的生产缺乏经济效率。如果农户通过购买社会化服务或者是把某些生产环节外包进行生产，则多个农户在某些对土地规模要求较高的生产环节上就能实现土地集中，尽管此时土地承包权仍旧是分散的，但是生产作业面积却是集中在一起的，在这样条件下，专业生产性服务组织统一安排和完成工序环节作业，可以保证每一单位土地上的环节工作都富有效率。因此，农户可以根据自身农业经营规模，在条件允许情况下，把一定数量生产环节或是部分工作量进行外包生产，通过农业生产性服务规模化实现经济效率水平达到最优。另一方面，农户生产分工节约经营成本。按照狭义定义，农业规模经济是一个平均成本随着土地面积扩大而降低的区间范围。

根据这个定义，在单个农户生产经营中，不可能同时达到每个工序环节平均成本最低。与经济效率水平提升类似，不同生产环节达到平均成本最低的规模要求具有差异，在某个环节上实现平均成本最低时，其他工序环节在这个经营规模下无法达到平均成本最小，有的环节可能是还没有能够达到成本持续降低的区间范围，有的环节可能是已经越过了成本最低规模点而处在平均成本上升的区间。单个农户经营过程中经营规模是既定的，不能按照不同工序环节的要求来随意增加或减少经营规模，必然会有一些环节工序存在成本降低的空间。如果农户通过分工方式进行生产，多个农户聚集在一起可以使土地规模在不同工序环节上具备弹性，例如，对于耕整这种实现平均成本降低需要大面积土地的环节，可以由50户农户集中购买社会化服务或者外包生产环节；对于植保这个实现平均成本降低所需土地面积较小的环节，则可以是20户农户集中购买社会化服务或者外包生产环节，这样就可以使不同环节的生产性服务作业都能达到其平均成本最低的最佳规模点，从而降低每一单位土地在该环节上的经营成本，实现成本节约。因此，农户可以选择分工方式进行某些环节的生产，通过外部规模经济来降低农业生产经营成本。

3.3　农户生产分工主要影响因素作用路径

本节研究主要内容是梳理农户生产分工主要影响因子，分别分析交易费用、交易风险、生产迂回和要素资源等因素影响农户生产分工的作用路径。

3.3.1　交易费用影响路径

按照交易费用理论，分工与交易是同一事物的两面，农户分工生产必然伴随交易发生，随之产生一笔额外的交易费用，包括交易前寻找分工服务花费的时间和精力、交易过程中与生产性服务经营组织或者个人达成协议的谈判费用，以及契约签订后为保障交易对象履行合约而付出的监督成本等。由于交易费用直接体现为农户分工生产成本的增加，因而会对其分工生产选择产生一定的影响，其影响路径如图3－7所示。与之前分析经营效益对农户生产分工影响时的假定相同，横轴表示农户分工生产环节数量，纵轴表示农户分工服务价格。

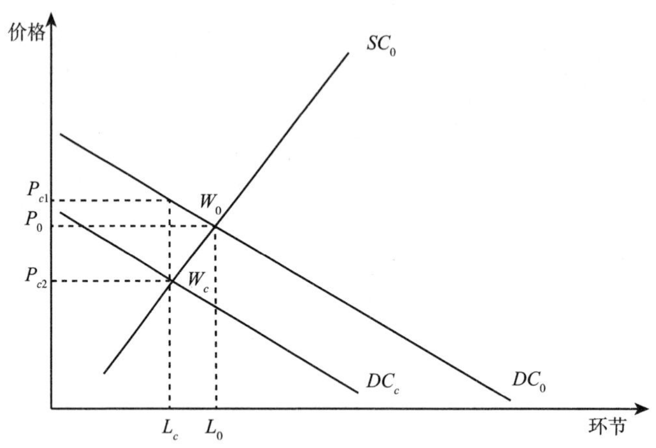

图3－7 交易费用影响农户生产分工示意

在图3－7中，如果交易中没有任何交易费用，农户与供给方会在点W_0上实现供需均衡，分工服务价格为P_0，对应的农户生产分工环节数量为L_0。根据科斯定理，现实经济活动中无法避免交易费用的产生，因而交易费用会阻碍交易双方实现利益均衡。对于交易费用而言，与税负相类似，都是市场交易双方需要额外支付一笔开销，无论这笔费用是直接由生产者缴纳，还是由消费者支付，都会是在供需双方之间进行费用转嫁，最终归宿取决于供给弹性和需求弹性的大小。假定农户与供给方进行分工交易服务需要支付的交易费用为$C = P_{c1} - P_{c2}$，不管交易费用主要发生在农户还是供给方，都会在供需弹性的影响下实现费用转移与分配，不妨假设由农户来支付交易费用，由于交易费用导致分工服务价格上升，农户需求曲线会向下移动变为DC_c，与供给曲线SC_0在点W_c达到新的均衡。此时，农户与供给方都偏离了原来的均衡点W_0，农户购买分工服务的价格由P_0增加到P_{c1}，供应方出售分工服务价格从P_0下降到P_{c2}，农户增加的成本$P_{c1} - P_0$和供应方损失的利益$P_0 - P_{c2}$之和就是分工交易产生的交易费用。在交易费用影响下，农户购买分工服务需求随之降低，从原来的 L_0，下降到 L_c，分工生产水平降低了 $L_0 - L_c$，可见，交易费用的产生会明显抑制农户购买社会化服务或是外包生产环节工作量的需求，从而导致农户生产分工水平的降低。

交易费用在影响农户生产分工水平的同时，也降低了农户与供应方的经济效益。如图3－8所示，左图是没有交易费用情况下在均衡点 W_0 上的消费者和生产者剩余，右图反映了在交易费用影响下，农户消费者剩余与供应方生产者剩余之间的变化。对比左右两图，发现深色阴影面积明显变小，表明农户消费者剩余在交易费用影响下减少，交易费用不仅抑制农户生产分工需求，还造成农户消费剩余的损失。浅色阴影面积也显著减小，说明交易费用影响下农业生产性服务经营主体的利益也受到损害。网格矩形面积就是分工交易当中由交易双方支付的交易费用，而三角形空白面积则是由于交易费用产生的无效率损失，即消费者剩余和生产者剩余白白损失的部分。此外，随着交易费用的不断提高，三角形空白面积会越来越大，农户和供给方的无效率损失也会随之不断增大，造成分工交易效率降低，阻碍农业生产分工发展。

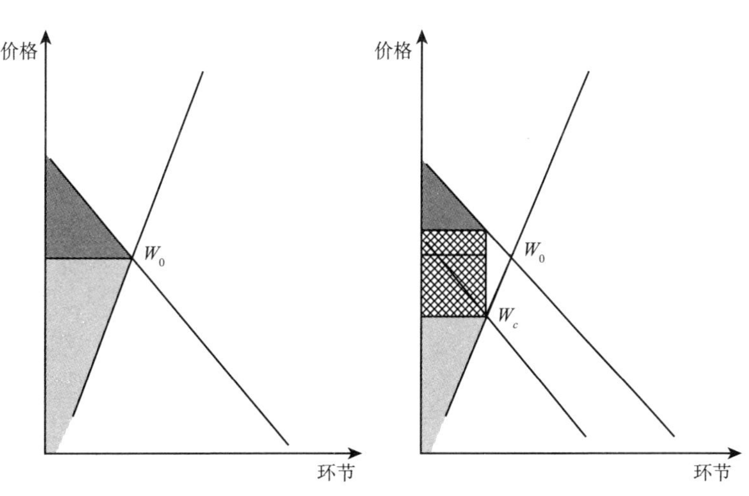

（a）交易费用升高前的农户消费者剩余　（b）交易费用升高后的农户消费者剩余

图3－8　交易费用影响下农户消费者剩余变化

通过上述交易费用影响农户生产分工作用路径的几何图形演绎，可以看出，交易费用抑制农户生产分工深化，造成分工交易无效率损失。从交易费用抑制农户生产分工深化来看，分工交易过程中产生的交易费用降低农户生产分工需求，阻碍农户分工生产水平提升。主要表现在：一是寻求市场价格费用。在社会经济活动中，供需价格均衡点并不是明确给定的，农户作为购买分工服务的需求方需要主动寻找分工服务价格，即找到合适价格下愿意提供分工生产服务的组织或者个人，在这个过程中农户肯定需要付出相应时间和精力，从而产生相应的费用，这种费用不一定是以现金为代价，可能表现为农户劳动力的机会成本损失。二是契约签订谈判费用。农户在寻找到合适的分工服务提供者之后，双方肯定会就分工服务规模、作业要求、服务价格等进行多次讨价还价，围绕合约细则条款进行谈判，尽管有时候这种契约并不一定是正式书面合约，但即使是口头议定也需要双方付出一定的谈判交易费用成本，因而农户需要为分工服务合约签订支付额外的谈判费用。三是交易履行监督费用。由于农业生产分工的特殊性，一些环节分工工作的效果是不易发现的，生产性服务提供者可能在此过程中产生违反合约规定的行为，农户为保证自己权益不受到损害，需要对分工服务作业进行现场监督，从而又产生一笔为保障交易顺利进行而所要付出的额外费用。四是交易能力不足产生费用。单个农户在与农业生产性服务经营主体的分工交易中处于相对弱势地位，原因就在于农户交易能力不足，导致在分工交易过程中交易对象会把本应由自己承担的交易费用通过分工服务价格的提升而转嫁到农户身上，也有可能是农户缺少交易经验，没有签订保障性强的书面合同，使得交易对象违约成本变小，引发其损害农户利益行为，导致农户或有损失的发生。从交易费用造成分工无效率损失来看，图 3 – 8 显示，交易费用下农户消费者剩余和供给方生产者剩余明显减少，除了支付交易费用外，还产生一定无效率损失，这部分损失是分工交易过程中因为交易费用而造成的损耗，相当于所有分工交易主体共同损失，且没有任何主体能够从中获益，同时，这种无效率损失会随着交易费用的上升而进一步扩大，阻碍农业生产分工发展和深化。

3.3.2　交易风险影响路径

根据新制度经济理论，市场交易中会有不确定性事件发生，这些风险性事件的发生往往会导致交易双方产生损失。信息不对称性、监督考核难度以及资产专用性等都会使交易风险提高，导致分工交易充满不确定性，进而制约交易双方的行为意愿。在农户生产分工中也同样面临交易风险的影响，其影响路径如图3－9所示。

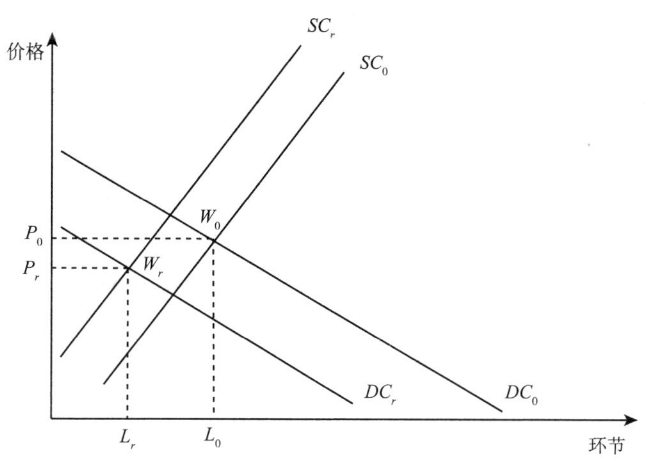

图3－9　交易风险影响农户生产分工示意

如果分工服务交易中没有风险性因素影响，则农户与供给方在均衡点 W_0 下保持分工服务供需均衡，农户会以 P_0 价格购买 L_0 的分工服务。当分工交易受到不确定性风险事件影响时，农户出于规避风险的考虑，购买农业社会化服务或者外包生产环节工作量的需求就会相应减少，表现为农户需求曲线从 DC_0 下降到 DC_r，与此同时，作为供给方的农业生产性服务经营主体也会因为担心交易风险产生经营损失而减少分工服务供给，分工服务供给曲线从 SC_0 上升到 SC_r，且由于经营主体抗风险能力强于农户，因而供给曲线上升幅度应比需求曲线要小。供需曲线同时变动使得农户与供给方偏离原来均衡点 W_0，在点 W_r 重新达到均衡。在新的均衡点 W_r 上，分工服务价格从 P_0 降低到 P_r，农户生产分工环节数量由 L_0 下降到 L_r，减少了 $L_0 - L_r$，说明在交易风险因素影响下，农户生产分工需求明显受到制约，交易风险通过抑制农户分工需求降低农户生产分工水平。

虽然交易风险能使分工服务价格下降 $P_0 - P_r$，表面上看有利于农户生产分工发展，但是实际上交易风险却是降低农户在分工交易中的消费者剩余，导致农户利益受到损失。如图 3－10 所示，左图反映了农户在原均衡点 W_0 时的消费者剩余状况，右图表示交易风险影响之下农户在均衡点 W_r 上消费者剩余情况，可以明显看出，尽管交易风险条件下分工服务价格有所降低，但是农户的消费者剩余却是被大大缩小，右图中深色阴影面积比左图中的深色阴影面积明显缩减，充分说明农户在分工交易过程中不确定性风险影响下，消费者剩余显著降低，同时，随着交易风险的提高，农户需求曲线下降幅度会再度增大，进一步降低农户在分工交易过程当中的消费者剩余，因而交易风险不利于农户生产分工发展。

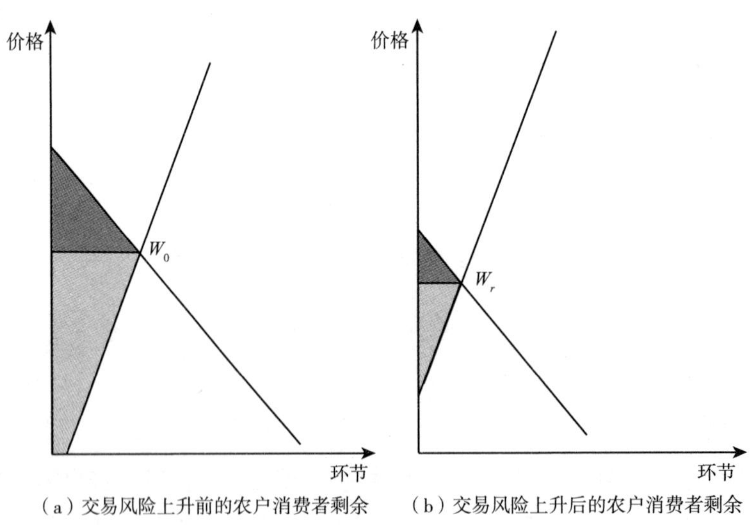

图 3－10　交易风险影响下农户消费者剩余变化

因此，交易风险制约农户生产分工发展，造成农户分工交易利益损失。由于农户大多属于风险厌恶者，会出于规避风险的考虑而放弃分工方式生产，主要表现在以下几个方面。一是信息不对称性影响。多数农户信息资源匮乏，信息来源渠道有限，在市场交易活动当中属于信息缺失的一方，由于信息了解和掌握不充分，在购买农业社会化服务或者外包生产环节过程中会产生疑虑，从而导致分工生产倾向的降低。原因在于农户作为一个理性的市场经济主体，在面对未知风险下，最好的策略就是保持现状，如果农户对于提供农业生产性服务的组织或者个人了解程度不足，出于对分工服务质量等的担忧，就会倾向于自己独立完成农业生产；如果农户了解交易对象的基本情况，就能够对其服务能力有基本认识，从而会考虑与之进行合作，把部分工序环节交由农户生产性服务经营主体来代为完成，所以农户面临信息不对称性越严重，越是担忧交易风险造成的隐患，越不愿意进行分工生产。二是监督考核难度。农业生产是自然再生产和社会再生产的交织，农产品生产受到劳动作业质量与自然生长环境的共同影响，且不容易区分两者对农作物生长的影响。由于农业生产当中的这种特性，使得一些工序环节的劳动作业效果难以观察和监督，比如，育种环节分工服务质量好坏往往需要在农作物收获时才能发现，且难以厘清其影响效应。这就导致了农户在生产分工过程中面临着较高的监督考核难度，不能轻易识别农业生产性服务经营组织或者个人提供的分工服务质量好坏，或者是为了监督生产性服务提供者不产生损害自身利益行为而需要付出较高代价。农户担心自己监督能力不足，可能在分工交易过程当中面临较高风险，会主动减少分工生产的环节数量，避免因分工作业效果难以监督观察而导致的损失。三是资产专用性影响。资产专用性是新制度经济学中的一个基本概念，其含义是指资产从原有用途转向其他用途产生的损失大小，损失越大，资产越不容易用于其他生产，资产专用性越强；反之，资产可以容易转向用于其他生产，则资产专用性越弱。农户在农业生产过程中的主要资产投入是土地，一旦投入农业生产中，在现有经营体制下不可能转作其他用途，进一步地，农户在分工交易过程中还会面临生产专用性的影响，如果分工服务提供者为农户提供的一次作业服务不能达到预期效果，需要再次重复作业时可能会对农产品生产造成影响，影响越大，农户生产专用性就越强，农户出于担心生产性服务组织或者个人提供服务因不能达标而重复作业导致的风险损失，也会降低分工生产意愿。

3.3.3 生产迂回影响路径

分工理论表明，迂回或间接生产方式是实现分工经济的重要手段。报酬递增取决于劳动分工的发展，而分工经济的获取有赖于采用迂回或间接生产方式，即通过利用生产出的生产资料及生产性服务进行生产。从这个意义上看，农业中生产可迂回程度某种程度上决定了农户生产分工水平。生产迂回影响农户生产分工的路径如图 3－11 所示，在生产迂回发展程度不高阶段，农户与供给方在均衡点 W_0上保持供需均衡，分工服务价格是 P_0，农户会把 L_0的生产环节数量通过市场交易进行分工生产。当农业生产迂回程度提高，农业中间产品和服务增加，农户可以利用的中间产品和服务得到明显加强，可以较为容易地从周边获取分工生产服务，进而通过分工方式进行农业生产经营。这种生产迂回发展的直接表现就是市场上农业生产性服务经营主体数量增加，从而推动分工服务供给曲线向右平移，由原来的 SC_0变动到 SC_p，与需求曲线 DC_0在新的均衡点 W_p上达到均衡。此时，分工服务价格从原先的 P_0下降到 P_p，农户在点 W_p上的分工生产需求达到 L_p，生产分工环节数量提高了 L_p-L_0，说明生产迂回程度可以显著促进农户生产分工水平提升，在生产迂回得到明显改善情况下，农户分工服务可获取性增强，寻找农业生产性服务经

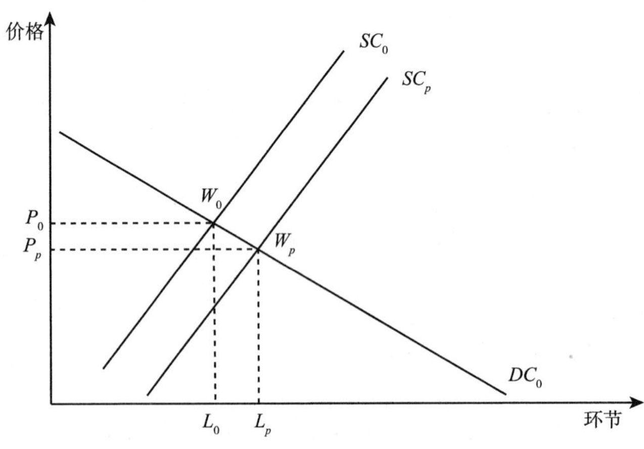

图 3－11　生产迂回影响农户生产分工示意

营主体来提供生产服务变得十分便利，从而更愿意采取分工方式进行生产。

图 3－12 显示，在农业生产可迂回程度提高的情况下，农户生产分工交易的消费者剩余得到明显增加。对比左右两图，右图中深色阴影面积明显大于左图，生产迂回发展提高了农户分工交易的收益水平，说明在农业中间产品和服务得到发展之后，农户在分工服务市场可选择的生产性服务经营主体数量开始增多，在供给竞争加剧情况下，农户还能从生产环节分工中得到效益水平的提升。由此可见，生产迂回发展促进农户生产分工水平提高，增加农户分工交易消费者剩余。具体而言：一方面，农业社会化服务发展有助于农户生产分工。社会化服务发展是农业生产可迂回程度提高的重要标志之一，随着农业社会化服务不断发展，农业分工服务体系日渐完善，农业生产性服务经营主体逐步发展壮大，可为农户提供耕整、育种、播栽、收获等多种环节分工服务，且在各个地区服务经营主体持续发展情况下，农户获取分工服务更加便利，分工可获取性的提高会对农户生产分工发展带来明显促进作用，农户易于从周边得到农业生产各个工序环节的服务，能够引导其主动尝试分工方式生产，或是购买社会化服务，又或者是直接外包生产环节，进而提高分工生产水平。另一方面，农村第二、三产业发展有利于农户生产分工。在

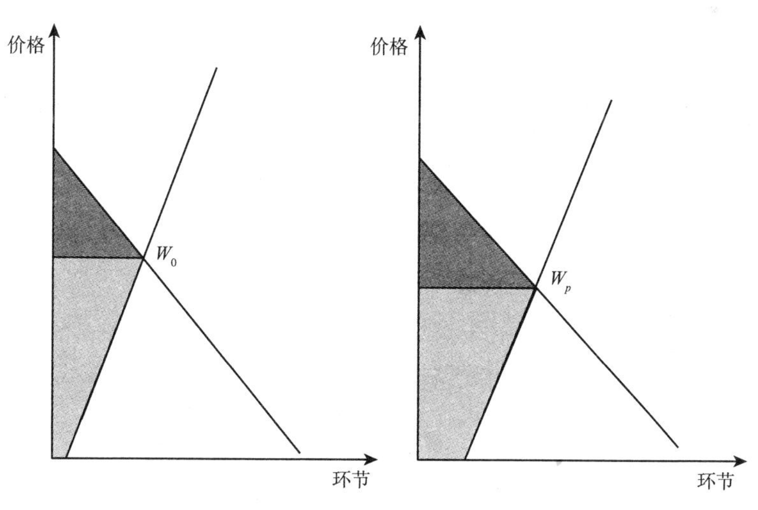

（a）生产迂回增加前的农户消费者剩余　（b）生产迂回增加后的农户消费者剩余

图 3－12　生产迂回影响下农户消费者剩余变化

农户生产环节分工之外还存在一个更广泛的社会分工体系，农村第二、第三产业发展可以为农户生产分工提供必要的中间产品和服务，加快农业技术扩散效应，以促进农户生产分工发展，同时，农村第二、第三产业发展也会引导部分农民从农业生产中脱离出去，进一步扩展了农业生产分工发展空间，在产业体系中扩大农业生产可迂回性，从而有利于促进农户生产分工发展。

3.3.4 要素资源影响路径

与交易费用、交易风险以及生产迂回影响农户生产分工路径不同，要素资源主要通过间接路径影响农户生产分工。经验研究表明，要素禀赋、资源条件会对农业经营效益产生显著影响，要素资源丰裕程度影响农业生产中经营效益的增进。与此同时，前述分析中经营效益提升能够激发农户生产分工积极性，提高其分工交易支付能力，因而要素禀赋和资源条件会通过影响农业经营效益而对农户生产分工产生影响。主要表现在：一是农户投入要素数量间接影响农户生产分工。农户拥有的土地、劳动力等要素的数量会对经营效益产生影响，间接作用于农户生产分工，虽然土地规模对于农业经营效益影响作用及其效应方向在学术界尚未得到一致性结论，比如，一些研究表明土地规模扩大有利于提高土地产出率（Kevane，1996；Zaibet and Dunn，1998；Kawasaki，2010；范红忠和周启良，2014；陈园园等，2015；黄善林等，2016）、提升劳动生产率（Byiringiro and Reardon，1996；黄祖辉和陈欣欣，1998；辛良杰等，2009；张恒春和张照新，2015）、降低生产成本（邵晓梅，2004；Tan et al.，2008；许庆等，2011；钟真和陈淑芬，2014；李文明，2015；耿宁和李秉龙，2016）以及提高全要素生产率（Bagi and Huang，1983；刘玉铭和刘伟，2007；张建杰等，2014），但有的学者认为土地规模扩大反而会降低土地产出率（Sen，1966；Berry and Cline，1979；Carter，1984；Arcand，1996；Newell et al.，1997；Alvarez and Arias，2004；Kimhi，2006；Barrett et al.，2010；Carletto et al.，2013；罗静和郑晔，2015）以及农业规模报酬递增和技术效率提升不明显（Nguyen，1996；万广华和程恩江，1996；Townsend et al.，1998；Wan and Cheng，2001；Chen et al.，2009；金生霞等，

2012；王国敏和唐虹，2014），但总体上看土地作为最为重要的生产要素还是会对农户生产分工产生一定作用，劳动力数量也会影响经营效益提升，进而对农户生产分工产生影响。二是农户投入要素质量间接影响农户生产分工。已有研究成果表明，农户要素禀赋质量会对经营效益提升产生影响，比如，土壤肥力对农业生产经营效益影响比较显著（Sen，1975；Carter，1984；Bhalla and Roy，1988；Benjamin，1995；陈洁等，2009；Chen et al.，2011），土地细碎化也会影响农业生产经营效益（Stryker，1976；Jabarin and Epplin，1994；Wu et al.，2005；Haji，2007；Kalantari and Abdollahzadeh，2008；李寅秋和陈超，2011；Manjunatha et al.，2013；Latruffe and Piet，2014；田孟和贺雪峰，2015）。通过影响农业生产过程中的效益水平，投入要素质量会间接对农户生产分工产生影响。三是要素资源可获取性间接影响农户生产分工。如果要素市场发展不完善，则农户在生产过程中无法根据生产弹性来合理配置要素资源（Feder，1985；Prosteman et al.，1996；许月明，2006；马瑞等，2011），导致要素配置效率低下，使农业发展囿于无效率发展困境（刘晗和王钊，2015）。农户能否获取农业生产发展所需要的技术、设备、资金、信息等现代生产要素，对于农业经营效益提升至关重要，农户要素资源可获取性强，则农户更容易增进农业生产的经营收益，反之，则农户受制于外部资源约束，难以达到生产的最佳经济效益状态。所以，要素资源可获取性会通过经营效益间接影响农户生产分工。四是农业基础设施条件间接影响农户生产分工。农村公共基础设施条件的好坏对农业经营效益提升产生一定影响，基础设施条件越好，越有可能提高农业生产经营效益，越能促进农户生产分工深化。

3.4　本章小结

本章基于相关理论借鉴和研究成果回顾，构建经营效益视角下农户生产分工影响理论分析框架，厘清农户生产分工这个核心概念的内涵特征，着重探讨农户生产分工与经营效益互动影响作用途径，进而分析交易费用、交易风险、生产迂回和要素资源等主要影响因子对农户生产分工影响路径。结果表明：

（1）农户生产分工概念内涵具有一定特殊性。农户生产分工是指家庭经营条件下从事种植业生产经营活动的农户，在耕整、育种、播栽、施肥、灌溉、植保、除草、收获、储运等不同工序环节中非独自完成工作的一种生产行为。不同于工业及其他产业，农业是自然再生产和经济再生产的交织，具有生产特殊性、监督困难性、交易特别性等特点，在农户生产分工上表现出有限性的特征，包括：生产特殊性与分工约束、监督困难性与分工限制、交易特别性与分工局限。

（2）理论上农户生产分工与经营效益会产生互动影响。从理论上看，经营效益通过激发分工积极性和提高支付能力提升农户生产分工水平，同时有助于农业生产性服务经营主体发展，全面促进农业分工深化。农户作为理性“经济人”，在进行生产决策时首先考虑每种生产方式带来的收益变化，如果某种方式可以显著提升经营收益，则农户会倾向于采用该种方式进行生产。经营收益的增加进一步提高农户购买农业社会化服务或者外包生产环节的支付能力，从而增加农户分工生产环节数量，促进农户分工深化。同时，农户生产分工提高生产的经济效率水平，节约经营成本。农户可以根据自身农业经营规模，在条件允许情况下，把一定数量生产环节或是部分工作量进行外包生产，通过农业生产性服务规模化促进经济效率水平达到最优，透过外部规模经济来降低农业生产经营成本，从而提高生产经营效益。

（3）理论上多种影响因素会对农户生产分工产生影响。交易费用、交易风险、生产迂回和要素资源等是农户生产分工主要影响因素。分工交易过程中产生的寻求市场价格费用、契约签订谈判费用、交易履行监督费用等交易费用会抑制农户生产分工深化，造成分工交易无效率损失。由于农户大多属于风险厌恶者，会出于规避风险的考虑而放弃分工方式生产，因而交易风险会制约农户生产分工发展，造成农户分工交易利益损失。迂回或间接生产方式是实现分工经济的重要手段，农业中生产可迂回程度某种程度上决定了农户生产分工水平，生产迂回发展促进农户生产分工水平提高，增加农户分工交易消费者剩余。此外，与交易费用、交易风险以及生产迂回影响农户生产分工路径不同，要素资源主要通过间接路径影响农户生产分工。

（4）理论上农户生产分工在内外部系统影响下发生改变。由于经营效益与农户生产分工具有相互影响关系，因而两者之间构成一个互动影响的内生系统。经营效益的增加会促进农户生产分工发展，分工深化又进一步增进经营效益，而农业生产中经营效益的提高会再次作用于农户生产分工，使分工水平不断提升。这样，在内部系统的相互作用下，经营效益与农户生产分工相辅相成，相互促进，不断循环发展，两者水平不断提升。与此同时，农户生产分工还受到外部系统影响，在外部系统中，交易费用、交易风险会制约分工发展，而生产迂回、要素资源则有利于促进农户生产分工，进一步地，外部系统中的影响因素作用于农户生产分工，会因为经营效益与农户生产分工之间的内生互动影响关系而实现外部影响效应的反馈与强化，对农户生产分工产生制约或者促进作用。因此，从理论上看，农户生产分工会在上述内部和外部系统的影响下发生改变。

综上所述，本章融合分工理论、农户行为理论、交易费用理论等基础理论，构建了农户生产分工影响理论分析框架，界定了农户生产分工的概念内涵，在理论上阐释了农户生产分工与经营效益之间的互动影响作用途径以及交易费用、交易风险、生产迂回和要素资源等主要因素对农户生产分工影响路径，勾勒出农户生产分工发生变化的内外部“情境”，为后续研究奠定了理论基础。

第4章 农户生产分工演进趋势与发展现状

本章的研究任务是在理论分析农户生产分工差别化影响的基础上，刻画农户生产分工发展变化趋势，调查反映农户生产分工现状特征。主要内容包括：阐述农户生产分工演进历程，定量分析分工演进趋势；概述农户生产分工现状调查实施情况，描述性统计调查样本信息；对农户生产分工进行量化测度，透过调查样本分析农户整体分工水平及细分环节分工程度的总体特征。

4.1 农户生产分工演进趋势

本节研究内容主要是回顾农户分工发展历程及不同时期生产分工取得的成就，勾勒农户生产分工演进轨迹和特征，进而定量分析农户生产分工演进的趋势变化。

4.1.1 发展历程回顾

发达国家农业发展经验表明，农业现代化演进与其历史背景密切相关（牛若峰，1998；张晓山，2009）。我国经济发展历经计划经济、转型经济、市场经济等多个不同时期，每个时期农业现代化发展特征表现不尽相同，农户生产分工也必然带有一定历史烙印。为此，需要全面回顾农户生产分工发展历史，了解不同发展阶段农户生产分工及其成就。

4.1.1.1　计划经济时期

中华人民共和国成立初期，经济社会发展百废待兴。土地改革运动为每个农户家庭分配了土地资源，给予农户充分的自主经营权利，有效促进和提高农业生产积极性，但是，农户经营却面临“小、散、弱”的困境，缺少必要分工与交流，基本上处于自给自足的生产状态，使得农业生产力水平低下，处于缓慢增长阶段。中央政府于 1953 年提出“一化三改”运动，在农业领域进行旨在促进农户“互帮互助”的合作化改造，根本目的在于通过合作社把小农经济转变成为集体经济，在农业领域内建立社会主义制度。随后，历经互助组、初级社、高级社和人民公社等发展阶段，最终发展成为公社、大队、生产队“三级所有，队为基础”的农业经营体制。

这个阶段初步建立起了农业生产分工体系，有利于克服单个农户分散经营效率低下的弊端，在初期对农业发展起到一定促进作用，1957 年农业及农副业总产值达到 603.5 亿元，粮食产量达到 3700 亿斤，棉花产量达到 3280 万担，生猪增加了 3000 万头①。然而，由于计划指令性分工缺乏灵活性，不能按照比较优势和市场供需来合理安排农业分工，对农业生产发展促进作用有限，加之随后一系列“冒进”行为，导致农业经济发展速度严重减缓和衰退。在 1966 ~ 1977 年间，农业生产率仅提高 35 元，平均每年只增加 3 元（汪小平，2007）。可见，这种计划经济色彩浓重的指令性分工并不符合农业发展要求。

4.1.1.2　改革开放初期

1978 年，党的第十一届三中全会顺利召开，提出了把工作重点转移到经济建设，实施改革开放的重要决策，做出了一系列经济改革的战略部署。农业领域改革重点是确立了“统分结合，双层经营”的家庭联产承包责任制，使之成为符合农民利益诉求，适应农村发展实际的农业生产经营制度。随后，

---

① 资料来源于 1958 年第一届全国人民代表大会第五次会议《关于 1958 年度国民经济计划草案的报告》。

中央政府相继出台一系列政策措施，从制度层面上推动农业分工发展。1983年中央一号文件《当前农村经济政策的若干问题》中提到，各项生产的产前产后的社会化服务，诸如供销、加工、贮藏、运输、技术、信息、信贷等各方面的服务，已逐渐成为广大农业生产者的迫切需要，为农户生产环节分工创造有利条件。1984年的中央一号文件《关于一九八四年农村工作的通知》进一步明确，只有发展商品生产，才能进一步促进社会分工，把生产力提高到一个新的水平，才能使农村繁荣富裕起来，充分肯定了农业分工发展的重要性。1986年的中央一号文件《关于进一步活跃农村经济的十项政策》提出，取消统购派购以后，农产品不再受原来经营分工的限制，实行多渠道直线流通，使得农户可以自主选择农作物品种，为农产品分工与专业化生产奠定基础；同时，该文件专门指出农村一切加工、供销、科技等服务性事业，要国家、集体、个人一齐上，特别要支持以合作形式兴办，进一步促进农户生产分工发展。

农业分工在这个阶段发展成效显著。首先，农户开始专门从事生产服务。在政府政策引导下，一些农户开始自发进行农业生产性服务业经营，据统计，1984年有近70万人通过请帮工、带徒弟的方式开展农业经营性服务活动（芦千文和姜长云，2016）。其次，农产品流通体系逐渐形成。1978～1984年，农民出售的统购统销农产品比重由84.7%降低到39.4%，一些农副产品开始在市场上出现（宋洪远，2008）。多渠道的农产品流通体系为农业横向专业化分工提供了可能性，部分农户开始专门从事某些优势农产品的生产，农产品生产初步形成分工。最后，农业专业合作组织发展迅速。据农业部统计，1990年全国专业合作组织数量达到123.1万个，其中有60%为生产经营型组织，33.6%为服务型组织，还有6.3%是专业技术协会，基本建立起农业生产分工合作的格局①。经济转型时期，在家庭联产承包责任制下，农户拥有充分调配生产资料的权利，生产积极性大幅提高，而政府主导建立的分工体系也为农户经营发展提供了必要保障。不过，改革开放初期经济发展还面临诸多不确

① 芦千文，姜长云．我国农业生产性服务业的发展历程与经验启示［J］．南京农业大学学报（社会科学版），2016，（5）：104－115.

定性因素的影响，虽然农户生产分工发展的条件基本建立，但是并不十分成熟，从事服务经营农户主要依靠政府扶持，发育程度很低，规模较小，农业生产分工发展还缺乏稳定性。

4.1.1.3　经济转型时期

1992 年，党的十四大报告明确提出，建立中国特色社会主义市场经济体制，强调市场机制在资源配置中起到基础性作用，经济发展开始步入全面转型的新时期（易纲，2007）。在农业发展中，继续坚持家庭联产承包责任制度，充分肯定农户享有土地承包经营权，巩固和稳定了农业生产经营制度，保证了农业生产在经济转型大背景下能够有序发展。对于农业生产分工，政府着手从制度层面建立市场经济下的分工体系。1993 年，党的第十四届三中全会《关于建立社会主义市场经济体制若干问题的决定》中提到，发展农村社会化服务体系，促进农业专业化、商品化、社会化，让农户在市场机制调节中主动适应分工，按照专业化要求开展农产品生产。同时，明确可以采取转包、入股等多种形式发展适度规模经营，鼓励农户从农业生产中转移出来，从事其他产业，融入社会分工体系之中。1998 年，党的第十五届三中全会《中共中央关于农业和农村工作若干重大问题的决定》肯定了改革开放 20 年来农业农村经济工作取得的成绩，提出适应生产和市场需要，发展跨所有制、跨地区的多种形式的联合和合作，使农户生产分工开始逐步突破地域限制，进一步得以深化。2002 年，中共中央、国务院《关于做好 2002 年农业和农村工作的意见》进一步要求，以农产品加工业和农村服务业为重点，加快发展农村第二、第三产业，全面助推农业分工体系发展。

农业分工在此阶段又取得新的成绩，体现在三个方面。首先，公益性农业服务组织快速发展。在政府积极引导下，各类公益性农业服务组织快速发展。1998 年，全国农业科研机构创收 14.5 亿元，超过财政拨款（宋洪远，2008）。通过农业科技集成与推广，加快农业机械投入使用力度，为农业分工生产提供必要保障。其次，农业产业化组织发展迅速。农业加工贸易企业大量涌现，产业化生产体系初步建成，农业产业链不断延伸和拓展，生产环节劳动日益专业化。1996 年，全国农业产业化经营组织为 11824 个，到 1998 年增加到30344个，2000年进一步提升到66000个（牛若峰，2002）。这些由龙头企业为主导的农业产业化组织，实现了农业横向分工与纵向分工的进一步深化和发展。最后，农产品流通市场逐步完善。在政府宏观调控下，农产品可以根据市场供需情况进行自由流通，市场机制在农产品生产销售中发挥重要作用。2000年，全国农产品市场达到27445个，交易额占到当年农林牧渔业总产值的53.2%，达到7533亿元（宋洪远，2008）。农业产业结构得以根据市场反应来调整优化，产品分工日趋精细和稳定。与改革开放初期相比，农业生产分工体系更加稳定，公益性农业服务不断完善，农户可以依据市场变化来合理进行生产环节分工和农产品分工，比过去单独由政府来主导分工有了更大的选择余地。

4.1.1.4 市场经济时期

2003年，党的十六届三中全会《关于完善社会主义市场经济体制若干问题的决定》认为，“社会主义市场经济体制初步建立”，应该进一步完善社会主义市场经济体制，同时，在农业领域提出，“深化农村改革，完善农村经济体制”，标志着农业农村正式步入市场经济发展阶段，市场机制开始在其中发挥更为重要的作用，农业农村经济活力进一步得到激发。随后，中央政府出台的一系列政策措施专门对农户生产分工做出战略部署。2005年的中央一号文件《关于进一步加强农村工作提高农业综合生产能力若干政策的意见》中明确，“要按照强化公益性职能、放活经营性服务的要求，加大农业技术推广体系的改革力度”，从技术领域开始全面推进农业经营性服务发展，逐步建立市场化的农业生产分工体系。2014年的中央一号文件《关于全面深化农村改革加快推进农业现代化的若干意见》专门提到，“大力发展主体多元、形式多样、竞争充分的社会化服务，推行合作式、订单式、托管式等服务模式”，拓展农业社会化服务类型，支撑农业分工发展。2016年的中央一号文件强调，“支持多种类型的新型农业服务主体开展代耕代种、联耕联种、土地托管等专业化服务……扩大政府购买农业公益性服务机制创新试点。加快发展农业生产性服务业”。2018年的中央一号文件进一步明确，“促进小农户和现代农业发展有机衔接……培育各类专业化市场化服务组织，推进农业生产全程社会化服务，帮助小农户节本增效”，使农户生产环节分工进一步得以深化。

农业分工在市场经济体制下持续向前发展，成效显著。一方面，农业生产服务经营组织数量和质量均得到明显提升。农机服务组织发展最为迅速，有效提高了农业生产机械化水平，改善了农户生产经营条件。2007年，全国农机服务组织发展到3654.6万家，专业户400.2万户（农业部，2008）。同时，其他类型的生产性服务组织也有了不同程度的发展，使得农业生产环节服务供给日趋丰富和多元，农户根据自身需求购买社会化服务或是外包生产环节，实现农业经营的效益提升，极大促进农业生产发展。另一方面，农业产业化程度进一步提高。2014年底，全国各类产业化组织发展到35.4万个，辐射带动农户1.24亿户（陈晓华，2015）。农业朝产业化方向发展速度明显加快，农业产业链不断升级，工序环节生产日趋精密，劳动生产效率显著提高，农业分工持续深化。

4.1.2　演进轨迹特征

回顾农户生产分工发展历史，可以从中发现一条分工演进的历史轨迹，每个阶段农户生产分工表现出不同特征，整个分工发展轨迹是多种动力因素共同作用的结果。

4.1.2.1　分工历史阶段特征

分工发展历经计划经济时期、改革开放初期、经济转型时期和市场经济时期，在每个时期特定的经济社会发展背景下，农户生产分工体现出不同阶段性特征。

（1）计划指令性。计划经济时期，农户生产分工带有较强的计划色彩，其特征表现为计划指令性。一是横向分工统一规划。在人民公社制度下，生产队是按照公社下达的生产计划组织生产，不能自主拟定农业生产计划，农户在生产队中只能依据规定要求生产特定农产品，自己不能决定农作物种植品种。二是纵向分工计划安排。生产队根据农作物生长的周期性和季节性在特定时间安排农户进行不同工序环节生产作业，比如耕整、播栽、收获等，也根据社员劳动能力（主要是按性别、年龄来划分）来安排每个人具体的工作任务，整个农业生产流程都在计划安排下进行。三是中间产品统筹安排。由于一切生产资料归生产队统一调配，牲畜、耕犁、小型农机具等农业生产的中间产品也是由生产队安排使用，而这些中间产品的购置要由上级部门批准。四是条件改善集体完成。农户在生产队中除了完成指定农产品生产外，还在生产队的领导下从事农田改造、水渠兴修、道路建设等工作任务，这些工作的目的在于改善农业生产环境，一定程度上也属于农业分工的范畴。

（2）政府主导性。改革开放初期，农户生产分工主要由政府主导，其特征表现为政府主导性。一是政府支持生产服务经营户发展。1983 年的中央一号文件开始给予农户换工、雇佣季节工和专业工的自由，支持部分农户从生产中脱离出来，从事农业生产性服务业经营，鼓励农户购置农业机械设备用于农业生产和产品运输，扶持各种服务型经营户发展，使一些技术能手能够专一从事某个工序环节，促进农户生产环节分工发展。二是改革农产品分工体系。从 1985 年开始，国家不再向农民下达统购派购任务，除了定购以外的农产品可以自由上市，且能够多渠道流通，同时，在城市新建农产品批发市场和交易中心，促进农产品贸易和市场流通，通过政府鼓励和引导，使农户可以根据自身比较优势选择农作物种植，在一定范围内形成合理的农产品分工体系。三是建立生产性服务体系。1978 年，成立了农业生产资料公司，从事农药、化肥、农膜和农机柴油经营，有效加强了农业生产中间产品的供给，进而引导建立供销合作社、信用合作社等，组织建立了农技、农机、植保等服务机构，构建起政府主导的生产性服务体系，为农户生产经营提供便利条件，满足农户对于技术、资金、农机、储运、信息等服务的需求，有利于农户生产效率的提高。

（3）政府引导、市场调节。经济转型时期，政府宏观调控下的市场机制开始在农户生产分工发挥作用，农户生产分工表现出政府引导、市场调节的特征。一是建立多元化的农业生产服务体系。政府引导建立以公益性服务体系为主，合作组织或者农户自办经营为补充的多渠道、多形式、多层次的农业服务体系，改变过去单纯依靠政府主导推动农村生产性服务业发展的模式，逐步开始农户联合或者独立经营生产性服务的探索，既保证满足农业生产对于技术、机械、资金、信息等服务的一般需求，又促进不同农业产业对于生产性服务的个性化需要。二是引导农业产业化发展。1993 年，中共中央、国务院《关于当前农业和农村经济发展的若干政策措施》中提到，“以市场为导向，积极发展贸工农一体化经营”，“实现农产品、生产、加工、销售的紧密结合”。通过政府引导，在市场机制作用下，引导农业产业化经营，本质是要促进农业产业链的延伸与分化，使农业生产工序环节逐步专业生产，有利于农业分工专业化发展。三是完善农产品市场体系。国家进一步加快农产品市场流通改革，建立包括收购市场、批发市场、零售市场、期货市场等在内的流通体系，进一步为农产品分工生产创造条件，同时，市场机制在调节农产品供求关系中发挥明显作用，农户按照市场信息，结合自身条件分类生产农产品，促进农业朝专业化方向发展。

（4）市场主导性。市场经济时期，市场机制开始在农户生产分工中发挥主要作用，特别是 2013 年党的第十八届三中全会《关于全面深化改革若干重大问题的决定》提出，“使市场在资源配置中起决定性作用”，农户生产分工更加表现出市场主导性特征。一是新型农业服务经营主体在市场机制作用下蓬勃发展，由农业企业、合作组织、专业农户等主体经营的农业生产性服务业大步向前发展，建立起覆盖农业农村经营的社会化服务体系，在市场机制作用下，遵循为农户及其他生产主体开展生产环节服务。二是农业分工方式在市场价格调节下日趋多元。在市场价格调节下，催生出多元化的生产分工方式，农户可以通过购买社会化服务来协助完成生产活动，也可以根据需要把整个生产环节外包给农业服务经营主体来代为完成，选择成本最低分工方式，有利于发挥经营主体具有的比较优势，大大提高农业生产收益。三是农业分工在市场供求关系引导下日益细化。随着农业生产分工体系不断发展，农户对于分工服务的需求也越来越高，农业产业链条逐步分解细化，细分为耕整、育种、施肥、植保、收获等具体工序环节，进而在细分环节上形成专业化生产，使得生产效率大幅提高，成本持续降低，促进农业生产主体和服务主体相互扶持，共同发展。

4.1.2.2 分工演进内在逻辑

从计划指令性、政府主导性，到政府与市场双重引导，再到市场主导性，完整勾勒出农户生产分工的演进轨迹特征，其中蕴含着分工演进的历史逻辑，是多重动力因素共同作用，推动农户生产分工不断发展。

（1）土地产权逐渐明晰与细化。土地产权明晰与细化在农户生产分工演进过程中发挥着重要作用。在计划经济时期，土地产权归集体所有，农户没有支配生产资料的自由，只能按照生产队指令和计划完成生产任务，生产积极性不高，分工效率低下。随着改革开放逐渐深入，家庭联产承包责任制逐渐确立，明晰了农户拥有的土地产权权属，农户享有承包经营权，拥有了配置土地资源的权利，生产积极性显著提高。为了进一步提高农业生产效率，农户会主动寻求与周边农户合作，通过劳动分工来增加经营收益，奠定了农业分工发展的基础。同时，土地产权权属的不断细化，又进一步推动农户生产分工发展。特别是2016年中共中央、国务院《关于完善农村土地所有权承包权经营权分置办法的意见》，细化了土地承包经营权中土地承包权和经营权，使得土地经营权可以集中到专业大户手中，扩大了农业经营规模，拓展了农业分工生产的空间。在市场机制作用下，土地经营权又进一步细化为决策权、管理权、生产操作权等（胡新艳等，2015a），为农户生产分工提供多种选择，购买社会化服务，外包生产环节，或是参与“共营制”经营，全面深化农业分工。此外，土地产权的明晰与细化，有利于降低农户分工的交易费用，提高农户分工收益，从而推动农户生产分工持续稳定发展。

（2）城乡“二元”壁垒逐步破除。城乡“二元”壁垒逐步破除对于农户生产分工演进起到积极作用。在计划经济时代，城市和农村被完全割裂开来，农民无法自由向城市流动，城市要素资源难以流向农村，农产品只能通过国家“统购统销”来进行销售。农产品收益以“剪刀差”的形式被用于优先发展重工业，农户生产得到的经营收益有限，分工生产积极性较低，而城市生产要素不能合理流向农村，也造成农户生产分工缺乏必要支撑，导致分工发展缓慢。改革开放以来，城乡“二元”壁垒逐渐破除，逐步建立起市场经济条件下的农产品流通体系，农产品开始可以自由流通和销售，农户从生产中得到收益大大提高，激发其探索提高生产率途径的积极性。机械、资金、技术、信息等现代农业生产要素开始向农村地区流动，改善了农业生产分工条件，农户得以通过信贷资金支持来增加经营面积，生产分工需求不断增长，促进了农村生产性服务业发展，产业链得到延伸，农业纵向分工水平不断提升。与此同时，农产品市场流通体系的完善，使得农产品种植与销售在市场价格机制引导下自我调节，区域之间根据自身比较优势自发形成产品分工，同一区域范围内实现农产品集聚式专业化生产，推动农业生产横向分工不断向前发展。

（3）城镇化进程持续深入。城镇化进程持续深入，为农户生产分工创造空间。在计划经济时期，城镇化进程远远落后于工业化，农民被固定在农村地区，无法向城市迁移，这就导致了农村出现大量剩余劳动力，农业经营基本失去分工生产的动力。虽然这样仍能维持农业产出增长，但是由此导致的要素资源错配，使生产效率极其低下，农业被囿于低效率发展困境（刘晗和王钊，2015）。改革开放以后，户籍制度开始逐渐松动，农民开始能够向城镇转移，这样为农村留出了一定的发展空间，农村剩余劳动力的流出，使得土地经营权向少数农户集中成为可能，经营规模的扩大又创造出农户分工的需求，同时，城镇化发展使劳动力在农村逐渐由丰裕资源变为稀缺资源，农户生产经营面临劳动力短缺困境，迫使其采取分工生产方式来弥补劳动力的不足，进一步促进农业分工发展。此外，随着城镇化持续深入，开始出现“逆城市化”现象，特别是近年来，由城市向农村迁徙，投资农业经营的人越来越多，一些进城务工的农民逐渐在城市站稳脚跟，经济水平得到明显改善，也回到农村进行返乡创业，这部分新型农业经营户管理水平综合素养较高，会选择最能增进经营收益的方式进行农业生产，更容易接受生产分工思想，从而加快农业分工发展步伐。

（4）工业化水平不断提升。工业化水平不断提升，为农户生产分工提供条件。农业生产分工离不开技术进步与工业发展，工业发展为农业分工提供必要的物质基础。在计划经济时期，工业化的主要方向是重工业发展，其产品大多不能应用于改善农业生产条件，在此时期工业化对农业分工发展的促进作用有限。自改革开放以来，工业化进程全面加快，越来越多的工业制成品投入农业生产之中，机械装备、生产技术等新要素投入，成为传统农业向现代农业转变的标志（毛飞和孔祥智，2012）。这些为农业的迂回生产创造了条件，农户根据生产需要，购买中间产品，投入农业生产，可以大大提高生产效率。农业生产技术日趋成熟、机械装备日益丰富、社会化分工体系逐渐完善，使得农户生产分工成为必然趋势。特别是新型工业化进程的加快，为有条件的农业生产区提供了喷气式飞机、大型农用收割机等高效率的农业生产设备，通过农业服务经营组织购置大型机械，农户购买生产服务的分工方式进行生产，经营效益十分可观，农户生产分工积极性不断地得到自我强化，由此，推动农户生产分工持续演进和发展。

4.1.3 趋势变化评析

在对农户生产分工发展趋势变化进行定量分析之前，须先确定考察的时期年限。根据前述研究中提到的农户分工在社会主义市场经济制度正式确立之后得到较快发展的论述，结合数据可获取性，本书着重考察全国 1991 ~ 2014 年间共计 24 年的分工发展时序变化。

4.1.3.1 总体趋势变化特征

在综合考虑和比较已有分工量化方法基础上，本书借鉴高帆（2009）提出的指数计算方法来测度分工发展指数。分工发展涵盖 4 个指标数据，分别是物质资本迂回指数、人力资本迂回指数、内部结构调整指数和外部劳动流转指数。

物质资本迂回指数通过计算中间消耗占农业总产值比重来进行衡量。物质资本投入在农业生产中发挥着重要作用，直接影响农业产出增长和农民收入水平提升，机械、化肥、农药等中间产品的使用量表征农业生产迂回程度，中间产品投入反映了农户生产分工发展程度。人力资本迂回指数通过农村初中以上文化程度劳动力占比来进行量化。劳动力作为农业生产中必不可少的要素资源，其重要性不仅仅只是体现在数量上，更体现在质量上，人力资本积累主要通过教育、培训和自主学习来完成，累积程度越高，表明劳动力迂回程度越大，从侧面反映农户生产分工发展水平。内部结构调整指数用农业非粮播种面积比例来反映。即使从狭义而言，农业也包括粮食、油料、水果、蔬菜等多个细分领域，劳动力在不同农产品之间进行选择，进而形成专业化生产，从而产生横向分工，通过观察农业内部结构变化，可以反映农户生产分工发展的一些特征。外部劳动流转指数用乡村非农业部门从业人员与乡村从业人员总数的比值来刻画。农村劳动力向非农行业转移，可以提高农业资本密集和技术密集程度，进而实现农户专业化水平，这种农村剩余劳动力的流转和再配置也一定程度上反映农户生产分工发展程度。

上述指数的原始数据来源于历年的《中国农村统计年鉴》，同时，为了便于比较分析，对上述指数进行“0～1”标准化处理。结果如表 4－1 所示。

表 4－1　分工发展指标体系与数据描述

年份	物质迂回指数	人力资本迂回指数	内部结构调整指数	外部劳动流转指数
1991	0.4618	0.4534	0.3120	0.2076
1992	0.4779	0.4653	0.3251	0.2245
1993	0.4952	0.4823	0.3223	0.2497
1994	0.5228	0.5028	0.3382	0.2697
1995	0.5345	0.5203	0.3445	0.2821
1996	0.5280	0.5508	0.3405	0.2872
1997	0.5531	0.5636	0.3457	0.2940
1998	0.5414	0.5795	0.3544	0.2969
1999	0.5493	0.5923	0.3666	0.2998
2000	0.5639	0.6135	0.4124	0.3221
2001	0.5532	0.6335	0.4335	0.3337
2002	0.5522	0.6335	0.4598	0.3504
2003	0.5238	0.6455	0.4993	0.3775
2004	0.5400	0.6569	0.4964	0.4029
2005	0.5480	0.6676	0.4852	0.4257
2006	0.5504	0.6841	0.4741	0.4490
2007	0.5457	0.6945	0.4662	0.4685
2008	0.5522	0.7019	0.4731	0.4835
2009	0.5538	0.7124	0.4600	0.4966

续表

年份	物质迂回指数	人力资本迂回指数	内部结构调整指数	外部劳动流转指数
2010	0. 5608	0. 7186	0. 4672	0. 5134
2011	0. 5593	0. 6963	0. 4721	0. 5265
2012	0. 5722	0. 7035	0. 4728	0. 5338
2013	0. 5599	0. 7040	0. 4773	0. 5459
2014	0. 5595	0. 7026	0. 4798	0. 5575

进一步地，计算物质资本迂回指数、人力资本迂回指数、内部结构调整指数和外部劳动流转指数的算术平均数，得到 1991 ~2014 年农户生产分工发展指数，结果如图 4 －1 所示。根据图 4 －1 显示的结果，农户生产分工具有一定的时序差别，表现出的趋势特征主要有以下几点。

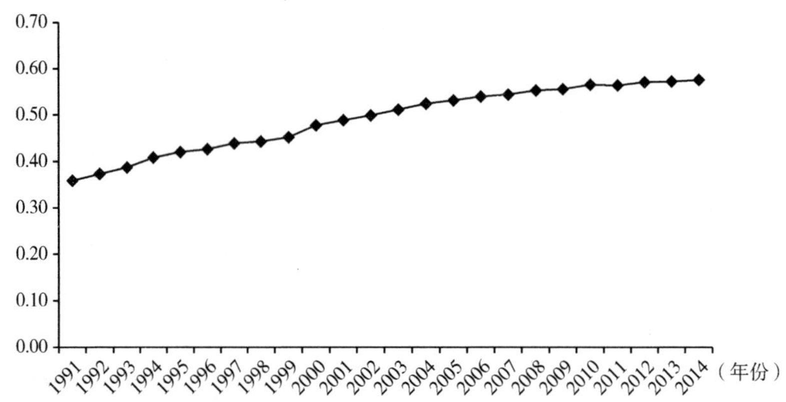

图 4 －1　1991 ~2014 年分工发展指数

资料来源：根据历年《中国农村统计年鉴》数据整理计算得出。

（1）农户生产分工发展呈现上升趋势。1991 年全国分工发展指数仅为 0. 3587，到 2014 年分工发展指数已经提高到 0. 5749，增加了 1. 6 倍，表明农业生产分工持续深入，分工生产体系日趋完善，农户之间经营合作日益紧密。这与改革开放以来的一系列经济社会制度变革产生的效果密不可分，具体而言：一是农业生产物质迂回程度提升。装备制造业发展为农业生产提供了大量技术装备，增加了农业生产的迂回程度，农业总产值中的中间产值比重不断提高，农业生产物质迂回指数由 1991 年的 0.4618 增加到 2014 年的 0.5595，有效促进农户生产分工发展。二是人力资本迂回程度提高。国家对农村人力资本投入力度持续加强，农业生产中具有 9 年以上受教育经历的农户比重逐渐增多，人力资本迂回指数显著提升，从 1991 年的 0.4534 提升到 2014 年的 0.7026。随着农户文化程度不断提高，他们更加意识到分工生产重要性，更多采取分工方式进行生产。三是农业内部结构调整完善。农业内部产品分工不断细化，非粮播种面积占比持续提高，1991 年农业内部结构调整指数只有 0.3120，到 2014 年提高到 0.4798。农产品的多样化生产，引导农户选择具有比较优势的品种进行专业化生产，推动农业产品分工发展。四是农业外部劳动流转加快。伴随着工业化、城镇化进程的快速推进，农村劳动力开始向第二、第三产业转移，外部劳动流转指数在 2014 年达到 0.5575，比 1991 年的 0.2076 提高了近 3 倍，越来越多农户参与到社会分工体系之中，为农业生产分工发展创造条件。

（2）农户生产分工发展速度逐渐趋缓。在 1991 ~ 2014 年间，农户生产分工发展速度逐渐减慢，分工经历一个快速推进到稳步深化的过程。通过观察 1991 ~ 2014 年间分工发展指数变化，大致可以将其划分为 3 个阶段。第一阶段是 1991 ~ 1997 年，分工发展指数年均增加 0.0134，从 1991 年的 0.3587 提高到 1997 年的 0.4391。该阶段农业分工快速发展主要源于改革开放以来经济社会制度变革效应开始显现，特别是正式确立市场经济体制之后，城乡要素流动明显加快，城市为农业生产输出物质装备，农村为城市建设提供劳动力，这种城乡互动为农业生产分工创造了有利的发展条件，打破了农业囿于低效率发展的“禁锢”，推动分工发展指数持续提升。第二阶段是 1998 ~ 2006 年，分工发展指数年均增加 0.0111，略低于 1991 ~ 1997 年的平均增长速率，仍保持较快速度增长。该阶段农业分工保持较快发展仍是依靠发端于顶层的制度创新，每年的中央一号文件都聚焦“三农”问题，有效促进农业农村经济增长，诸如，土地流转政策为土地向专业大户集中创造条件，奠定了农业生产分工的基础；强化公益性生产服务业发展政策为农户分工生产提供了必要条件；支持农村第二、第三产业发展政策，进一步优化农村劳动力配置，为农业生产分工创造发展空间。第三阶段是 2007 ~ 2014 年，分工发展速度趋于缓慢，分工发展指数年均增长0.0044，虽然低于前两个阶段的平均增长速度，但农户生产分工仍保持稳步发展。该阶段分工发展速度趋缓主要源于两个方面。一方面，农业分工发展从低水平阶段快速发展到中上水平阶段，进一步发展所需的条件比以往更加严苛，因而增长速率肯定会降低，这也符合经济增长的一般规律；另一方面，2008年爆发的“次贷危机”波及范围甚广，影响国民经济的方方面面，一定程度上也影响了农业生产，对分工发展造成阻碍。

4.1.3.2 不同经营效益时期分工发展比较

在对农户生产分工发展总体趋势变化进行考察的基础上，进一步比较不同经营效益时期的农户生产分工发展程度，从时序上观察农户生产分工与经营效益互动关系。本书选择全要素生产率指数、技术效率指数和要素配置效率指数来综合测度经营效益指数，以此反映1991～2014年全国农业经营效益水平。

全要素生产率指数通过农业生产要素等比例投入得到的产出增长来衡量，能够反映农户生产的效益水平。根据全要素生产率定义：$TFP = Y/\prod X_k^{\omega_k}$，其中，$Y$是农户产出水平，$X_k$是农户$k$种要素投入，$\omega_k$是生产资源$k$的成本在总成本中所占的比重，且$\omega_k = P_kX_k/\sum P_kX_k$，$P_k$是获取农业资源$k$的价格，全要素生产率指数可以表示为：$\dot{TFP} = \Delta TFP/TFP$。技术效率反映农户生产实际产出水平与理论期望产出的接近程度，同样也是表征经营效益的重要指标之一，按照巴蒂斯和科埃利（Battese and Coelli，1992）的方法，通过构建包含技术无效率的前沿生产函数来测度农户生产经营中的技术效率，技术效率指数表示为：$TE = \exp(-\mu)$，其中，μ是前沿生产函数中的技术无效率值。要素配置效率指数体现农户生产过程中的要素使用合理程度，是反映农户在既定经营条件下规模是否具有效率的重要指标，可以表征农户生产经营中的效益水平。借鉴库巴卡尔和洛弗尔（Kumbhakar and Lovell，2000）的方法，通过分解全要素生产率增长来得到要素配置效率指数：$\sum(\tau_k - \omega_k)\cdot\dot{X}_k$，其中，$\dot{X}_k$反映$k$种要素投入量变化，$\tau_k$是第$k$种要素投入的边际产出份额，且$\tau_k = \pi_k/\sum\pi_k$，$\pi_k$表示第$k$种要素的产出弹性。

通过构建式（4-1）所示的超越对数型随机前沿生产函数来估计要素产

出弹性 π_k 以及技术无效率值 μ。其中，Y 表示农户产出水平，D、K、L 分别表示农户土地、资本和劳动力投入，t 表示时间，ψ 为待估计参数，μ 是技术无效率值，ν 是随机前沿生产函数中的随机误差项。

$$\begin{aligned}\ln Y = {} & \psi_0 + \psi_D \ln D + \psi_K \ln K + \psi_L \ln L + \psi_t t + 0.5\psi_{DD}(\ln D)^2 + 0.5\psi_{KK}(\ln K)^2 \\ & + 0.5\psi_{LL}(\ln L)^2 + 0.5\psi_{tt}t^2 + \psi_{DK}\ln D\ln K + \psi_{DL}\ln D\ln L \\ & + \psi_{KL}\ln K\ln L + \psi_{tD}t\ln D + \psi_{tK}t\ln K + \psi_{tL}t\ln L + \nu - \mu \end{aligned} \tag{4-1}$$

根据式（4-1）的估计结果，结合式（4-2）可以计算各种投入要素的产出弹性。

$$\begin{cases}\pi_D = \psi_D + \psi_{DD}\ln D + \psi_{DK}\ln K + \psi_{DL}\ln L + \psi_{tD}t \\ \pi_K = \psi_K + \psi_{KK}\ln K + \psi_{DK}\ln D + \psi_{KL}\ln L + \psi_{tK}t \\ \pi_L = \psi_L + \psi_{LL}\ln L + \psi_{DL}\ln D + \psi_{KL}\ln K + \psi_{tL}t\end{cases} \tag{4-2}$$

在上述涉及变量的选择中，产出指标以狭义的农业生产总值来反映，单位为万元。土地投入选择农作物播种面积来表示，单位为万亩。资本投入沿用张乐和曹静（2013）的做法，使用化肥施用量（折纯量）来进行衡量，单位为万吨。考虑到化肥作为重要物质投入要素，适用于我国绝大部分地区的农业生产，因而采用化肥施用量来反映资本投入较为合理。劳动力投入选取农林牧渔从业人员数来替代，单位为万人，这样做可能会低估劳动产出弹性，但考虑到农业从业人员在其中占据绝大比重的经验事实，其影响程度不会很大，结合指标数据的可获取性，这种做法是恰当的。另一类是价格指标。土地价格通过土地单位面积的粮食作物产值来衡量，单位为元/亩，这样做主要是因为我国大部分地区土地流转价格是根据粮食产量进行定价，单位面积土地的粮食作物产值基本上接近土地价格。资产价格直接用化肥的单价进行衡量，单位元/吨。劳动价格则是用农民工资性收入来衡量，单位为元/人，如果农民将自己的劳动力资源投入农业生产，其获得的报酬至少要不低于从事其他经济活动的收益，所以通过农民工资性收入来衡量劳动价格比较合适。

为保证随机前沿估计的样本数量，选择 1990～2014 年全国 30 个省级（重庆数据并入四川，不含港澳台数据）的面板数据进行估计，原始数据来源于历年《中国农村统计年鉴》《中国农业统计年鉴》《中国统计年鉴》以及《新中国农业60年统计资料》。

结合式（4-1）和式（4-2）可以直接计算得到要素产出弹性以及技术效率指数，进而根据原始数据测算出全要素生产率增长率和要素配置效率增长率，再以上一个年度为基期进行换算，得到全要素生产率指数和要素配置效率指数。同时，为了便于比较分析，对上述指数进行“0~1”标准化处理。进一步地，计算全要素生产率指数、技术效率指数和要素配置效率指数的算术平均数，最终得到1991~2014年全国农户生产经营效益指数，如表4-2所示①。

表4-2　经营效益指标体系与数据描述

年份	全要素生产率指数	技术效率指数	要素配置效率指数	经营效益指数
1991	0.2912	0.3424	0.4821	0.3719
1992	0.2776	0.3499	0.5479	0.3918
1993	0.2914	0.3575	0.5865	0.4118
1994	0.3510	0.3651	0.5561	0.4240
1995	0.3495	0.3726	0.5582	0.4268
1996	0.3107	0.3801	0.5597	0.4168
1997	0.2899	0.3877	0.5832	0.4202
1998	0.3034	0.3952	0.5770	0.4252
1999	0.3025	0.4027	0.5902	0.4318
2000	0.2767	0.4101	0.5769	0.4213
2001	0.2778	0.4176	0.5848	0.4267
2002	0.2934	0.4250	0.6019	0.4401
2003	0.2714	0.4324	0.6029	0.4356
2004	0.3132	0.4398	0.6400	0.4643
2005	0.2997	0.4472	0.6449	0.4639
2006	0.2942	0.4545	0.6177	0.4554
2007	0.2969	0.4618	0.6448	0.4678

① 农业全要素生产率、技术效率和要素配置效率测算及其相关内容作为作者本人的前期研究成果，已经分别在《经济问题探索》《云南财经大学学报》和《中南大学学报（社会科学版）》上发表。此处略去了一些测算过程中的参数估计检验和结果的显示，直接展示出经营效益指数的最终计算结果。

续表

年份	全要素生产率指数	技术效率指数	要素配置效率指数	经营效益指数
2008	0. 2997	0. 4690	0. 6109	0. 4599
2009	0. 3219	0. 4763	0. 6090	0. 4691
2010	0. 3348	0. 4835	0. 6460	0. 4881
2011	0. 2889	0. 4906	0. 6730	0. 4842
2012	0. 3168	0. 4977	0. 6243	0. 4796
2013	0. 3542	0. 5048	0. 6217	0. 4936
2014	0. 2552	0. 5118	0. 6012	0. 4561

在此基础上，构建坐标轴，运用散点图来刻画农户生产分工在不同经营效益阶段的变化，结果如图 4 －2 所示，其中，横轴为经营效益指数，纵轴为分工发展指数，样本点（X，Y）表示某个年份的经营效益水平和分工发展程度。

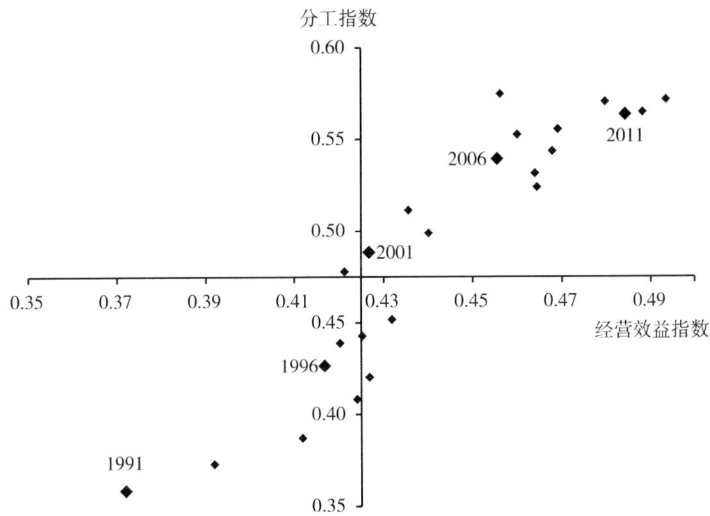

图 4 －2　1991 ~ 2014 年分工发展指数和经营效益指数

资料来源：根据历年《中国农村统计年鉴》数据整理计算得出。

图 4 －2 结果显示，从全国平均水平上看，在 1991 ~ 2014 年间，不同经营效益时期农户生产分工差别明显，主要表现在以下几方面。

（1）低经营效益时期分工发展指数普遍较低。从图4－2中可以看出，坐标轴第三象限内聚集了大量的样本点，表明在经营效益水平较低阶段，农户生产分工发展比较缓慢。除了1995年外，1991～1997年样本点均落入第三象限。1991～1994年、1996年、1997年各年的经营效益指数分别是0.3719、0.3918、0.4118、0.4240、0.4168和0.4202，均处于较低经营效益水平，它们对应的分工发展指数分别是0.3587、0.3732、0.3874、0.4084、0.4266、0.4391，分工发展也都较为缓慢。可见，如果经营效益处于低水平阶段，则农户生产分工难以得到有效发展，主要是两方面的原因。一方面，农业分工有赖于物质积累。从时间序列上看，通常情况下，农业物质积累是一个循序渐进的过程，农户每年用于储蓄和积累的只是产出的一部分。经营效益水平直接决定了农业产出水平，间接影响了物质累积的速度，分工生产又是需要在一定物质积累基础上才能实现，因而在经营效益低水平阶段，物质累积会较为缓慢，分工深化阻力较大，难以得到快速发展。另一方面，分工取决于经营效益水平。农户生产分工的动力源于获取更高收益，只有能够确保得到足以弥补分工成本的报酬，农户才会选择分工生产。从这个意义上看，经营效益就是分工发展的推动力，因为只有经营效益水平提升，农业产出才能提高，农户才会有生产分工的动力和需求，从而促进分工发展。所以，在经营效益水平较低时期，难以调动农户生产分工积极性，农业生产分工发展缓慢。

（2）高经营效益时期分工发展指数普遍较高。从图4－2中可以看出，大量样本点落入第一象限，表明在经营效益水平较高阶段，农户生产分工得到较好发展。在2001～2014年间，每年的样本点都处于第一象限之内，经营效益指数介于0.4267～0.4936，处在一个较高发展水平上，同时，分工发展指数也在0.4885～0.5749的高水平区间。可见，如果经营效益处于高水平阶段，则农户生产分工可以得到快速发展，其原因主要有三点。一是生产经营效益提高分工积极性。在2001～2014年间，经营效益处在较高水平上，农户从事农业生产可以得到更多的收入，收入的提高有助于强化农户的分工行为倾向，促使其采取分工方式进行农业生产，分工积极性得到充分调动，从而使得农业分工得以快速发展。二是农业物质积累促进分工发展。在经历1991～2000年发展阶段之后，农业物质积累达到一定程度，物质积累不断增加使得农户拥有足够的资金调配生产，可以购买流转土地，扩大经营面积，购买专业的生产性服务来进行农业生产，在提高自身生产效率的基础上，创造出大量的分工需求，从而促进农业分工发展。三是经营效益与分工发展累积效应逐渐显现。当经营效益与分工发展步入较高水平阶段时，经营效益为农业分工提供物质积累和动力，生产分工又进一步提高农业经营的效益水平，逐渐形成自我强化的循环累积效应，进一步促进分工发展，同时也使经营效益水平得以不断提高。

可以看出，经营效益变化能够一定程度解释农户生产分工在时间序列上的差别。由图4-2可知，分工发展指数与经营效益指数在时间序列上基本是同向变动。1991年样本点（0.3719，0.3587）、1996年样本点（0.4168，0.4266）、2001年样本点（0.4267，0.4885）、2006年样本点（0.4554，0.5394）、2011年样本点（0.4842，0.5635）基本上处在一条倾斜向上的直线上，说明随着时间推移，农户生产分工得以持续发展，经营效益水平得到不断提高，通过对1991年、1996年、2001年、2006年、2011年等阶段性样本点的观察，可以发现农业分工发展与经营效益在时间序列上大致呈同向变化的趋势。

但是，需要注意的是，在时间序列上，农户生产分工差别还不能完全由经营效益变化来解释。在1991~2014年间，个别年份样本点显示分工发展指数与经营效益指数并不同向变化。比如，1995年样本点（0.4268，0.4204）、1998样本点（0.4252，0.4430）、1999年样本点（0.4318，0.4520）均落入第四象限，在该象限内经营效益处于较高水平区间，分工发展处于较低水平区间，表明在这几个年份中，较高的经营效益水平没能有效推动农户生产分工发展。2000年样本点（0.4213，0.4780）则是处在第二象限中，经营效益指数较低，而分工发展指数较高，说明尽管经营效益水平不高，农户生产分工仍有可能实现较好发展。由此可见，农户生产分工时序差别不完全由经营效益来决定，还有其他因素会对分工发展产生影响。此外，考虑到上述分析是基于全国平均数据的考察，均值数据会掩盖某些差异，如果拓展到地区层面来观察，经营效益对分工发展的“不能完全解释”现象可能还会更加明显。

因此，为保证研究目标的顺利达成，同时确保研究结论的科学性和准确性，在对农户生产分工演进趋势变化进行基本掌握的基础上，还需要通过实地调查获取农户生产经营活动的微观运行数据资料，这样才能全面反映农户生产分工，详尽观察农户生产分工差别状况以及特征表现，进一步开展研究。

4.2 农户生产分工现状调查

本节研究内容主要是概述农户生产分工现状调查的基本情况，同时，对样本农户户主基本特征、经营状况以及生产条件等信息进行描述性统计。

4.2.1 调查实施概述

本书研究的主要目的是以种植业为例分析经营效益及其他影响因素对农户生产环节分工的作用程度，解析农户生产环节分工差别化的内在机理。为此，须通过对农户生产经营数据的搜集和整理，才能顺利实现研究目标。这些数据既包括反映客观实际的数据指标，又含有反映主观感受的价值判断，无法直接从现有统计年鉴或是微观数据库中获得，需要着手实施农户生产分工调查。

4.2.1.1 调查对象选择

本书研究农户生产分工差别化问题，其中的关键词在于“农户”和“分工”，前者是指从事农业生产的家庭，后者是指在不同生产环节上分配劳动，因而本研究的调查对象就是以家庭为单位从事农业生产经营且在不同生产环节上非完全独立完成工作的农村家庭户。同时，为了保障研究的规范性和准确性，专门选择从事种植业的农户进行调查研究。原因是：其一，农业涉及种植业、养殖业、林业和渔业等具体行业部门，每个行业部门生产工序环节均具有一定特殊性，跨行业分工比较往往缺少必要的参考和依据，选择一个行业农户进行调查和研究更为妥当。其二，种植业发展较为成熟，生产性服务体系比较完善，生产工序环节划分已有成果可以借鉴，如江雪萍（2014）、胡新艳等（2015c）、陈文浩等（2015），具备一定的研究基础，易于进一步开展研究。因此，本研究调查对象选择家庭经营基础上从事种植业生产且在不同生产工序环节上非完全独立完成工作的农村家庭户。

4.2.1.2　调查抽样原则

本研究调查选取分层抽样方式来抽取样本，先把总体单位划分为若干个次级层，再从每个层面内随机抽样，组成一个统计学样本。调查抽样遵循以下原则：一是地理区位代表性原则。农业生产中作物生长与气候、光照、土壤、地形、水资源等自然条件密不可分，我国地域广阔，不同区域自然禀赋条件不尽相同，农户抽样应该覆盖东部、中部和西部等不同地域，同时兼顾平原、丘陵、山地等不同地形。二是经济发展代表性原则。农业生产不仅受到自然条件约束，也会受市场条件影响，诸如，经济水平、生产性服务业发展程度、农业技术条件、基础设施建设等，农户抽样需要考虑发达、中等和欠发达等不同经济社会发展水平的地区。三是农户特征代表性原则。不同特征农户由于自身年龄、学历、收入、社会地位、家庭条件等具有差异，在农业生产分工决策上也会表现出一定区别，因而抽样还要尽量覆盖不同特征的农户。

4.2.1.3　调查方法选取

本研究选取问卷调查为主、访谈调查为辅的方式进行调查。问卷调查法是以书面形式，围绕研究目的设计一系列有关的问题，请调查对象做出回答，然后通过对答案的回收、整理和分析，获取有关信息的调查研究方法，具有简便易行、数据客观、真实可靠、调查广泛和有代表性等特点，其缺点在于需要调查对象具有一定文化程度和理解能力，且容易出现胡乱答题和回收率低等问题。访谈调查法则是指调查者通过与调查对象面对面的谈话来了解情况、搜集资料的一种调查研究方法，是一种口语交际形式，与一位或多位调查对象进行面对面，富有探究性的交流活动，可以让调查者尽可能多地挖掘某人某事的深层次信息，其缺陷在于访谈内容可能与研究内容不紧密相关，且调查结果难以收集、整理和量化。因此，本研究的调查以调查问卷为访谈基础，通过与调查对象面对面访谈方式填写问卷，同时也了解其他相关信息，作为问卷调查的补充。

4.2.1.4 调查内容设计

为全面了解种植业农户经营和生产分工等相关信息，本书设计的调查问卷包含以下内容：一是农户家庭基本情况，包括户主及成员性别、年龄、受教育年限、从事职业等家庭成员信息，种植业收入、务工收入、非农经营收入等农户家庭收入信息，农业生产设备、住房、流动资产等农户家庭资产信息，土地面积、土壤肥力和地块数等家庭承包土地情况。二是农户家庭生产经营与分工状况，包括作物品种、总产量、商品量、播种面积、物质费用等农业投入与产出情况，农户在耕整、育种、播栽、施肥、灌溉、植保、除草、收获、储运等不同生产环节的分工状况，分工可获取程度、契约保障、分工服务信息、监督难度、分工服务满意度等分工生产具体实施情况。三是农户合作社参与情况。包括农户是否参与合作社及相关评价等。四是农户生产要素获取情况，包括农户对农业技术、机械装备、借贷资金、信息资讯等要素获取难易程度的评价。五是农户生产经营环境，包括农户所在地地形、交通、水资源、生态环境、基础设施、非农产业发展状况等。

4.2.1.5 调查实施步骤

在开始正式调查之前，先进行小规模的预调查，进一步修正调查内容，保证调查问卷的科学性。正式问卷调查按照上述地理区位代表性、经济发展代表性、农户特征代表性的原则进行分层，从每个分层中抽取样本省区，在每个省区中通过简单随机抽样选择样本县和样本村，进而通过甄别问题，选取符合本书调查对象要求的农户进行随机抽样调查。调查的具体对象主要以农户户主为主，或者是了解农业经营状况的家庭核心成员。在调查过程中，由调查员根据调查问卷内容对调查对象进行“一对一”访谈，按照调查对象的回答填写问卷，同时记录问卷以外的农业生产分工相关信息。为了保证问卷调查的质量，除了课题组人员之外，还选择了西南大学经济管理学院和其他学院“三下乡”暑期社会实践服务队的部分硕士生、本科生作为调查人员，共计 30 余人，并由问卷设计者对其进行培训，使之充分了解和掌握问卷填写和农户访问的注意事项。

4.2.2　样本信息统计

本书研究使用的调查样本来自 2016 年 7 ~ 8 月对山东、河北、安徽、江西、湖南、重庆、四川、贵州、甘肃全国 9 个省市的农户入户调查，涉及诸城市、龙口市、张北县、尚义县、南陵县、繁昌县、南康区、丰城市、望城区、梁平县、奉节县、兴文县、什邡市、仁寿县、中江县、六枝特区、高台县、民乐县、临泽县 19 个县级行政区，共计 30 个乡镇，如表 4 – 3 所示。此次调查在每个乡镇发放 15 份调查问卷，总计发放调查问卷 600 份，回收问卷之后，剔除漏答、错答的无效问卷，同时，对问卷内容进行逻辑检查，核实问卷真实性和准确性，最终有效问卷数量为 545 份，问卷有效率达到 90.83%。

表 4 – 3　　样本调查地点

样本区域	样本省级行政区	样本县级行政区	样本乡镇
东部地区	山东省	诸城市	百尺河镇、箭口镇、福田镇
		龙口市	石良镇、兰高镇
	河北省	张北县	张北镇、大西湾乡、馒头营乡
		尚义县	大青沟镇、石井乡
中部地区	安徽省	南陵县	工山镇、三里镇、家发镇
		繁昌县	平铺镇、荻港镇
	江西省	南康区	唐江镇、龙岭镇
		丰城市	隍城镇、桥东镇、小港镇、洛市镇
	湖南省	望城区	金山桥街道
西部地区	重庆市	梁平县	仁贤镇、屏锦镇、文化镇
		奉节县	凤鸣镇、毛坝乡、栖霞镇
	四川省	兴文县	古宋镇、石海镇、玉屏镇
		什邡市	洛水镇、湔氐镇
		仁寿县	富加镇
		中江县	南华镇、南山镇
	贵州省	六枝特区	大用镇
	甘肃省	高台县	新坝镇
		民乐县	丰乐乡
		临泽县	沙井乡

4.2.2.1　户主基本特征

表4－4显示了本次调查的545个从事种植业生产经营农户户主的基本信息。调查样本中农户户主绝大部分是男性，比重高达93.76%，说明从事种植业生产农户的具体经营事务基本上是由家庭男性为主进行决策。从年龄分布上看，农户户主年龄以中年人为主，41～50岁年龄段人数最多，比重达到40.37%，51～60岁和61岁及以上的农户比重分别为27.16%和20.18%，31～40岁和30岁以下的农户比重分别仅有10.64%和1.65%，说明种植业生产经营主要依靠大龄农村居民来完成，青壮年经营者较少，与现阶段农业老龄化趋势相吻合。从受教育经历来看，农户文化程度普遍偏低，绝大多数农户学历水平为小学或者初中，两者比重分别是38.53%和40.55%，另有12.11%的农户只有小学以下文化水平，而高中和大专及以上受教育经历的农户比重仅为6.79%和2.02%，表明现阶段种植业经营户户主受教育年限多为6～9年，文化程度还有待进一步提升。另外，在调查的545个农户中，户主为党员的有79人，比重为14.50%，担任村干部的户主有51人，比重为9.36%，表明调查样本中具有一定社会地位和行政权力的农户占少数，更多户主还是普通身份的农村居民。

表4－4　户主基本特征

调查项目	调查选项	人数	比重（%）
性别	男性	511	93.76
	女性	34	6.24
年龄	30岁及以下	9	1.65
	31～40岁	58	10.64
	41～50岁	220	40.37
	51～60岁	148	27.16
	61岁以上	110	20.18
受教育程度	小学以下	66	12.11
	小学	210	38.53
	初中	221	40.55
	高中	37	6.79
	大专及以上	11	2.02

续表

调查项目	调查选项	人数	比重（%）
是否为党员	是	79	14.50
	否	466	85.50
是否为村干部	是	51	9.36
	否	494	90.64

4.2.2.2　农户经营状况

从表4－5反映情况看，调查农户中家庭年纯收入主要分布于10000～70000元，年纯收入在10000～39999元和40000～69999元的农户比重分别达到34.13%和33.39%，较高收入水平农户也占有一定比重，70000～99999元和100000元以上农户比重分别为11.01%和15.60%，只有5.87%的农户家庭年收入在10000元以下，说明样本农户家庭纯收入达到甚至高于全国平均水平，经济条件较好。调查农户种植业经营收入平均为17145.81元，分布呈左峰偏态分布，种植业收入在5000元以下和5000～14999元的农户比重分别为42.94%和31.74%，中高收入农户比重较低，种植业收入在15000～24999元、25000～34999元及35000元以上的农户比重之和为25.32%，通过比较样本农户纯收入和种植业收入情况，发现样本农户收入来源较为广泛，种植业收入只是其中一个组成部分。样本农户土地规模也呈左峰偏态分布，5亩以下土地规模农户的比重达到55.41%，土地规模在6～10亩农户比重有23.30%，只有21.29%的农户土地规模在10亩以上，表明样本农户还是以小规模种植为主，这也是现阶段农业生产以小农户经营为主的基本态势。在作物种植方面，样本农户以种植粮食作物为主，经济作物为辅，40.73%的农户只从事粮食作物的生产经营，47.34%的农户在种植粮食作物的同时还进行经济作物的种植，只有11.93%的农户专门从事经济作物的生产，说明样本农户在进行基本粮食生产的同时，也开始种植一些收益较高的经济作物。从农户兼业情况看，86.61%的农户除了种植业生产之外，还有从事其他产业生产经营，与前面家庭纯收入和种植业收入所反映的状况相一致，表明样本农户收入渠道呈现出多元化特征，兼业化生产成为农业经营中的常态，有利于农户融入市场和社会化分工体系之中。

表 4-5 农户经营状况

调查项目	调查选项	人数	比重（%）
年纯收入	10000 元以下	32	5.87
	10000～39999 元	186	34.13
	40000～69999 元	182	33.39
	70000～99999 元	60	11.01
	100000 元及以上	85	15.60
年种植收入	5000 元以下	234	42.94
	5000～14999 元	173	31.74
	15000～24999 元	56	10.28
	25000～34999 元	23	4.22
	35000 元及以上	59	10.82
土地经营面积	5 亩及以下	302	55.41
	6～10 亩	127	23.30
	11～15 亩	39	7.16
	16～20 亩	31	5.69
	21 亩及以上	46	8.44
作物品种	粮食作物	222	40.73
	粮经作物	258	47.34
	经济作物	65	11.93
兼业状况	是	472	86.61
	否	73	13.39

4.2.2.3 农户生产条件

农户生产条件状况如表 4-6 所示，在调查样本农户中，35.23% 的农户在山地地形下进行生产，37.43% 的农户在丘陵地形下进行生产，只有 27.34% 的农户处于平原地带，表明样本农户大多面临地形约束，在平原优势地形上生产的农户数量较少，整体上看，扩张土地经营规模难度较大，这也从侧面反映出依靠土地集中实现农业生产效益提升在实际操作上受到地形限制。从农户对当地农业生产基础设施的评价上看，选择一般满意的农户比重稍高，达到34.50%，做出不满意和不太满意评价的农户比重共计为37.43%，而表示非常满意和比较满意的农户只有28.07%，说明调查样本农户对生产公共设施的评价中等偏低，基础设施建设尚不能满足农户生产需求，还有待进一步加强。对于农村第二、第三产业发展状况，在调查样本农户中，当地拥有农业加工产业的农户比重为33.94%，拥有乡村旅游产业的农户比重为23.49%，说明调查样本农户所在地非农产业发展还不够完善，农村经济发展稍欠活力，尚未形成农村第一、第二、第三产业融合发展的格局。从农户对生态环境的评价上看，认为生态环境非常好或是比较好的农户比重共计达到47.52%，而认为生态环境非常差和比较差的农户比重共计只有17.98%，另有34.50%的农户做出了生态环境一般的评价，表明调查样本地生态环境总体质量较好，有利于农产品作物的生长，也反映出在现阶段生态污染日益严重的情况下，农村还保有一定质量的生态环境。

表4-6　　农户生产条件

调查项目	调查选项	人数	比重（%）
地形	山地	192	35.23
	丘陵	204	37.43
	平原	149	27.34
基础设施满意度	非常满意	24	4.40
	比较满意	129	23.67
	一般	188	34.50
	不太满意	163	29.91
	不满意	41	7.52
农业加工业	有	185	33.94
	没有	360	66.06
乡村旅游业	有	128	23.49
	没有	417	76.51
生态环境评价	非常好	52	9.54
	比较好	207	37.98
	一般	188	34.50
	比较差	75	13.76
	非常差	23	4.22

4.3 农户生产分工总体描述

本节研究内容主要是在对调查数据进行收集整理基础上，对农户生产分工进行量化与测度，进而分析农户整体生产分工水平和细分环节分工程度上的特征表现。

4.3.1 分工测度与量化

根据本书的概念界定，农户生产分工是从事种植业生产经营活动的农户在家庭经营条件下，对耕整、育种、播栽、施肥、灌溉、植保、除草、收获、储运等不同工序环节中非独自完成工作的一种生产行为。衡量农户生产分工水平的依据在于其进行分工生产环节数量的多少，以及每个生产环节的分工强度。本书对农户生产分工水平量化分为整体生产分工水平（*WDL*）和细分环节分工程度（*PDL*）两个部分，整体生产分工水平通过农户分工生产环节数量来反映，细分环节分工程度通过农户在每个生产环节上的劳动投入来度量。具体操作步骤是：首先，借鉴李克特量表，针对农户生产工序设置五个回答选项，分别是“完全由自己完成”“大部分由自己完成”“自己完成一半”“少部分由自己完成”和“完全不是自己完成”。其次，对量表选项进行赋值，如果某个生产环节完全由农户自己完成，则赋值为1，同理，对上述其他四个回答选项分别赋值为2、3、4、5。数值越大，则表明农户在该细分环节上的分工程度越高；反之，则表明该细分环节分工程度越低。最后，根据农户在每个生产环节上的分工程度来测算整体生产分工水平，只要农户在某个生产环节上不是“完全由自己完成”，则说明农户在此项工序环节上进行了分工生产，计算这些分工生产的环节数量，得到农户整体生产分工水平。农户生产分工水平测度与量化如表4－7所示。

表4－7　　生产分工指标量化

分工指标	量化赋值
整体生产分工水平（*WDL*）	农户分工生产环节具体数量
细分环节分工程度（*PDL*）	1＝完全由自己完成，2＝大部分由自己完成，3＝自己完成一半，4＝少部分由自己完成，5＝完全不是自己完成

4.3.2　整体生产分工水平

在对调查样本农户生产分工进行量化的基础上，掌握现阶段农户生产分工发展状况，分析农户整体生产分工特征。具体而言：

（1）农户会选择多个环节进行分工生产，从而使整体生产分工达到一定水平。如表4－8所示，在对农户耕整、育种、播栽、施肥、灌溉、植保、除草、收获、储运9个工序环节分工生产的调查中，样本农户生产分工环节数量的平均值为5.05，标准差为2.58，说明农户不是独立完成整个种植生产流程，而是会把大部分工序环节交由其他个人或组织来代为完成。这样做的好处在于：一是弥补劳动力不足。此次调查的样本农户中，86.61%的农户在从事种植业生产的同时还进行其他行业工作，农户需要在农业与非农劳动上分配自身既定的劳动力，由于农作物生长的特性，可能使农户在某个特定时点上出现劳动力的临时性短缺，无法完成种植生产工作，容易造成损失，而通过分工生产，则能够弥补劳动力不足的缺陷，确保种植生产活动的顺利完成。在调查访谈过程中，很多农户就表示让其他人或者经营组织来帮助完成农事活动，主要还是因为自己需要在种植经营的同时兼顾务工，没有太多精力投入种植生产中。二是扩大经营规模。对于部分专业从事种植生产的农户，分工生产除了是弥补自身劳动力数量不足外，更为重要的是实现经营规模的扩大，在已有承包地基础上，通过土地转入，增加种植业经营面积。调查的一些种植大户就表示，为了维持和扩大种植规模，需要通过购买社会化服务来辅助农业生产，或者把一些生产环节外包出去，交由专业生产组织来完成。三是提高生产效率。调查中，大多数农户表示自己专注于做一件事情时工作效率得到提高，越来越多的农户意识到分工生产可以提高生产效率。对于种植户而言，只做自己擅长或者是较为“简单”的农活，把其他“复杂”的生产活动交由专业人员来完成已成为普遍选择，通过分工生产能够不同程度地提高生产效率。

表 4 –8　　整体生产分工水平统计结果

统计分类		分工环节数量均值	标准差
全样本统计		5.05	2.58
分地区统计	东部地区	6.14	2.69
	中部地区	5.58	2.66
	西部地区	4.14	2.12
分作物统计	粮食作物	4.04	2.12
	粮经作物	5.65	2.50
	经济作物	6.17	3.14

（2）依据地区和作物分组统计的农户整体生产分工水平不同。分地区统计结果显示，东部地区农户整体生产分工水平最高，中部地区次之，西部地区最低。东部地区农户分工生产环节数量均值为 6.14，中部地区平均值为 5.58，而西部地区农户平均分工生产环节数量只有 4.14，表明农户整体生产分工水平具有一定地区差异。对于东部地区而言，农业农村经济发展条件较好，农业社会化程度较高，为种植业生产分工创造了较为优越的市场条件，农户种植经营的市场化程度较高，更热衷于通过分工方式完成种植生产。对于中部地区而言，作为我国主要农业产区，农业自然生产条件优越，土地连片、水源丰富、气候适宜，适合适度农业规模经营，农户凭借良好自然条件，也乐于通过购买农业社会化服务或是生产环节外包等分工方式来进行种植生产，与东部地区农户分工环节数量的差距主要还是源于两地区农业生产经营市场化发展程度的不同。对于西部地区而言，经济社会发展程度低于东、中部地区，且西部地区农业要素资源条件较东、中部地区具有较大差距，导致种植业农户缺乏分工生产的禀赋条件，又因农业社会化、市场化发展程度较低而难以获得农业生产性服务，从而使得西部地区农户的整体生产分工水平低于东、中部地区。此外，从分作物统计结果来看，经济作物种植农户整体

生产分工水平高于粮食作物种植农户，两种作物都种植的农户整体生产分工水平则介于上述两者之间。种植经济作物的农户分工生产环节数量平均值达到6.17，而种植粮食作物的农户分工生产环节数量均值只有4.04，两种作物都种植农户的分工生产环节数量均值为5.65。相比于经济作物，粮食作物生产经营效益要低，从经济激励的角度上看，种植粮食的农户缺乏通过分工方式增进种植收入增长的动力，同时，经营效益上的差距也使得粮食种植农户的经济支付能力低于经济作物种植农户，不能负担起购买社会化服务和生产环节外包的费用。另外，与粮食作物相比，经济作物的种植工艺和技术难度更高，是否采用专业化的农业生产性服务生产出的农产品质量和品质具有明显差异，因而经济作物种植户会更加倾向于采取分工方式把一部分关键性生产环节交由专业化服务组织完成。

4.3.3　细分环节分工程度

对调查样本按照细分环节分工程度量化指标界定，样本农户在耕整、育种、播栽、施肥、灌溉、植保、除草、收获、储运各工序环节上的分工程度统计结果如表4－9所示。从表4－9中反映的情况看，样本农户细分环节分工程度表现出一定特征，具体而言主要是表现在以下几方面。

表4－9　　　　细分环节分工程度统计结果

分工环节	全样本统计	分地区统计			分作物统计		
		东部地区	中部地区	西部地区	粮食作物	粮经作物	经济作物
耕整	2.58	2.69	2.71	2.44	2.31	2.82	2.58
育种	2.18	2.68	2.73	1.55	1.71	2.34	3.11
播栽	2.39	2.41	2.37	2.40	2.27	2.41	2.75
施肥	1.74	2.02	1.86	1.50	1.42	1.86	2.31
灌溉	1.66	2.04	1.94	1.27	1.27	1.89	2.05
植保	1.65	2.07	1.95	1.23	1.22	1.91	2.08
除草	1.67	2.21	1.74	1.35	1.25	1.91	2.15
收获	3.41	3.13	3.41	3.56	3.49	3.40	3.18
储运	2.82	3.34	2.83	2.53	2.41	2.91	3.82

(1) 农户细分环节分工程度普遍不高。调查参考李克特量表，把每个分工环节程度设定在1~5之间，在调查的9个细分环节中，只有耕整、收获和储运3个环节的分工程度均值高于2.5，分别为2.58、3.41和2.82，播栽和育种环节的分工程度均值分别为2.39和2.18，其余的生产环节分工程度都在2以下，说明尽管农户会选择多个工序环节进行分工生产，但是在每个工序环节上的分工并不完全，该环节上只有部分工作是由生产性服务组织或个人来协助完成，仍然还有大部分工作是由农户自己亲自操作，使得种植生产工序环节上分工程度普遍偏低。这可以归因于几个方面：首先，大部分农户在种植经营中采取分工生产方式更多的是作为家庭经营的一个补充，分工决策会因为自身劳动时间、生产规模、经营收入等的实时变化而改变，一段时期内会更多选择分工生产，过一段时间又由自己独立劳作，从而使每个环节上的分工程度难以达到完全分工的理想状态。其次，现阶段农业分工发展尚处于起步阶段，生产性服务组织或者个人的服务能力和服务质量还有待进一步提高，同时，这些生产性服务组织或者个人有一定的流动性，不一定能够随时满足每个农户分工生产的要求，使得农户不能单纯依靠生产性服务组织或者个人的劳动服务，还必须在无法获取分工服务时能够独立完成种植生产任务。最后，由于农业经营的特性，使得种植生产分工也具有相应特殊性，个别生产工序环节的可分性较低，如果仅仅依靠生产性服务组织或个人来完成，会影响农作物生长，或者是这些环节上进行分工生产的效果不能完全达到农户要求，使得农户需要在某一生产环节上的部分工作进行分工生产的同时，完成另一部分的工作量，是一种半分工状态。

(2) 农户在不同工序上的分工程度具有一定差距。不同环节分工程度具有差距，大致可以分为3个层次：高水平组包括收获、储运和耕整环节，其分工程度均值都高于2.5；中水平组包括播栽、育种环节，分工程度均值分别为2.39和2.18；低水平组是施肥、除草、灌溉和植保环节，其分工程度均值都小于2，这与胡新艳等（2015b）对农业生产环节可分性的研究结果相类似。收获、储运和耕整环节分工程度高是因为这些环节在农业生产周期中工作时间比较集中，需要大量劳动力投入，且劳动强度较大，农户更倾向于在这些环节上进行分工生产，可以弥补自身劳动力短缺的不足，及时完成种植作业，同时，收获、储运和耕整环节的机械替代适应性较强，交由专业服务组织或个人来完成易于通过农机使用来提高生产效率，此外，这部分环节的劳动质量比较容易考核和监督，会进一步促进农户在这些环节上实施分工生产。施肥、除草、灌溉和植保等环节的分工程度低与其工作特性有关，这些活动贯穿于农作物生长的全过程，在农业生产周期中劳动时间并不固定集中于某个时刻，为分工生产带来了不便，而由于施肥、除草、灌溉和植保等的工作用工量和工作强度不大，农户更愿意自己来完成这部分工作，同时，施肥、除草、灌溉和植保等环节工作精细度较高，需要具有一定的作业经验和现场管理能力，机械代替人来完成这些工作虽然能够提升效率，但是效果可能不如人工劳动好，并且这些环节劳动成果往往难以单独考核，监督成本高昂，因而农户在施肥、除草、灌溉和植保等环节上的分工倾向较低。对于播栽和育种环节而言，从正面影响上看，这两个环节劳动工作时间比较集中，在我国种植业技术发展迅速、播栽机械程度日益提升的条件下，农户把这些环节分离外包，可以最大化地利用外部资源来替代自身有限经验，通过技术和机械投入来提高生产效率和效果；从负面影响上看，这两个环节同样面临作业服务成果难以准确核定，农户分工生产难以有效对生产性服务提供者进行监督，只有在充分了解信息的情况下，农户才会愿意把这两个环节的工作交由他人来代为完成，因而播栽和育种环节分工程度处于中间状态，农户既会因为分工收益而更多地进行环节分工，又会顾及监督考核难度而转由自己完成这些工作。

（3）依据地区和作物分组统计的农户细分环节分工程度不同。分地区统计结果表明，东、中部地区农户的育种、施肥、灌溉、植保、除草环节分工程度明显高于西部地区，其余的环节分工程度差距不大。对于施肥、灌溉、植保、除草环节而言，工作强度较低，农业农村经济水平较低的西部地区农户自然倾向于独立完成这些环节工作，以节省经营成本，而东、中部地区经济实力相对较强的农户则会具有强于西部地区农户的环节分工倾向，把这些生产环节上的更多工作量通过分工方式来完成。对于育种环节而言，生产分工监督难度较大，更依赖于完善成熟的市场化服务体系，东、中部地区相对西部而言育种服务市场发育程度更为成熟，因而农户在育种环节上的分工程度高于西部地区的农户。而对于耕整、播栽、收获和储运环节来说，劳动强度大，分工生产能够显著提升效率，所以各个地区农户在这些环节上的分工程度差距不大，尽管如此，东、中部地区农户较西部地区农户的分工程度还是要略高一些。从分作物统计结果来看，经济作物种植农户在育种、施肥、灌溉、植保、除草和储运环节上的分工程度高于粮食作物种植农户，两种作物均种植农户在上述环节上的分工程度介于两者之间，种植不同作物农户的耕整、播栽和收获环节分工程度相差不大。对于施肥、灌溉、植保、除草环节而言，经济作物种植农户收入水平高于粮食作物农户，因而在这些非关键性分工环节上的分工程度更高。对于育种和储运环节而言，由于经济作物育种和储运对于技术和设备的要求更高，分工生产能够大幅增进农产品产量，因而从事经济作物种植的农户会更加需要依赖专业化服务组织提供的育种和储运服务。

4.4　本章小结

本章详细阐述了农户生产分工演进历程，对不同历史时期分工发展特征和成就进行总结，剖析了分工演进的趋势变化。同时，通过问卷调查收集整理的 545 个样本农户资料数据，在对分工进行科学测度与量化基础上，从总体上描述了农户生产分工发展现状。结果表明：

(1) 农户生产分工发展历经多个阶段，每个阶段都带有一定历史特征。农户生产分工发展大致经历了计划经济时期、改革开放初期、转型经济时期和市场经济时期 4 个不同时期，农业生产分工体系逐渐完善，稳步向前发展。农户生产分工在计划经济时期带有较强的计划色彩，到改革开放初期开始表现出政府主导性特征，过渡到经济转型时期之后市场机制开始在农户生产分工发挥作用。农户生产分工演进主要源于土地产权逐渐明晰与细化，城乡“二元”壁垒逐步破除，城镇化进程持续深入，以及工业化水平不断提升。

（2）农户生产分工发展总体呈现上升态势，在不同经营效益时期具有一定差异。1991～2014年间，农户生产分工发展总体上呈上升态势，2014年全国分工发展指数达到0.5749，相比1991年的0.3587，增加了1.6倍。农户生产分工经历一个快速推进到稳步发展的过程，分工指数增长速度逐渐减慢。同时，分工发展指数与经营效益指数在时间序列上基本是同向变动，低经营效益时期分工发展指数普遍较低，高经营效益时期分工发展指数普遍较高。1991～1997年大部分年份的样本点均处在低分工发展、低经营效益的第三象限，而2001～2014年的全部年份样本点都位于高分工发展、高经营效益的第一象限。

（3）现阶段农户会在多个环节上进行分工，整体生产分工水平达到一定高度。对545个种植业农户的调查统计结果显示，农户会选择多个环节进行分工生产，从而使整体生产分工达到一定水平。在对农户耕整、育种、播栽、施肥、灌溉、植保、除草、收获、储运9个工序环节分工生产的调查中，样本农户生产分工环节数量的平均值为5.05，标准差为2.58，农户不是独立完成整个种植生产流程，而是会把大部分工序环节交由其他个人或组织来代为完成，这样有利于农户弥补农业生产活动中劳动力不足困境，有助于在现有家庭经营条件下扩大种植规模，能够通过分工生产提高生产效率。

（4）当前农户细分环节分工程度普遍不高，不同工序环节分工程度具有一定差距。在调查的9个细分环节中，只有耕整、收获和储运3个环节的分工程度均值高于2.5，说明尽管农户会选择多个工序环节进行分工生产，但是在每个工序环节上的分工并不完全，每个环节上只有部分工作是由生产性服务组织或个人来协助完成，仍然还有大部分工作是由农户自己亲自操作。同时，不同环节分工程度具有差距，大致可以分为3个层次：高水平组包括收获、储运和耕整环节，其分工程度均值分别为2.58、3.41和2.82；中水平组包括播栽、育种环节，分工程度均值分别为2.39和2.18；低水平组是施肥、除草、灌溉和植保环节，其分工程度均值都小于2。

综上所述，本章通过对历史资料的定性和定量分析，掌握了农户生产分工演进趋势变化特征，发现农户生产分工发展在不同经营效益时期具有一定差异，初步验证了理论分析中农户生产分工与经营效益的互动关系。通过对种植业农户的实地调查，得到了农户生产分工更为详尽的数据资料，经过对调查数据整理和分析，了解了农户生产分工在整体水平和细分环节上的详细信息。为此，需要在下一个章节运用这些农户微观调查数据，继续观察农户生产分工差别变化，并分析这种差别是否与经营效益或者其他因素有关。

第5章　农户生产分工差别特征描述和比较

本章的研究任务是在对农户生产分工发展现状调查基础上，观察农户生产分工的区别及特征，比较不同经营效益农户生产分工差别。主要内容包括：对农户生产整体分工水平和细分环节分工程度差别总体特征进行描述；构建指标评价体系，测度和分析农户经营效益水平；比较不同经营效益条件下的农户在农业生产分工上的差别。

5.1　农户生产分工差别特征描述

本节研究内容主要是对农户生产分工差别进行总体描述，分别分析整体生产分工水平和细分环节分工程度差别的特征表现。

5.1.1　整体分工特征表现

在对调查样本农户生产分工进行量化的基础上，掌握现阶段农户生产分工分布状态，分析农户整体生产分工特征。图5-1直观描绘了农户整体生产分工水平分布状况，横轴表示农户进行分工生产环节数量，纵轴表示符合该数量条件的农户在样本中的比重。

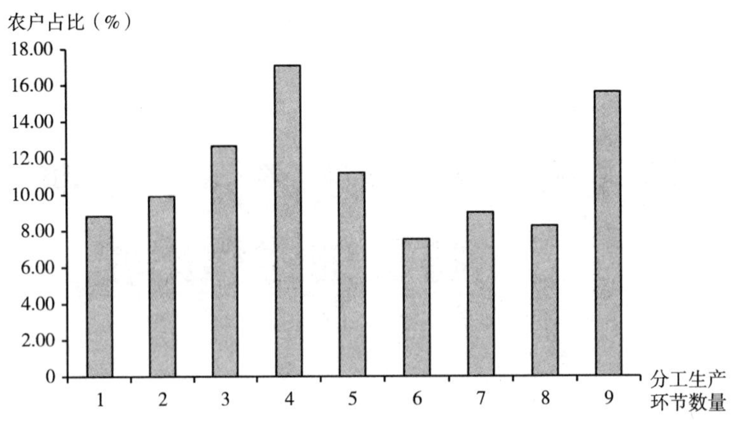

图 5－1　整体生产分工水平统计分布

注：图中横轴数字 1～9 分别表示农户有 1，2，…，9 个环节进行分工生产，反映农户整体生产分工水平。

资料来源：作者根据调查数据整理计算得出。

从 5－1 所示的直方图上看，可以发现农户整体分工水平差别明显，分工环节数量呈“双峰”状分布。具体而言：

（1）农户分工环节数量差别明显。在 545 个样本农户中，占比最高的是选择在 4 个环节上进行分工生产，占比达到 17.06%，占比最低的则是选择在 6 个环节上进行分工生产，占比为 7.52%，选择其余数量环节进行分工生产的农户比重都介于 8.26%～15.60%之间，分布较为平均，没有出现在某个特定环节数量选项上的大面积集中，说明不同农户根据自身情况选择把一定数量的生产环节进行分工生产，农户进行分工生产的环节数量具有明显差别。这种差别源于两个方面：一方面是农户生产经营状况。农户在分工生产决策时会考虑这种生产方式带来的收益与成本，因为每个环节分工生产都需要付出一定成本。调查中发现，在一定地域范围内，这个成本是相对固定的，但是带来的收益增加却是浮动的，主要还是与农户自身生产条件、经营规模等息息相关，不同农户拥有的资源禀赋条件具有差异，使得其通过分工生产增进的收入存在差距，进而影响其选择分工生产的环节数量。另一方面是分工生产外部条件，农业分工生产通常带来信息收集、交易谈判、契约签署、监督考核等额外费用，相同地域范围内这些费用差异不大，但不同区域农户进行分工生产的花费的成本却存在一定差距，同时，不同区域之间农业生产分工体系发展程度不尽相同，导致分工生产服务的可获取性具有一定差别，社会化分工程度高的地区生产性服务可获取性较高，社会化分工程度低的地区生产性服务可获取性则相对较低，会对农户生产分工起到制约，使得其选择分工生产的环节数量出现差别化特征。

（2）农户分工环节数量呈“双峰”状分布，中低分工水平和高分工水平农户比重稍高。调查样本农户的分工环节数量呈现一定的“双峰”分布特征，一个是17.06%的农户分工环节数量为4个，另一个是有15.60%的农户在全部9个生产环节上均进行分工生产。进一步来看，农户分工环节数量为3个的占比也达到12.66%，与4个分工环节数量组共同构成了一个“主峰”，该区间范围内农户比重累计达到29.72%，而9个生产环节数量组则单独成一个“副峰”，表明整体生产分工在中低水平和高水平组的农户相对较多，分布基本呈现“两高一低”特征。具体而言，中低分工水平的农户主要是把分工作为自身种植经营的一种补充，对于一些劳动强度较大、技术要求较高和生产效率较低的工序环节，选择分工生产的方式来完成，其余的环节则还是由农户家庭自主完成。这些农户经营规模通常不会太大，分工深化增进的收益有限，不能弥补由此而产生的成本，因而在少量工序环节上进行分工可能是比较理性的选择。维持这样的分工水平既能满足种植生产需要，且也能保证种植经营同时可以从事其他行业生产。高分工水平的农户则主要是专注于农业经营管理，其工作重点在于需求分析、组织协调、市场销售乃至产品加工，因而选择更多的工序环节进行分工生产，通过将具体环节生产分离出去，交由专业组织或服务人员完成，可以以较少的劳动力数量维持较大规模生产经营，同时，由于这部分农户通常属于大规模、高收入种植大户，全面分工带来的增长收益可观，能够保证有足够的支付能力，依靠分工方式完成整个生产流程。

5.1.2　细分环节差别特征

在对农户整体生产分工水平差别特征分析基础上，进一步分析各个细分环节分工程度，并对每个细分环节分工程度的分布情况及特征进行总结。通过绘制直方图来描述细分环节分工程度的分布特征，如图 5－2 所示，横轴表示每个细分环节的分工程度，纵轴表示该分工程度下的农户的比重。

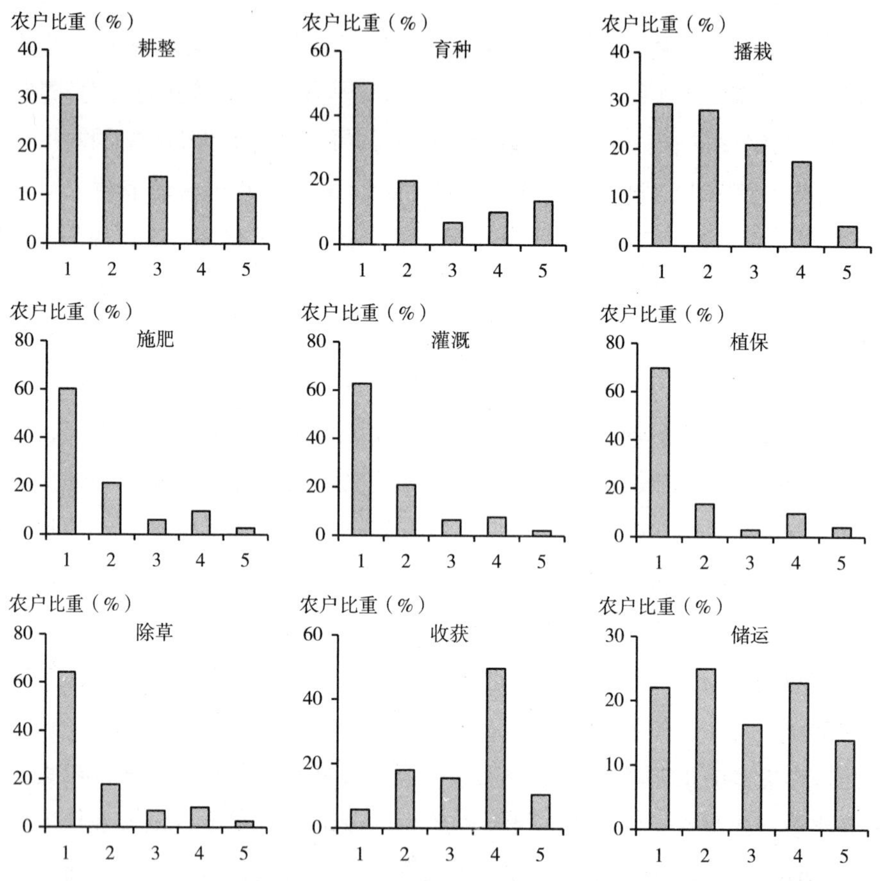

图 5－2　细分环节分工程度统计分布

注：图中横轴数字 1～5 分别表示农户在该个环节上的工作"完全由自己完成""大部分由自己完成""自己完成一半""少部分由自己完成""完全不是自己完成"，反映农户各个细分环节分工程度。

资料来源：作者根据调查数据整理计算得出。

从图 5－2 反映的情况看，农户细分环节分工程度表现出差别化特征，不同环节差别程度略有不同。具体来看：

（1）耕整、播栽、储运环节分工差别明显，不同分工程度组农户数量大致相同，呈均匀分布。在耕整环节中，分工程度为1的农户比例最高，分工程度为5的农户比例最低，两者相差20.37个百分点；在播栽环节中，分工程度为1的农户比例最高，分工程度为5的农户比例最低，两者相差25.14个百分点；在储运环节中，分工程度为2的农户比例最高，分工程度为5的农户比例最低，两者只相差11.01个百分点，进一步来看，各个环节上高分工程度农户比重略低于低分工程度农户，但每个程度分组中的农户比例相差不大，说明上述环节的分工程度分布较为均匀，不同农户在这3个环节上的分工程度具有一定差别。耕整、播栽和储运都属于劳动工作时间比较集中的生产环节，且机械适应性较好，进行环节分工能够提高农户生产效率，整体上看农户分工倾向应该较高。之所以出现分工程度上的差别，主要还是与农户自身条件禀赋和分工可获取性相关。一方面，如果农户自身资源禀赋较为充裕，则通过把耕整、播栽和储运环节工作交由专业人员操作可以有效增进生产收益，分工倾向会变高；而如果农户经营规模和经济条件有限，则难以负担耕整、播栽和储运环节的分工成本，分工倾向较低。另一方面，农户所在区域范围内耕整、播栽和储运等生产性服务发展水平的高低也从客观上决定了农户在这些环节上分工可能达到的程度，如果这些分工服务易于获取，相应地会提高农户分工程度；如果难以得到生产性服务组织或个人提供的服务，则会降低农户的分工程度。

（2）育种、施肥、灌溉、植保、除草环节分工差别较小，低分工程度的农户数量较多，呈左偏分布。育种、施肥、灌溉、植保、除草环节分组比例最高的都是分工程度为1的组，农户占比分别为49.91%、60.18%、62.75%、69.72%和64.22%，基本上超过半数以上的农户是自己完成上述工序环节的工作，很少通过分工方式来完成，即便是进行了生产分工，也只是把少量工作量外包出去，大部分工作还是农户独立完成，表明农户在育种、施肥、灌溉、植保、除草环节上的分工程度都很低，差别较小。由于施肥、灌溉、植保、除草环节贯穿于农作物生长的全过程，导致这些环节上的工作不能集中完成，多为分散性劳动。对于农户而言，这些分散性劳动的工作强度不大，且工作质量又难以把控和监督，因而农户都更愿意自己利用零碎时间来处理这些环节上的工作，使得施肥、灌溉、植保、除草环节分工程度在不同农户之间区别不大。对于育种环节而言，原则上农户把种苗培育工作交由专业人员来完成利于培养优质种苗，同时种苗市场发育良好也为育种环节分工创造了条件，但是在调查中发现，大多数农户对于种苗质量的好坏和品种的生产特性等了解不是很充分，一般不愿意冒险使用新的种苗，认为这样做的风险太高，还是愿意根据自己以往种植经验来培育种苗，使得育种环节分工程度也呈左偏分布。

（3）收获环节分工程度差别也比较小，高分工程度的农户数量较多，呈右偏分布。在收获环节中，高达49.72%的农户是把大部分工作交由其他专业人员来完成，自己只承担少部分工作量，完全由自己独立完成收获工作的农户比例只有5.87%，其余分工程度为2、3、5的农户比例分别为18.17%、15.60%和10.64%，高分工程度组农户比例明显高于低分工程度组，说明收获环节分工程度普遍较高。对于收获环节而言，其工作时间在整个农业生产周期内相对固定，也比较集中，且较为紧迫，一旦不及时收割农作物，既影响产品市场销售，还容易造成农产品的腐烂和耗损，使得面临劳动力短缺的农户必须要选择分工方式来完成农作物收割工作。同时，收获环节的机械替代性极强，机械化作业与人工劳动效率相差巨大，且机械收割能保证质量效果，单个农户往往不可能投资大型收割机器，唯有通过购买生产性服务组织或个人的服务来实现机械收割，使得收获环节分工生产在农户中较为普遍。当然，收获环节分工也会面临考核监督问题，因而不同农户之间的收获环节分工程度仍会具有一定差别，农户还是在承担工作量不等的收割工作。

5.2 农户经营效益综合测算与分析

本节研究内容主要是构建指标评价体系，对经营效益进行测算与分析，进而简要分析农户经营效益水平，为对比不同经营效益条件的农户生产分工差别奠定基础。

5.2.1 指标选取及测算过程

本书对农业经营效益概念内涵的界定是：在家庭经营基础之上，从事种植业生产的农户，在其既定经营规模条件下，开展农业生产经营活动所达到的效益水平。这种效益水平通过土地产出率、劳动生产率、成本利润率、要素产出弹性、全要素生产率、技术效率等可观测的数据指标来综合考评和测度。农业生产中的经营效益水平越高，表明农户在其生产规模上获得的收益越多，农业生产经营发展势头良好；反之，农业生产中的经营效益水平越低，说明农户在既定经营规模上生产状况不佳，农业生产经营发展缓慢。同时，为了直观反映不同农户的经营效益水平，便于本书的后续分析，还需要将多个表征经营效益的数据合成为一个“蕴含”全部核心信息的指标，从而实现对农业经营效益水平的测度。

（1）原始指标选取和计算说明。土地产出率（*LOP*）、劳动产出率（*LOR*）和成本利润率（*CPR*）直接通过简单计算农户调查数据得到。具体而言：土地产出率等于农户种植业收入除以土地面积，用以衡量单位土地的农业产出水平；劳动产出率等于农户种植业收入除以劳动力数量，反映单个劳动力的农业产出水平；成本利润率选择通过计算农户种植业收入和物质费用之差与物质费用的比值来得到，该指标能较好反映农户生产成本节约状况。

要素产出弹性（*FOE*）、全要素生产率（*TFP*）、技术效率（*TE*）则通过构建随机前沿生产函数（stochastic frontier production function）来计算得到。借鉴巴蒂斯和科埃利（1992）的方法，构建包含技术无效率的前沿生产函数：

$$IOP_i = f(AOL_i, COM_i, QOL_i; \lambda) \times \exp(\nu_i - \mu_i) \qquad (5-1)$$

式（5－1）中，i 表示第 i 个农户，IOP_i 为种植业收入，AOL_i、COM_i、QOL_i 分别表示土地要素、资本要素和劳动要素的投入量，即农户土地面积、物质费用和劳动力数量，$f(AOL_i, COM_i, QOL_i; \lambda)$ 是随机前沿函数的确定性前沿产出部分，λ 是待估参数，反映要素产出弹性，ν_i 是随机前沿生产函数中一个服从独立分布的随机误差项，且服从 $N \sim (0,\sigma_\nu^2)$，μ_i 是第 i 个农户的技术无效率程度，服从 $N^+ \sim (\mu,\sigma_\mu^2)$ 的非负断尾正态分布，且与 ν_i 相互独立。

对式（5－1）两边取对数，选择超越对数型前沿生产函数形式，得到：

$$\begin{aligned} \ln IOP_i = {} & \lambda_0 + \lambda_a \ln AOL_i + \lambda_c \ln COM_i + \lambda_q \ln QOL_i + 0.5\lambda_{aa}(\ln AOL_i)^2 \\ & + 0.5\lambda_{cc}(\ln COM_i)^2 + 0.5\lambda_{qq}(\ln QOL_i)^2 + \lambda_{ac}\ln AOL_i \ln COM_i \\ & + \lambda_{aq}\ln AOL_i \ln QOL_i + \lambda_{cq}\ln COM_i \ln QOL_i + \nu_{ri} - \mu_{ri} \end{aligned} \tag{5-2}$$

对式（5－2）进行随机前沿估计，可以得到各个参数 λ 和 μ_i 的估计值。此时，土地、资本和劳动要素弹性以及农户要素产出弹性可以根据以下式子计算得到：

$$\begin{cases} FOE_{ia} = \lambda_a + \lambda_{aa}\ln AOL_i + \lambda_{ac}\ln COM_i + \lambda_{aq}\ln QOL_i \\ FOE_{ic} = \lambda_c + \lambda_{cc}\ln COM_i + \lambda_{ac}\ln AOL_i + \lambda_{cq}\ln QOL_i \\ FOE_{iq} = \lambda_q + \lambda_{qq}\ln QOL_i + \lambda_{aq}\ln AOL_i + \lambda_{cq}\ln COM_i \\ FOE_i = FOE_{ia} + FOE_{ic} + FOE_{iq} \end{cases} \tag{5-3}$$

式（5－3）中，FOE_{ia}、FOE_{ic} 和 FOE_{iq} 分别是第 i 个农户的土地、资本和劳动要素弹性，FOE_i 为要素产出弹性之和，即农户生产的规模报酬，反映要素资源等比例投入增加带来的产出增长，若 FOE_i 大于 1，则说明农业生产处于规模报酬递增阶段；若 FOE_i 小于 1，则说明农业生产处于规模报酬递减阶段；若 FOE_i 等于 1，则表明规模报酬不变。

进一步地，根据定义，全要素生产率是总产量与要素投入量之比，则有：

$$TFP_i = IOP_i / (AOL_i^{FOE_{ia}} \times COM_i^{FOE_{ic}} \times QOL_i^{FOE_{iq}}) \tag{5-4}$$

式（5－4）中，TFP_i 为第 i 个农户的全要素生产率，TFP_i 越大，表明农户生产效率越高；反之，则说明农户生产效率较低。

农户的技术效率通过计算技术无效率值 μ_i 来得到：

$$TE_i = \exp(-\mu_i) \tag{5-5}$$

式（5－5）中，TE_i 表示第 i 个农户的技术效率，反映农户在既定技术水平下农业生产实际产出接近其生产边界（最大产出）的程度。数值越大，说明农户技术运用越充分，效率越高；反之，则表明农户技术效率水平越低。

对式（5－2）估计之前，需要先检验前沿函数形式的正确性，包括两个检验：一个检验的原假设是交互项系数都为 0，如果原假设成立，则说明变量之间无交互作用，函数形式不应采用超越对数型，而应该使用传统 C-D 函数形式。另一个检验的原假设是个别变量的系数为 0。如果原假设成立，则说明存在冗余变量。上述检验的实现方式是按照检验要求进行随机前沿函数估计，根据 $LR = -2(LLF_R - LLF_{UR})$ 来计算似然比统计量，其中，LLF_R 和 LLF_{UR} 分别是原假设和备择假设下的对数似然函数值。如果 $LR > \chi^2_{0.05}(k)$ 的临界值，则在 5% 显著性水平下拒绝原假设；反之，如果 $LR \leqslant \chi^2_{0.05}(k)$，则接受原假设。检验结果如表 5－1 所示。

表 5－1　　随机前沿函数形式检验

原假设	自由度	LR 值	临界值（5%）	结论
H_1：$\lambda_{aa} = \lambda_{cc} = \lambda_{qq} = \lambda_{ac} = \lambda_{aq} = \lambda_{cq} = 0$	6	27.183	12.592	拒绝
H_2：$\lambda_{cc} = \lambda_{ac} = \lambda_{cq} = 0$	3	7.683	7.815	接受

在此基础上，运用 Frontier 4.1 软件对式（5－2）进行估计，最终得到的随机前沿生产函数估计结果如表 5－2 所示。从估计结果上看，对数似然函数绝对值达到 660.038，说明随机前沿函数整体估计结果准确、可靠，土地要素弹性系数估计值为 0.232，且在 10% 显著性水平下显著，资本要素弹性系数估计值为 0.312，且能通过 1% 水平显著性检验，而劳动要素弹性系数估计值的显著性则不够明显，说明调查的种植业样本农户主要依靠土地要素和资本要素获得产出增长，资本要素在其中的作用更为重要。从交互系数估计结果上看，参数 λ_{aa} 和 λ_{qq} 的估计值分别为 0.138 和 0.775，说明土地和劳动力叠加投入有利于促进农业产出增长，参数 λ_{aq} 的估计值为 －0.242 则表明土地与劳动叠加投入会对农业产出产生一定负面影响，土地与劳动力要素投入须要合理配置，不能盲目同时加大投入。参数 μ 的估计值为 －0.124，说明农户生产经营中确实存在技术无效率现象。

表 5-2　随机前沿函数估计结果

参数	系数	T 值	参数	系数	T 值
λ_0	5.809***	11.272	λ_{aq}	-0.242**	-2.110
λ_a	0.232*	1.785	λ_{cq}	-	-
λ_c	0.312***	9.271	$\sigma_s^2=\sigma_\nu^2+\sigma_\mu^2$	0.665	
λ_q	0.244	0.548	σ_μ^2/σ_s^2	0.058	
λ_{aa}	0.138***	3.660	μ	-0.124	
λ_{cc}	-	-	Log-likelihood	-660.038	
λ_{qq}	0.775	1.066	观测数	545	
λ_{ac}	-	-			

注：***、**、* 分别表示在1%、5%、10%显著性水平下显著。“-”表明系数估计值为0，即随机前沿生产函数中的冗余变量。σ_s^2 是随机前沿生产函数的总方差，σ_μ^2/σ_s^2 是技术无效率方差占总方差的比重，μ 是技术无效率均值。

根据表5-2的估计结果，结合式（5-3）、式（5-4）和式（5-5），可以计算得到545个样本农户的要素产出弹性、全要素生产率和技术效率数值。农业经营效益全部原始指标统计信息如表5-3所示。

表 5-3　原始指标统计信息

指标	均值	标准差	最大值	最小值
LOP	2109.99	3436.95	50000	2.75
LOR	8387.45	15859.69	150000	166.67
CPR	0.7298	1.4501	17	0
FOE	0.9853	0.2121	1.4968	0.358
TFP	380.62	465.85	4916.18	14.18
TE	0.9773	0.0005	0.9790	0.9754

（2）农业经营效益综合测算。在原始指标基础上，本书选择用主成分分析法（principal component analysis）把上述土地产出率、劳动生产率、成本利润率、要素产出弹性、全要素生产率、技术效率6个指标整合为1个指标，实现对经营效益水平的综合测度。由于上述指标的单位及量纲存在差异，因而需要先对原始指标进行“无量纲化”处理，保证指标间的一致性与可比性。运用“Z-score”标准化处理方法来对各个原始指标进行“无量纲化”，具体是：

$$NV_{iz} = (RV_{iz} - \overline{RV_z}) / \sigma_z \qquad (5-6)$$

式（5-6）中，RV_{iz}是第 i 个样本的第 z 个指标的原始数值，$\overline{RV_z}$是 z 指标的均值，σ_z 是 z 指标的标准差。经过"Z-score"标准化处理，可以把各个指标都转化为均值为 0，方差为 1 的一致性指标 NV_{iz}。

对标准化后的数据进行 KMO（Kaiser-Meyer-Olkin）检验，结果显示 KMO 检验值为 0.693，符合主成分分析 KMO 检验值达到 0.6 以上的要求，同时，Bartlett 球形检验的卡方统计量为 1581.65，自由度为 15，能够通过 1% 显著性水平检验，表明原始指标存在主成分，可以进行主成分计算。

进一步地，确定主成分个数。表 5-4 显示，第一主成分（F_1）特征值达到 3.037，包含了农业经营效益水平 6 个指标中 50.62% 的信息，第二主成分（F_2）特征值为 1.367，包含了农业经营效益水平 6 个指标中 22.79% 的信息，第三主成分（F_3）特征值为 0.693，包含了农业经营效益水平 6 个指标中 11.55% 的信息。通常情况下，当方差累计达到 80% 以上时，便实现若干个主成分对原始指标的替代，上述 3 个主成分累计方差贡献率为 84.96%，涵盖了原始指标数据绝大多数的信息，可以较好地反映农业经营效益水平。

表 5-4　　解释的总方差

主成分	初始特征值			提取平方和载入		
	合计	方差的百分比（%）	累积百分比（%）	合计	方差的百分比（%）	累积百分比（%）
1	3.037	50.616	50.616	3.037	50.616	50.616
2	1.367	22.789	73.405	1.367	22.789	73.405
3	0.693	11.552	84.957	0.693	11.552	84.957
4	0.428	7.131	92.088			
5	0.350	5.831	97.919			
6	0.125	2.081	100.000			

在此基础上，计算主成分得分矩阵，结果如表 5-5 所示。第一主成分对应的系数分别为 0.504、0.749、0.770、0.029、0.940 和 0.864，第二主成分对应的系数分别为 -0.692、0.122、0.301、0.883、0.035 和 -0.038，第三主成分对

应的系数分别是0.278、0.510、-0.475、0.316、-0.173和-0.004。

表5-5 主成分得分矩阵

指标	F_1	F_2	F_3
LOP	0.504	-0.692	0.278
LOR	0.749	0.122	0.510
CPR	0.770	0.301	-0.475
FOE	0.029	0.883	0.316
TFP	0.940	0.035	-0.173
TE	0.864	-0.038	-0.004

根据表5-5显示的结果，按照式（5-7）便可以计算各个样本的主成分得分。

$$\begin{cases} FS_{i1} = 0.504NV_{i1} + 0.749NV_{i2} + 0.77NV_{i3} + 0.029NV_{i4} + 0.94NV_{i5} + 0.864NV_{i6} \\ FS_{i2} = -0.692NV_{i1} + 0.122NV_{i2} + 0.301NV_{i3} + 0.883NV_{i4} + 0.035NV_{i5} - 0.038NV_{i6} \\ FS_{i3} = 0.278NV_{i1} + 0.51NV_{i2} - 0.475NV_{i3} + 0.316NV_{i4} - 0.173NV_{i5} - 0.004NV_{i6} \\ FS_i = W_1FS_{i1} + W_2FS_{i2} + W_3FS_{i3} \end{cases} \tag{5-7}$$

其中，FS_i 为第 i 个样本农户经营效益水平的综合得分，FS_{i1}、FS_{i2}和 FS_{i3} 分别表示第一主成分、第二主成分和第三主成分的得分。W_1、W_2 和 W_3 是3个主成分得分在综合得分中的权重，由表5-4中这3个主成分的初始特征值占特征值之和的比重来确定，NV_{i1}、NV_{i2}、NV_{i3}、NV_{i4}、NV_{i5}和 NV_{i6}分别是第 i 个样本农户土地产出率、劳动生产率、成本利润率、要素产出弹性、全要素生产率和技术效率标准化后的数值。

对于 FS_i 测度结果而言，在某些农户中数值为负，原因在于数据标准化处理之后，各个指标的均值设定为0，如果农户的效率水平低于样本平均值，则 FS_i 值为负数。这会对接下来的分析和比较带来诸多困扰和比较，且极易引起误解。为此，还需要在确保数据信息不失真的前提下，对主成分分析结果进行处理。借鉴李建军（2011）和姜松（2014）的数据处理方法，对指标数据进行正向化处理，按照$(FS_i - FS_{min})/|FS_{min}|$来处理 FS_i 数值，处理后的

FS_i 即为农户的农业经营效益（ASE_i）。经过处理之后的 ASE_i 数值全部为正数，且与原来的 FS_i 数值在趋势变化上完全一致，能够准确反映不同农户之间农业经营效益水平的差异。处理之后的农业经营效益水平均值为1，标准差为0.57，最大值为5.36，最小值为0；处理之前的农业经营效益水平均值是0，标准差是1.85，最大值为14.20，最小值为-3.25。

5.2.2　经营效益描述性分析

在对经营效益进行测算的基础上，还需要掌握样本农户经营效益水平的大致分布情况，观察每个经营效益水平区间上农户数量的多少，以便于开展后续分析。本书选择核密度估计（kernel density estimation）法来描绘样本农户生产经营效益的分布特征。本质上，核密度估计是一种估计概率密度函数的非参数方法，基本原理是假设每个农户经营效益水平 ASE_1，ASE_2，…，ASE_n 是从一个具有未知密度函数 $f_k(ASE)$ 的总体抽样出的独立同分布样本，把这些样本数据的值域分为若干相等的区间，每组数据的个数和总参数个数的比率就是每个区间的概率值，即根据每个 ASE 去估计其在某个特定点 ASE_0 处的概率密度 $\hat{f}_k$（ASE_0）。具体公式是：

$$\hat{f}_k(ASE_0) = \frac{1}{nh}\sum_{i=1}^{n} K\left(\frac{ASE_i - ASE_0}{h}\right) \tag{5-8}$$

其中，$K(\cdot)$ 称为核函数，满足非负、均值为0、积分为1的条件，是一种权函数，利用数据点的距离，来判断其在估计点的密度时所起到的作用，距离近的样本作用较大，其权值也越高；距离远的样本作用较小，其权值就越低。h 为带宽（bandwidth），h 取值越大，估计的密度函数就越平滑，偏差也会变大；h 取值越小，密度曲线和样本观测点拟合越好，但是密度函数可能不平滑，通常情况下以均方误差最小为选择原则。n 为观测值个数。

在对式（5-8）进行核密度估计之前，需要选定核函数 $K(\cdot)$ 的具体形式，通常有 Epanechnikov 核、Gaussian 核、Triangular 核等多种核函数可供选择。本书选择 Gaussian 核函数 $1/\sqrt{2\pi}\exp(-0.5x^2)$ 来进行估计，同时，为避免由于带宽选择不当导致的估计偏误，运用西尔弗曼（Silverman，1986）提出的自适应核密度法（adaptive kernel method），根据样本来自动选择带宽。农户经营效益水平核密度估计结果如图 5－3 所示。

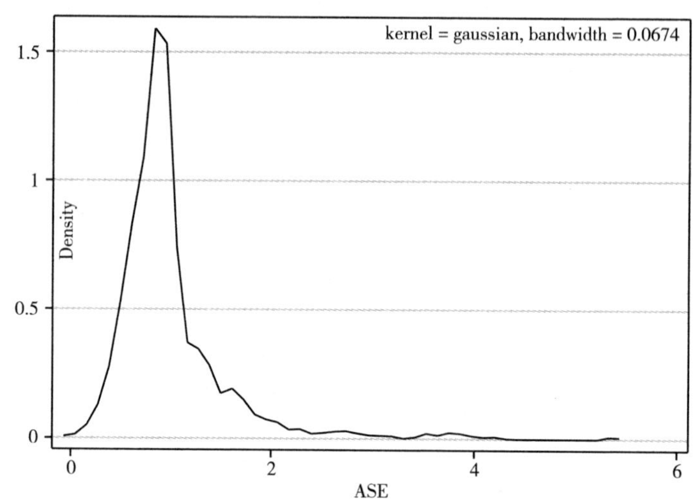

图 5－3　经营效益水平核密度估计结果

资料来源：根据作者调查数据，运用 Stata 软件整理计算得出。

根据图 5－3 反映的情况看，多数农户经营效益水平较低。545 个调查样本农户的经营效益水平主要集中在 0.5～1 之间，呈现明显的“单峰状”左偏分布特征，说明大部分农户经营效益水平偏低，高经营效益水平农户比重较少。这与我国实际情况相吻合，虽然农业技术进步、机械装备投入以及社会化服务等大量作用于农业生产，但是由于土地制度、户籍制度以及市场机制等体制性障碍影响，短时期内农业经营效益水平仍然无法得以全面提高。农业发展尚处于解决生产方式问题的阶段，还在由“穷人经济”向“规模经济”过渡和转变（蔡昉和王美艳，2016）。对于样本农户而言，经营效益水平偏低既会是因为种植产出不高导致土地产出率和劳动产出率减小，又会是由于生产成本过高造成成本利润率下降；同时，要素使用不合理以及资源配置效率低下引起的要素产出弹性、全要素生产率、技术效率等的降低，也会影响农户的经营效益水平。

5.3　不同经营效益农户分工差别比较

本节研究内容主要是按照农户经营效益水平进行分组，比较不同经营效益条件下农户生产分工差别，进而分析整体生产分工水平和细分环节分工程度随经营效益水平变化的特征。

5.3.1　分组农户分工差别对比

根据农户经营效益水平测算结果，可以进一步比较不同经营效益条件下农户整体生产分工水平和细分环节分工程度差别。

5.3.1.1　不同经营效益的整体分工水平差别

为了分析不同经营效益的农户整体生产分工水平差别，应先对经营效益水平指标进行排序分组，进而通过对比每组分工平均水平，来判断农户整体生产分工水平是否在不同经营效益条件下具有差别。调查的农户样本数量为545个，在保证每组农户数量相同的条件下正好可以分为5个组，按照经营效益水平大小排序分为低效益组（经营效益水平在0～0.65之间），中低效益组（经营效益水平在0.65～0.84之间），中等效益组（经营效益水平在0.84～0.93之间），中高效益组（经营效益水平在0.93～1.22之间），高效益组（经营效益水平在1.23～5.36之间）。每组分工环节数量计算结果如表5－6所示。

表5－6　不同经济效益的整体分工水平

分组	分工环节数量均值
低效益组	4.61
中低效益组	4.67
中等效益组	4.83
中高效益组	4.70
高效益组	6.45

根据表5－6显示的结果，不同经营效益水平的农户整体分工水平具有一

定差别，经营效益水平越高，分工生产环节数量越多。在5个不同经营效益水平分组中，高效益组的分工环节数量均值最高，达到6.45，中高效益组、中等效益组、中低效益组和低效益组的分工环节数量基本上是逐次递减，分别为4.70、4.83、4.67和4.61，表明农户分工生产环节数量与经营效益水平密切相关，如果农户在种植生产中能够增进经营效益，提高生产效率，则其分工意愿会变得更加强烈；反之，如果农户的生产经营效益处于较低水平，则其分工倾向会相应降低。这在一定程度上印证了前述理论分析中经营效益促进农户分工假设的正确性，说明农户整体生产分工差别化是会由经营效益水平差异所导致。不过，也应该注意到，中高效益组的分工环节数量还略低于中等效益组，说明经营效益水平还不能完全解释农户生产分工环节数量差别，除了经营效益因素外，还存在诸如交易费用、交易风险、生产迂回、要素禀赋和资源条件等因素会对农户生产分工产生影响。同时，仅仅依靠经营效益水平分组的分工环节数量均值不能全面反映信息，还需要测算每个经营效益水平点上的分工环节数量期望，进一步分析经营效益水平引起的农户整体生产分工变化特征，以掌握经营效益在农户生产分工差别化过程中起到的作用。

5.3.1.2 不同经营效益的环节分工程度差别

按照上述整体生产分工水平差别分析的方法，根据经营效益水平的高低，把545个样本农户分为低效益组、中低效益组、中等效益组、中高效益组、高效益组，分别计算每个分组中耕整、育种、播栽、施肥、灌溉、植保、除草、收获、储运9个工序环节分工程度的平均值，用于对比不同经营效益水平上的分工程度差别，结果如表5－7所示。

表5－7　不同经济效益的细分环节分工程度

分组	分工程度均值								
	耕整	育种	播栽	施肥	灌溉	植保	除草	收获	储运
低效益组	2.84	1.80	2.31	1.91	1.39	1.37	1.33	3.67	2.52
中低效益组	2.39	2.10	2.35	1.49	1.57	1.56	1.50	3.49	2.90
中等效益组	2.37	2.44	2.44	1.67	1.71	1.74	1.72	3.31	2.73
中高效益组	2.55	1.90	2.40	1.53	1.49	1.40	1.56	3.43	2.72
高效益组	2.77	2.65	2.45	2.08	2.14	2.17	2.26	3.16	3.21

根据表5－7反映的情况，不同经营效益农户在细分环节分工程度上呈现差别化特征。主要表现在以下几个方面。

（1）农户经营效益水平越高，育种、播栽、灌溉、植保、除草、储运环节分工程度越高。育种、播栽、灌溉、植保、除草、储运环节分工程度都在高效益组达到最高值，分别为2.65、2.45、2.14、2.17、2.26和3.21，其余水平效益组分工程度基本上依次递减排列，低效益组分工程度均为最低，分别只有1.80、2.31、1.39、1.37、1.33和2.52，说明高经营效益水平农户更倾向于在育种、播栽、灌溉、植保、除草、储运环节进行分工生产，经营效益水平较低农户则主要是由自己完成这些环节的工作。育种环节分工生产优势在于种苗市场发展较为完善，育种更具专业性，种苗培育质量较好，播栽和储运环节的机械作业适应性强，可以大幅提高生产效率，它们的缺陷则是农户难以对服务提供者进行监督，经营风险较大。对于经营效益水平高的农户而言，具有一定抗风险能力，交易谈判能力较强，通过多次博弈能降低生产性服务组织或个人的道德风险，有利于在保证服务质量的同时减少监督成本，弥补育种、播栽、储运分工生产的缺陷，使得其在这些环节上的分工程度更高。对于灌溉、植保和除草环节而言，工作重复，时间分散且劳动强度不大，低经营效益农户更愿意自己来完成这些工作，而经营效益水平较高农户拥有的经济实力更强，闲暇偏好较为强烈，把这些琐碎、重复工作外包出去的可能性更大，因而灌溉、植保和除草环节分工程度随着经营效益水平提高而提升。

（2）农户经营效益水平越高，收获环节分工程度越低。收获环节在生产经营低效益、中低效益、中等效益、中高效益和高效益组的分工程度分别为3.67、3.49、3.31、3.43和3.16，呈现较为明显的降低趋势，说明经营效益水平较低农户在收获环节上分工生产的意愿比经营效益水平高的农户要更为强烈。一般情况下，收获环节的机械适应性最强，通过机械设备投入，可以减轻劳动负担，大大提高工作效率，但农业机械购置费用较高，固定资产投入数额较大，又往往会成为阻碍机械收割的障碍。如果有专门从事收割工作的服务组织或个人，农户就可以把一次性购置机械转变为对收割服务的重复购买，避免高昂机械购买费用的同时享受机械收割带来的好处。因此，低经营效益水平农户会愿意在收获环节上进行生产分工。对于经营效益水平较高农户而言，经济实力雄厚，支付能力较强，可以单独购买大型收割机械为自己使用，不愿意从服务组织或个人那里重复购买收割服务，使得其收获环节分工程度较低。

（3）农户耕整和施肥环节分工程度在不同经营效益水平上具有一定差别。耕整环节分工程度普遍较高，但在不同经营效益水平上还是存在一定差别，低效率组和高效率组的耕整环节分工程度较高，分别达到 2.84 和 2.77，而在中等效率组则只有 2.37。同样，施肥环节分工程度普遍较低，在不同经营效益水平上也有一定差别，分工程度最高的是高效率组，分工程度达到 2.08，最低的是中低效率组，分工程度为 1.49。耕整环节在农业生产周期中工作时间集中，分工生产效率可提高的空间较大，不同经营效益农户都有可能会倾向于环节外包。施肥环节则工作时间分散，需要重复多次劳动，监督考核不易，使得不同经营效益农户分工生产意愿都不会太强烈。

5.3.2 核密度估计的差别观察

在对不同经营效益分组的农户生产分工差别比较基础上，通过核密度估计法测度每个经营效益水平点对应的分工水平和程度，细致观察不同经营效益条件下的农户分工差别。

5.3.2.1 不同经营效益的整体分工水平变化

对农户整体分工水平在不同经营效益水平上的分布变化分析，实质是要测算每个经营效益水平点上的分工水平。为此，本书选用非参数核回归法（nonparametric kernel regression）来实现，定义 $WDL=m(ASE)$，$m(\cdot)$ 是函数形式未知的未知函数，可以较好地反映分工水平与经营效益之间真实的关系。

非参数核回归法的原理在于通过对 i 个样本进行分别估计，得到对于 $m(ASE)$ 的估计值。假设对于 ASE 的某个特定取值 ASE_0 都有对应的若干个 WDL 的观测值，则可以把若干个 WDL 观测值的平均值作为 $m(ASE_0)$ 的估计量。但是在样本数据中，观测值的个数可能很小，从而导致估计量的方差过大，因而需要对 ASE_0 附近领域中的观测值也进行加权平均，即“局部加权平均估计量”（local weighted average），来得到 $m(ASE_0)$ 的估计值：

$$\hat{m}(ASE_0) = \sum_{i=1}^{n} W_{i0,h} WDL_i \tag{5-9}$$

式（5-9）中，权重 $W_{i0,h}$ 是 WDL_0、WDL_i 和 h 的函数，且满足 $\sum W_{i0,h} = 1$。WDL_i 是 WDL_0 附近的点，h 仍为带宽。借鉴纳德拉雅（Nadaraya，1964）与沃森（Watson，1964）提出的方法使用核函数 $K(\cdot)$ 来定义权重：

$$W_{i0,h} = \frac{K[(ASE_i - ASE_0)/h]}{\sum_{i=1}^{n} K[(ASE_i - ASE_0)/h]} \tag{5-10}$$

根据式（5-10）的权重，核估计量可以写为：

$$\hat{m}(ASE_0) = \frac{K[(ASE_i - ASE_0)/h] WDL_i}{\sum_{i=1}^{n} K[(ASE_i - ASE_0)/h]} \tag{5-11}$$

对式（5-11）进行非参数核回归估计，核函数 $K(\cdot)$ 选择 Gaussian 核函数，h 选取自适应最优带宽，得到的结果如图 5-4 所示。

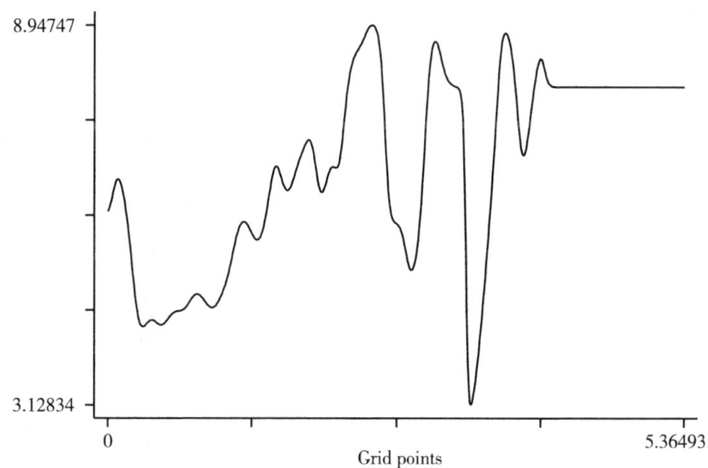

图 5-4　整体生产分工水平非参数核回归估计结果

资料来源：根据作者调查数据，运用 Stata 软件整理计算得出。

从图 5 – 4 所反映的情况看，农户分工环节数量随经营效益水平提高而增加，但整体生产分工水平差别不完全由经营效益差异所导致。从分工环节数量核回归估计值的曲线变化趋势上看，总体呈现上升趋势，当越过经营效益水平 0.75 分位点时，分工环节数量稳定在较高水平上，表明高经营效益水平农户的分工环节数量较多且比较固定，分工水平与经营效益之间确有较为明显的正向关系。进一步观察后发现，虽然曲线变化趋势总体上是向上的，但是却呈现出明显的波动特征，在 0.5 ~ 0.75 分位点之间甚至有一个幅度较大的下降过程，不完全符合分工环节数量随经营效益水平提高而增加的预期。由此可见，尽管前述分组考察结果显示农户整体分工水平随经营效益水平提升而提高，但是核密度估计结果反映出这种同向趋势变化并非直线向上，说明经营效益水平并不能够完全解释农户分工环节数量的变化，农户整体分工水平产生的差别化还可能由其他因素的影响所导致，这些影响因素可能来自于分工交易过程，也可能来源于分工市场发展程度，还有可能与农户生产经营的要素禀赋与资源条件有关。总之，经营效益差异对不同农户整体分工水平差别具有一定解释力，但是这种解释还不能完全涵盖农户生产分工差别变化，其他因素同样对农户生产分工差别产生影响。

5.3.2.2 不同经营效益的环节分工程度变化

从不同经营效益的分工程度差别分析结果上看，大部分环节均在不同经营效益水平上呈现出分工程度差别，也有少部分环节的差别却不太明显。进一步地，仅仅只看各环节在不同经营效益组上的分工程度均值还不足以断定细分环节分工程度与经营效益有密切关系，还需要分别测算每个经营效益水平点上的细分环节分工程度期望，准确分析经营效益水平是否引起农户细分环节分工程度产生差别。

针对耕整、育种、播栽、施肥、灌溉、植保、除草、收获、储运 9 个工序环节，根据式（5 – 11）分别对其进行非参数核回归估计，核函数 $K(\cdot)$ 仍然选择 Gaussian 核函数，h 依旧选取自适应最优带宽，得到的结果如图 5 – 5 所示。

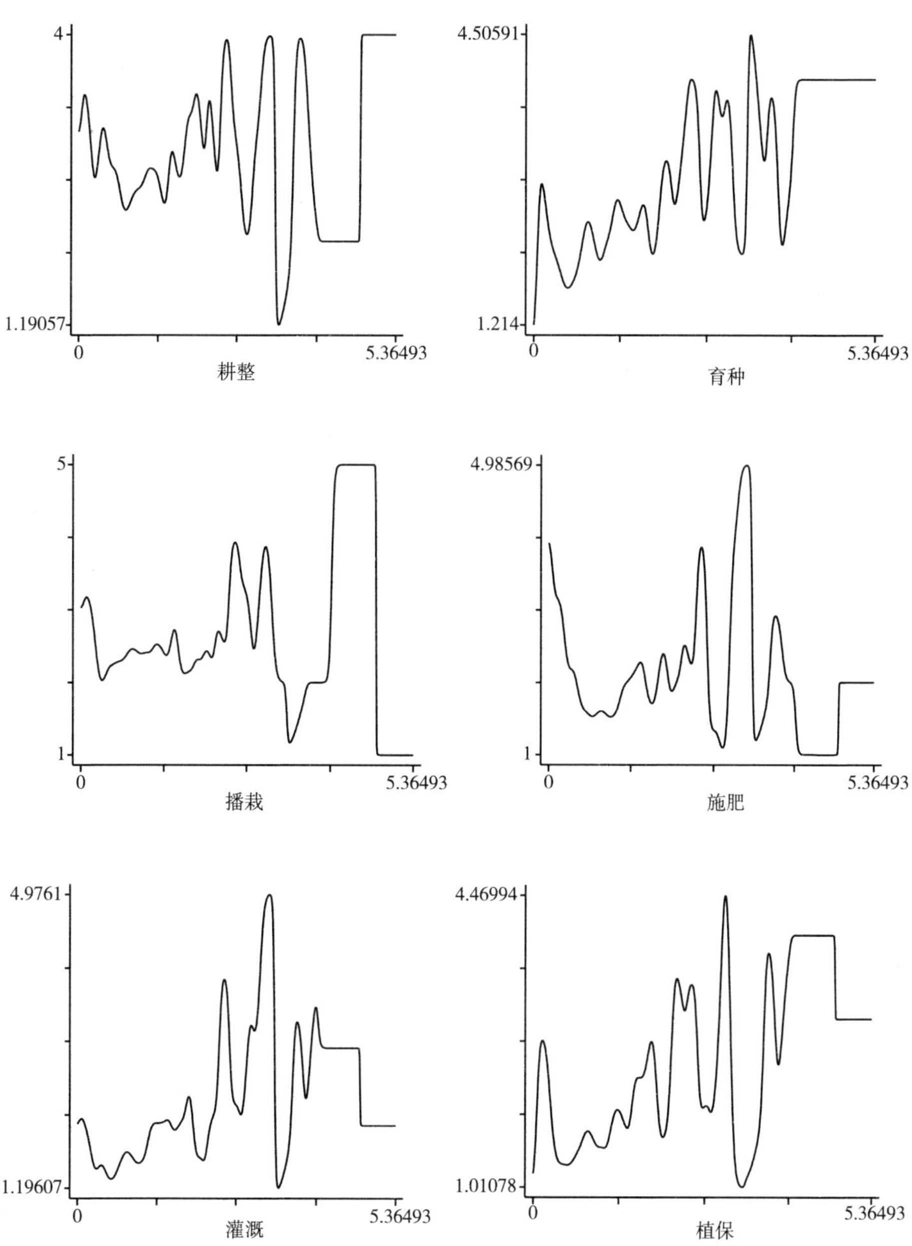

图5-5　细分环节分工程度非参数核回归估计结果

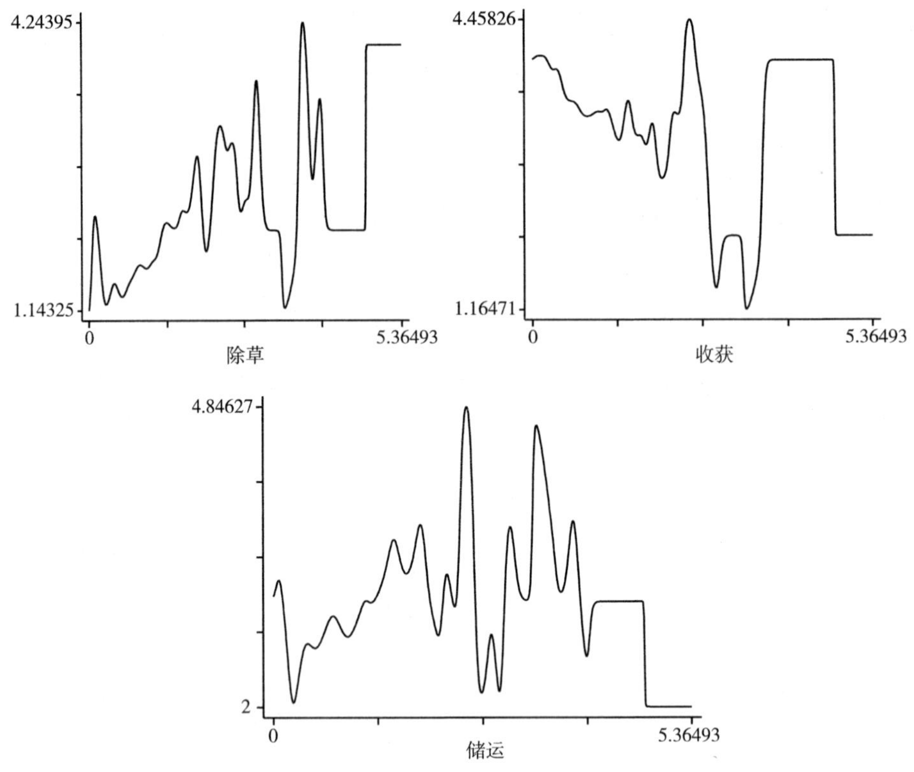

续图 5-5 细分环节分工程度非参数核回归估计结果

资料来源：根据作者调查数据，运用 Stata 软件整理计算得出。

从图 5-5 反映的情况来看，通过核密度估计观察农户分工程度差别，可以发现各个细分环节分工程度随经营效益水平变化情况不同。

（1）育种、播栽、植保、除草、收获环节分工程度随经营效益水平变化较为明显，经营效益可以部分解释农户在这些环节分工程度上的差别。从育种、播栽、植保、除草环节分工程度变化曲线上看，呈现由低到高的走势，在跨过经营效益水平 0.75 分位点之后，分工程度稳定在一个较高水平线上。进一步分析：对于育种环节，作物育种需要具备一定专业技术性，工作效果不能即刻观察，实施成效难以精确考核，更多依赖操作人员的专业性与自律性。通常情况下，市场势力较强的经营主体能够“迫使”育种服务提供者加强自身服务水平，原因在于这些经营主体购买力强，具备一定话语权。经营效益水平高的农户就比较符合这种条件，能通过育种环节服务外包提高作物品质，同时凭借较强的市场地位约束服务提供者保证高质量育种，所以育种环节分工程度随经营效益水平变化较为明显。对于播栽环节，工作强度大，劳动替代性强，且工作时间较为集中，宜采取机械化方式进行生产，通过购买社会化服务或是环节外包方式既可以享受机械化生产的高效性，又能够避免大量购置成本的投入，是一种适宜农户的生产方式，唯一的阻碍是农户是否具有购买播栽服务的支付能力。农户经营效益水平越高，资本积累速度越快，支付能力越强，越有可能选择分工方式完成更多的播栽环节工作量，因而农户播栽环节分工程度会随经营效益水平提高而提升。对于植保和除草环节，劳动强度较低，工作时间分散，且不易监督和考核，普通农户通常会选择自行完成该环节工作，只有一些资金充裕，规模较大农户愿意采取分工方式进行植保和除草，体现在分工程度变化上就是经营效益水平越高，植保和除草环节分工程度越强。对于收获环节，劳动量需求大，工作强度高，最适合也最需要机械化作业。此外，收获环节工作时间要求严格，生产专用性较强，如果未能在有效时间内完成农作物收割，很可能产生由农产品损坏而造成的大量损失。从收获环节特性上看，机械化作业是一种刚性需求，不具备购置设备条件但具有一定支付能力的农户都会选择通过社会化分工方式完成农作物收割工作。对于经济实力较强的农户而言，考虑到收获服务购买和环节外包可能具有的不确定性，为保障农产品产出，在条件允许情况下会更倾向把该环节工作掌握在自己手中，避免收获分工造成的或有损失，因而农户分工选择会出现“逆向化”现象，收获环节分工程度随经营效益水平提高而降低。不过，尽管育种、播栽、植保、除草、收获环节随经营效益水平变化趋势较为明显，但是变化仍然是具有波动性，说明对于育种、播栽、植保、除草、收获环节而言，经营效益只能部分解释农户之间分工程度差别，这些环节分工程度差别可能还由其他因素所引致。

（2）耕整、施肥、灌溉、储运环节分工程度随经营效益水平不太明显，经营效益不能很好地解释农户在这些环节分工程度上的差别。从耕整、施肥、灌溉、储运环节分工程度变化曲线上看，耕整环节曲线略微有上升趋势，但是整体上看是呈现波动性；施肥环节曲线有一定向下趋势，但仍旧是大幅波动；灌溉和储运环节曲线则完全处于波动变化之中，无法归纳其在经营效益水平上的变化规律，说明对于耕整、施肥、灌溉、储运环节而言，分工程度在不同经营效益水平点上呈波动变化，经营效益不能很好地解释其差别化特征，这些环节分工程度差别应该主要由其他因素影响造成。进一步分析：对于耕整环节，本质上耕整环节由于工作强度大，在条件允许情况下适合机械化生产，具备一定购买力的农户都应该倾向于购买耕整服务或是环节外包，这也就是耕整环节分工程度随农户经营效益水平提高而具有略微提升趋势的原因。除了与经济因素相关外，交易费用等因素也会对农户耕整环节分工产生影响，且这些因素影响效应可能大于经营效益，使得农户耕整环节分工随经营效益水平变化不够明显。对于施肥和灌溉环节，虽然通过分工方式能够提升一定生产效率，但是由于这两个环节分工生产工作质量不易监督，且劳动工作强度不大，使得具备购买能力的农户不一定就愿意分工生产，换言之，经营效益水平对分工程度提升激励效果有限，施肥和灌溉环节分工更有可能受到诸如监督考核、信息不对称性等风险性因素的影响，仅从经营效益水平上看，施肥和灌溉分工程度变化不是特别明显，经营效益不太能解释农户施肥和灌溉分工程度的差别。对于储运环节，其分工优势在于节约劳动力，劣势在于有一定交易风险，为此，有能力购买分工服务和环节外包农户除了考虑分工支付费用外，还需要综合考虑交易费用和风险等多方面因素，因而不同经营效益水平农户储运分工程度差别较大，但是并未与经营效益因素表现出较强关联性，更多还是非经济因素的影响，使得经营效益水平差别难以解释农户储运环节生产分工程度上的差距。

5.4 本章小结

本章基于调查的545个种植业样本农户生产经营数据，分别从整体生产分工水平和细分环节分工程度两个方面描绘农户生产分工差别特征，建立经营效益指标评价体系，综合测度农户生产经营中的经营效益水平，并以此为依据比较不同经营效益农户生产分工差别。结果表明：

（1）农户整体分工水平差别明显，中低分工水平和高分工水平农户比重略高。在调查的545个种植业样本农户中，占比最高的是选择在4个环节上进行分工生产，占比达到17.06%，占比最低的则是选择在6个环节上进行分工生产，占比为7.52%，选择其余数量环节进行分工生产的农户比重都介于8.26%～15.60%之间，分布较为平均，没有出现在某个特定环节数量选项上的大面积集中，说明不同农户根据自身情况选择把一定数量的生产环节进行分工生产，农户进行分工生产的环节数量具有明显差别。进一步来看，调查样本农户的分工环节数量呈现一定的"双峰"分布特征，中低分工水平和高分工水平农户比重稍高，其余分工水平组农户比例稍低。

（2）农户细分环节分工程度表现出差别化特征，不同环节差别程度略有不同。首先，耕整、播栽、储运环节分工差别明显，不同分工程度组农户数量大致相同，呈均匀分布。之所以出现分工程度上的差别，主要还是与农户自身条件禀赋和分工可获取性相关。其次，育种、施肥、灌溉、植保、除草环节分工差别较小，低分工程度的农户数量较多，呈左偏分布。育种、施肥、灌溉、植保、除草环节分组比例最高的都是分工程度为1的组，农户占比分别为49.91%、60.18%、62.75%、69.72%和64.22%。最后，收获环节分工程度差别也比较小，高分工程度的农户数量较多，呈右偏分布。在收获环节中，高达49.72%的农户是把大部分工作交由其他专业人员来完成，自己只承担少部分工作量。

（3）不同经营效益水平农户整体生产分工水平和细分环节分工程度均有一定差别。一方面，在5个不同经营效益水平分组中，高效益组的分工环节数量均值最高，达到6.45，中高效益组、中等效益组、中低效益组和低效益组的分工环节数量基本上是逐次递减，分别为4.70、4.83、4.67和4.61，表明农户分工生产环节数量与经营效益水平密切相关，经营效益水平越高，分工生产环节数量越多。另一方面，不同经营效益农户在细分环节分工程度上呈现差别化特征，农户经营效益水平越高，育种、播栽、灌溉、植保、除草、储运环节分工程度越高，收获环节分工程度越低。同时，耕整和施肥环节分工程度在不同经营效益水平上也具有一定差别。

（4）农户生产分工差别与经营效益水平变化之间存在一定关联关系。分工环节数量核回归估计值的曲线变化总体呈现上升趋势，说明农户分工环节数量随经营效益水平提高而增加，两者具有正相关关系，但由于曲线变化具有明显的波动特征，因而整体生产分工水平差别不完全由经营效益差异所导致。同时，各个细分环节分工程度随经营效益水平变化情况不同，育种、播栽、植保、除草环节分工程度变化曲线呈现由低到高的走势，收获环节分工程度变化曲线呈现一个持续降低的过程，耕整、施肥、灌溉、储运环节分工程度随经营效益水平变化则不太明显，表明经营效益只是与部分细分环节分工程度具有关联关系。

综上所述，本章运用对种植业农户的实地调查数据，进一步证实了现阶段农户生产分工确实具有差别化的特征，通过比较不同经营效益农户生产分工水平和程度，发现分工水平有随经营效益提高而提升的变化趋势，再次印证了理论分析中农户生产分工与经营效益提升之间的互动影响关系。同时，也发现经营效益还不能完全解释不同农户的分工差别，也说明了理论分析中提到的交易费用、交易风险、生产迂回、要素禀赋和资源条件会对农户生产分工产生影响的假设具有一定正确性。考虑到统计分析不能完全反映和准确量化影响因素对农户生产分工的效应方向和作用程度，需要在下一个章节实证经营效益及其他因素对农户生产分工的影响效应。

第 6 章　农户生产分工影响因素实证分析

本章的研究任务是在通过微观调查识别农户生产分工差别化特征基础上，运用农户问卷调查数据，实证测度和分析经营效益及其他因素对农户生产分工的影响。主要内容包括：构建实证分析模型，选择合适的模型估计方法，概述数据指标的概念内涵及量化方法；对农户整体生产分工水平和细分环节分工程度影响效应进行实证估计；分析经营效益和其他因素对农户生产分工影响效应。

6.1　农户生产分工影响因素分析的实证设计

本节研究内容主要是在前述理论分析基础上，建立农户生产分工影响的实证分析模型，同时，对实证分析方法以及使用指标数据进行必要解释和说明。

6.1.1　模型构建及方法说明

根据理论分析与统计分析结果，构建农户生产分工影响实证分析模型，针对实证模型特性，选择合适的估计方法进行实证估计。

6.1.1.1　模型构建

农户生产分工影响的理论分析结果表明，农户生产分工与农业经营效益之间具有交互影响作用，农户生产分工的深化促进经营效益提升，农业生产中经营效益的增进又进一步促使生产分工发展，在没有其他因素影响的情况下，两者之间存在一种累积循环响应，推动生产分工与经营效益不断发展。针对这一点，已经在前述微观截面数据的统计分析中得到证实，不同经营效益条件下的农户生产分工差别明显，农户生产分工与农业经营效益之间具有一定的正向关联关系。因此，首先要把经营效益作为解释变量纳入实证分析模型中，同时，由于农户生产分工也是经营效益的影响因子，应将经营效益视为农户生产分工的内生解释变量。

理论上看，农户生产分工除了受到来自经营效益的影响以外，还会被交易费用、交易风险以及生产迂回程度等因素所影响。在统计分析中，其他因素对农户生产分工的影响也得到印证。在种植业农户调查中，发现农户生产分工的差别化特征，这种差别化一部分可以由经营效益差异来解释，但经营效益变化还不能完全解释农户生产分工差别化的原因，还存在其他因素对分工差别化产生影响，结合理论分析结果，这些影响很可能就源于交易费用、交易风险以及生产迂回等因素。所以，在实证分析模型中，应该把交易费用、交易风险、生产迂回等影响因子纳入其中，鉴于农户生产分工行为不会对其产生实质性影响，这些因素在模型中属于外生解释变量。

针对经营效益而言，作为农户生产分工的内生解释变量，不仅受到农户生产分工的影响，也会被一些外部因素所影响。根据前述理论分析中对已有研究成果的简单梳理，外部因素主要来源于两个方面。一方面，要素禀赋异质性影响农业经营效益，主要是农户掌握和拥有的土地、劳动等要素的数量和质量会影响经营效益的实现；另一方面，资源条件差异性影响农业经营效益，技术、资金、设备、信息等要素可获取性，生产设施条件以及自然资源丰裕程度都会对经营效益产生影响。在把经营效益作为被解释变量时，除了将农户生产分工设定为内生解释变量，还应把要素禀赋、资源条件作为外生解释变量纳入实证分析模型中。

综上所述，构建农户生产分工影响的实证分析模型：

$$\begin{cases} WDL = \alpha_0 + \alpha_1 ASE + \alpha_2 COT + \alpha_3 ROT + \alpha_4 ROU + \mu_\alpha \\ ASE = \beta_0 + \beta_1 WDL + \beta_2 FAC + \beta_3 RES + \mu_\beta \end{cases} \quad (6-1)$$

式（6-1）中，两个因变量分别是整体分工水平（WDL）和经营效益水平（ASE），此外，这两个变量还各自作为对方的自变量。COT 表示交易费用，ROT 表示交易风险，ROU 表示生产迂回，作为影响 WDL 的自变量。FAC 表示要素禀赋，RES 表示资源条件，把两者作为影响 ASE 的自变量。α_1、α_2、α_3、α_4、β_1、β_2、β_3 为待估计参数，反映各个自变量对因变量的影响程度，α_0、β_0 是常数项，μ_α 和 μ_β 分别是 WDL 和 ASE 的随机扰动项。

此外，在前述统计分析中，已经发现不同经营效益条件下细分环节分工程度表现出一定差别，因而在对农户生产分工影响效应测度分析中，除了要掌握各个因素对农户整体分工水平的影响效应外，还应该深入分析这些因素对每个细分环节分工程度的影响。考虑到单个细分环节上的分工程度不能单独对经营效益产生影响，而经营效益增进与否则可能会影响农户在各个细分环节上分工生产的强度。因此，在对细分环节分工程度影响因素的实证分析中，应把经营效益水平设置为与交易费用、交易风险和生产迂回同等重要的外生解释变量。具体模型如式（6-2）所示：

$$PDL_j = \varphi_{0j} + \varphi_{1j}ASE + \varphi_{2j}COT + \varphi_{3j}ROT + \varphi_{4j}ROU + \mu_{\varphi j} \qquad (6-2)$$

式（6-2）中，j 表示耕整、育种、播栽、施肥、灌溉、植保、除草、收获、储运9个不同细分环节，PDL_j 作为因变量，反映农户细分环节分工程度，ASE、COT、ROT、ROU 作为自变量，分别表示经营效益水平、交易费用、交易风险和生产迂回，φ_{1j}、φ_{2j}、φ_{3j}、φ_{4j} 为待估计参数，反映各个自变量对因变量的影响程度，φ_{0j} 和 $\mu_{\varphi j}$ 分别是 PDL_j 的常数项和随机扰动项。

6.1.1.2　估计方法

在式（6-1）中，经营效益水平在第一个方程中是农户整体分工水平的解释变量，第二个方程中农户整体分工水平又是经营效益水平的解释变量，说明式（6-1）是一个严格意义上的联立方程组，既包含内生解释变量 WDL 和 ASE，又有 COT、ROT、ROU、FAC、RES 等外生解释变量。针对联立方程组的估计，主要分为单一方程估计法和系统估计法，前者是对联立方程组中的每个方程分别进行估计，而后者是将其视为一个系统进行联合估计。由于单一方程在估计时候会忽略各个方程之间的联系，包括各个方程随机扰动项之间的联系，因而其估计结果非一致，且缺乏效率，只能作为一种参照系，不是一种有效的估计方法。所以，本书选择系统估计法对式（6-1）进行回归估计。

本书采用泽尔纳和泰尔（Zellner and Theil，1962）提出的三阶段最小二乘法（three stage least square）对式（6-1）联立方程组进行系统估计。第一步，运用两阶段最小二乘法（two stage least square）对方程 $WDL = \alpha_0 + \alpha_1 ASE + \alpha_2 COT + \alpha_3 ROT + \alpha_4 ROU + \mu_\alpha$ 进行估计；第二步，同样运用2SLS方法对方程 $ASE = \beta_0 + \beta_1 WDL + \beta_2 FAC + \beta_3 RES + \mu_\beta$ 进行估计；第三步，由于2SLS对单个方程分别估计忽略了两个方程的随机扰动项之间可能存在的相关性，因而需要根据前两步估计的结果，得到对整个系统的随机扰动项之协方差矩阵估计，再据此对整个联立方程组进行广义最小二乘估计（generalized least squares），最终得到3SLS估计结果①。此时，3SLS对式（6-1）联立方程组的估计结果是有效的。

对于式（6-2）而言，可以直接使用OLS方法进行估计。考虑到实证分析所运用的是对农户调查得到的截面数据，可能会存在异方差性，导致OLS估计结果产生偏误。因此，本书选择稳健标准误OLS法对式（6-2）进行回归估计，消除异方差性的影响。理由是本文样本数量达到545个，样本容量较大，在OLS估计中使用稳健标准误，可以消除异方差影响，保证参数估计和假设检验照常进行，同时，稳健标准误OLS对回归系数和标准误估计都是一致的，并不需要知道条件方差函数的具体形式，结果更为稳健。另外，已有研究成果表明，在大多数情况下，应该使用“OLS+稳健标准误”方法来克服截面数据异方差影响（Stock and Watson，2011）。

6.1.2 指标设定与描述统计

由于农户整体分工水平，耕整、育种、播栽、施肥、灌溉、植保、除草、收获、储运细分环节分工程度以及经营效益水平等的指标来源与量化已经在

① 对联立方程组进行三阶段最小二乘估计的详细方法和过程参见：陈强．高级计量经济学及Stata应用（第二版）[M]．北京：高等教育出版社，2014.

前述分析中予以详尽概述，因而本部分着重对交易费用、交易风险、生产迂回、要素禀赋、资源条件等自变量以及其他控制变量的指标选取和量化方法进行阐述。

6.1.2.1　交易费用

按照新制度经济学分工思想逻辑，分工与交易是“硬币的正反两面”，属于同一事物的不同侧面，农户分工生产必然需要与其他经济主体发生交易，一旦进行交易，必然会要为交易规则的制定和交易行为的实施支付额外成本。通常情况下交易费用的高低会影响农户选择分工生产的环节数量以及在工序环节上实施分工生产的程度。为此，本书选择契约程度、谈判能力以及交易频率3个指标来反映农户生产分工面临的交易费用。

（1）契约程度（*DOC*）可以反映农户在分工生产中发生的或有损失，或有损失产生的可能性越大，农户分工生产面临的潜在交易费用就越高。或有损失是一种可能会产生也可能不会产生的损失，对于农户而言可以视作是一个潜在的额外成本。与交易对象的履约执行情况有关，如果交易对象按照约定帮助农户完成农业生产工作，则不会损害农户利益，但是如果交易对象不遵循合约规定，则农户潜在的或有损失会变为直接损失，利益受到损害。特别是对于农事生产活动而言，农户选择分工生产除了是为了提高生产效率以外，更多是因为农作物生产季节性而导致的劳动力短缺，农户生产分工需求在特定的短时间内是刚性的，如果不能按时完成生产任务，就会造成农产品生产损失，因而生产服务提供者的一些“微小”的违约行为，比如没有按时到指定地点帮助农户生产，都会对农户产生较大影响。因此，只有通过签订契约，才能有效规范交易对象的行为，减少农户发生或有损失的概率，从而降低农户交易费用。本书通过农户与生产服务提供者签订合同情况来表示契约程度，指标量化通过赋值来实现，具体是：1 = 无协议，2 = 口头协议，3 = 书面协议；订立合同越为正式，契约程度就越高，对农户交易对象行为的约束性越强，越能减少其违约行为发生，使农户面临的交易费用得以降低。

（2）谈判能力（*NEG*）可以衡量农户在分工生产时的交易能力，交易能力越强，则越有可能降低交易费用。根据新制度经济学理论，交易双方中谈判能力较强的一方可以把为保证交易顺利进行而产生的额外费用转嫁到另一方，谈判能力弱势的一方往往承担更高的交易费用。针对农业生产而言，由于家庭分散经营的特性，往往出现“小农户，大市场”的矛盾，通常情况下农户都会是交易谈判中的弱势一方。农户选择分工生产方式，不可避免地要与生产服务提供者进行谈判，交易能力的缺陷会使其在谈判过程中处于不利地位，交易对象出于“利己行为”会不惜减少农户从分工交易中获得的收益，把一部分本应由自己承担的交易费用转嫁给农户，从而使农户面临高昂的交易成本。农户想要避免这种交易费用的转嫁，从分工交易中获得更多好处，就需要提升自己的谈判能力。一种有效的途径就是农户自发或有组织地联合在一起，与生产服务提供者展开谈判，凭借多个农户的共同力量来争取实现交易谈判的平等。如果农户的谈判能力得到提升，则面对交易对象时会得到更多话语权，既保证不会被对方转嫁交易费用，同时也能更好地敦促生产服务者履约，进一步节省交易费用。本书以生产环节服务费用的确定方式来量化农户的谈判能力，根据农户与生产服务提供者就服务价格的谈判情况来判断：0 = 不能议价，1 = 可以议价；如果农户能够通过自身或是与周边农户一起与生产服务提供者商谈价格，说明农户具有一定谈判能力，有利于其降低交易费用。

（3）交易频率（*FOT*）能够反映农户参与市场交易的频繁程度，通过较高频次的交易行为使农户形成一定的交易“惯性”，有助于降低单次分工交易费用。农户参与市场交易是一个从无到有的过程，这些市场交易包括购置生产物质资料、购买生产性服务、出售农产品等，随着农户参与市场交易次数的增多，对市场信息以及交易谈判等技巧掌握得越充分，越能够在市场交易中节约费用。对于农户生产分工而言，交易频率高低对于交易费用的多少起到至关重要的作用，如果农户只是出于某种特殊原因，比如临时性家庭劳动力不足，非连续性地购买一次性生产性服务，则其与生产服务提供者的博弈关系为单次博弈，双方为避免违约损失都需要花费较高的额外成本；如果农户是连贯性地购买社会化服务或是外包生产环节，则其与交易对象的博弈关系演变为多次重复博弈，在重复博弈过程中，双方都会因为害怕对方的“报复”而主动严格约束自己行为，不需要过多支付额外成本就能保证交易顺利完成。所以，农户生产经营过程中的交易频率会影响其分工决策。本书在借鉴陈思羽和李尚蒲（2014）的交易频率量化方法基础上，选择农户出售农产品数量与农产品总产量之比来衡量农户交易频率。农户用于出售农产品数量比重越高，其参与市场交易的次数就会越多，交易费用相应就会越小。

6.1.2.2　交易风险

根据不确定性理论的界定，可以预测的概率型随机事件的不确定性被定义为风险，交易风险就是交易过程中偶然性事件发生对交易双方带来的风险。农户在进行分工生产过程中也存在交易风险，一旦发生不利的突发性事件，农户将蒙受大量损失，因而分工交易中的交易风险会对农户生产分工行为产生影响。本书选择信息不对称性、监督难度和生产专用性3个指标来反映农户分工生产的交易风险。

（1）信息不对称性（*ASY*）反映出农户在分工交易过程中掌握信息的情况，农户了解的相关信息越少，对风险防范能力就越弱，面临的交易风险也就越大。在传统农业中，由于小农户获取市场信息能力有限，农业生产中信息不对称性较为严重，制约了农户生产发展。在从传统农业向现代农业演进过程中，虽然农户资讯获取方式越发多样，但相对于其他市场主体而言，农户掌握信息相对有限，农业生产中仍然存在信息不对称性。这种信息不对称性会影响农户生产分工行为，主要是农户对于分工交易信息的获取渠道有限，受限于自身以往的惯性思维，不了解购买社会化服务或是外包生产环节的具体操作流程及实施效果，既可能是不知道分工生产对于生产效率的促进作用，也可能是知道分工有利于生产发展，但是不了解实施分工生产的具体细节，从而导致农户做出不参与生产分工的“非理性选择”。当信息不对称性得到改善时，农户能够明白分工交易带来的收益增进以及可能会出现的偶然事件带来的损失，可以提前准备应对措施以提高风险防范能力，从而产生生产分工需求。本书通过农户对为其提供生产环节服务组织或个人情况的了解程度来反映信息不对称性：1 = 非常了解，2 = 比较了解，3 = 一般，4 = 不太了解，5 = 完全不了解；对相关信息了解得越少，信息不对称性就越强，交易风险就越大。

（2）监督难度（*SUP*）可以衡量农户对整个分工生产过程的监督考核能力，监督难度越大，农户对于生产服务提供者的考核就越难，发生交易风险的可能性就越大。农业因其自然再生产和社会再生产交织的特性，农作物自然生长和农产品社会生产交替进行，劳动生产监督考核难度不小，部分生产环节劳动监督难度极大。农户采取分工方式进行生产，通过购买生产性服务和外包生产环节，交由专业服务组织或个人来代为完成农业生产，需要对生产服务提供者的劳动成果进行考核，以保证自身利益不受损害。但是，由于农业生产的特殊性，很多时候出现农业产量下降，无法判断是因为生产操作不当引致的损失，还是遭受自然因素影响而导致的损害。农户不能有效监督分工交易对象的生产工作，交易对象容易出现“道德风险”，或是因为疏忽大意，又或者是故意损害雇主农户的利益，并且农户还无法掌握充分证据予以追责。在对监督难度的量化上，本书以农户监督生产环节服务提供者工作的难易程度来衡量：1 = 很容易，2 = 比较容易，3 = 一般，4 = 比较困难，5 = 很困难；数值越大，表明农户在分工生产过程中的监督考核能力越弱，应对交易风险的能力也就越差，生产分工需求越有可能受到交易风险的抑制，从而减少农户分工生产环节数量以及工序环节上的分工程度。

（3）生产专用性（*AOS*）指标设计思路源于新制度经济学中的资产专用性概念，即特定耐久性资产转向其他用途的难易程度，资产专用性越强，越不容易转向其他用途，交易失败产生的损失也越大。在农户分工生产过程中，可能会面临多次重复进行同一工序环节的情况，换言之，就是专业服务组织或个人为农户进行一次生产劳动工作未达到生产要求，需要进行重复作业。生产专用性就是指这种重复性作业对农户生产经营造成的影响大小，生产专用性越强，越难以进行重复劳动作业，对农户的利益损害就越大。由于农业生产具有的弱质性，针对某个生产环节的多次重复作业肯定会对农作物生长产生影响。农户在分工生产过程中，可能会遇到生产服务提供者的劳动服务不能满足生产要求的情况，必须要重新进行作业服务，虽然一定程度上可以弥补之前的不足，但是也会对农产品生产产生一定的“不可逆”影响。对于不同农户而言，要素禀赋条件不同，这种生产专用性带来的影响损失可能存在差异，对于生产专用性较强的农户来说，重复作业劳动对其生产经营造成的影响较大。本书用一次服务作业没有达到预期效果，再重复一次生产环节作业对农作物生产的影响来衡量生产专用性：1 = 没有影响，2 = 基本没影响，

3 = 一般，4 = 比较有影响，5 = 影响非常大；影响越大，则生产专用性越强，农户面临的交易风险也越大。

6.1.2.3 生产迂回

根据新古典经济学的分工思想，迂回或间接生产方式是实现分工经济的重要手段，分工经济的获取有赖于采用迂回或间接生产方式，即通过利用生产出的生产资料及生产性服务进行生产。对于农户生产分工而言，农业社会分工体系发展程度直接影响农户可能获得的中间产品和服务数量，因而生产迂回程度肯定会对农户生产分工产生影响。本书通过分工可获取性、分工服务质量和产业融合程度来反映农业生产迂回程度。

（1）分工可获取性（*AVA*）反映出农户可以获得分工服务的难易程度，农户越容易从周边获取分工服务，说明农业分工体系发展完善，生产迂回程度越高。对于具有生产分工需求的农户而言，满足其分工需求的关键是要有相应的分工服务供给，只有充足的分工服务供给才能充分调动起农户的生产分工积极性。除了部分已经融入农业分工体系的农户外，还有一些农户徘徊于分工生产与独自生产之间，影响其决策的原因就是这种分工服务的可获取性。通常情况下，农户周边如果专业化服务组织或者个人数量众多，则农户获得分工服务较为容易，如果缺少必要的生产性服务提供者，则农户难以获取分工服务，进而会对其分工决策行为产生影响。为此，本书通过用农户获取其分工生产环节服务的难易程度来反映分工可获取性：1 = 很困难，2 = 比较困难，3 = 一般，4 = 比较容易，5 = 很容易；农户获取生产环节服务越容易，说明其分工可获取性越强，生产迂回程度越高，越利于生产分工发展。

（2）分工服务质量（*SAT*）能够衡量农户周边分工服务发展质量的好坏，分工服务质量越高，表明农业生产分工发展水平越高，生产迂回发展程度越好。对于生产迂回发展而言，除了通过分工可获取性从数量上衡量其发展程度外，还应该通过农户获得的分工服务质量从质量上衡量其发展水平。农户生产分工持续发展的前提是要从分工生产中增进收益，收益得以提高的关键就在于这种分工服务质量能否达到农业生产的要求。如果分工服务质量较高，则农户迂回生产可以持续发展；如果分工服务质量较低，则农户难以通过分工迂回生产来达到生产经营目的，从而影响生产分工的选择。对于分工服务质量指标，本书通过农户对专业服务组织或个人提供的生产环节服务满意度来表示：1 = 非常不满意，2 = 较不满意，3 = 一般，4 = 比较满意，5 = 非常满意；农户满意度越高，表征分工服务质量越高，生产迂回发展水平越高。不过，需要特别指出的是，由于农户满意度指标评价较为主观，且农户对分工服务的考察监督能力有限，该指标在使用时可能出现偏差。

（3）产业融合程度（*INT*）可以反映农村第一、第二、第三产业融合发展程度，表征农户生产迂回发展，产业融合程度越高，社会化分工体系越为健全，越有利于农户生产分工。如果农户所在乡村拥有农业加工业或者以农家乐为主的乡村旅游业，这些产业吸纳了农业生产中的劳动力，缺失的劳动力需要依靠其他要素投入才能保证农业生产不受影响，通常情况下农户会选择分工生产方式来弥补劳动力不足，进而产生生产分工需求，促进农业生产分工发展；同时，农业加工业和乡村旅游业的出现实现了农业产业链条向第二、第三产业的延伸，进一步拓展农业生产可分工范围，同时，农村第二、第三产业发展又通过构建社会化分工体系，为农户分工生产提供必要物质条件。本书通过调查农户所在乡村是否拥有农业加工业或者乡村旅游业来量化产业融合程度：0 = 没有，1 = 有；并用产业融合程度指标分析生产迂回发展对农户生产分工的影响。

6.1.2.4 要素禀赋

根据已有关于农业经营效益影响因素的研究成果，农户要素禀赋异质性会对经营效益的实现产生影响。因此，把要素禀赋作为影响农户经营效益水平的变量，主要选择土地规模、土壤肥力和劳动力数量来反映。

（1）土地规模（*LAN*）反映农户生产经营规模大小，直接决定其生产能力，是重要的要素禀赋指标。已有研究成果对农业生产中是否存在规模经济意见不一，最为主要的原因就是土地规模对农业经营效益影响方向和作用程度存在争议。一些成果表明农户土地规模越大，经营效益水平越高，同时，也有证明土地规模对经营效益负向影响的研究成果。虽然不一定能判断土地规模对经营效益的影响方向，但可以肯定的是土地作为农户最为重要的生产要素，会对其生产经营产生显著影响，包括对生产效益的影响。为此，本书通过农户拥有的土地面积来衡量其土地规模，具体计算方法是：土地承包面积＋转入土地面积－转出土地面积，实证分析农户经营的土地面积对其经营效益水平的影响程度和作用方向。

（2）土壤肥力（*FER*）可以衡量农户土地质量水平，属于反映农户要素禀赋的质量指标，土壤肥力越强，农户要素禀赋质量越高。根据现有研究成果，土壤质量对于农业经营效益会产生影响，土壤肥力越高，越有可能提高经营效益。因此，本书将土壤肥力作为影响经营效益水平的自变量，其量化方法是：对农户拥有的高、中、低等肥力土地面积进行调查，统计每种等级的土地数量，把低肥力土地赋值为1，中等肥力土地赋值为2，高肥力土地赋值为3，把农户拥有的每种等级土地占土地总面积作为权重，按照土地肥力赋值进行加权平均计算，最终得到农户土地肥力的量化数值；数值越高，说明农户土地肥力越强，要素禀赋条件越好，越有助于农户提高生产经营的经营效益水平。

（3）劳动力数量（*LAB*）反映农户家庭可动用的劳动人数，也是衡量农户要素禀赋条件的数据指标。对于农业而言，劳动力是和土地同等重要的要素资源，对农业生产经营具有重要作用。一方面，劳动力过度投入必然会对农业产出造成负面影响，即“过密化”造成的劳动产出率下降，农业经营收益不能满足农户家庭成员需要；另一方面，如果没有其他要素的替代，劳动力投入不足也会导致农户生产效率降低，进而影响生产经营的收益。本书计算农户劳动力数量指标的方式是：对农户家庭成员进行详细调查，筛选出从事种植生产的成员数量，把其中的成年人记为1个劳动力，老人、儿童以及身患疾病的成年人记为0.5个劳动力，最后得到农户家庭劳动力数量的指标数值。

6.1.2.5　资源条件

对于农业经营效益而言，除了受到农户自身内部要素禀赋影响之外，还受外部资源条件的约束，农户可获取的资源条件异质性会对其生产经营获得的收益大小产生影响。本书选取要素可获取性、基础设施条件和自然资源条件来反映农户生产经营的资源条件状况。

（1）要素可获取性（*AOA*）可以反映农户在农业经营过程中获取生产要素的难易程度，要素可获取性越强，说明农户的外部资源条件越为充裕。农业经营效益实现很重要的一点就是要素资源的合理使用和配置，要素配置效率越高，农业生产发展越为稳定（刘晗和王钊，2015）。如果农户的要素可获取性较强，就能在农业生产经营中合理投入要素，提高要素配置效率，进而增进生产经营效益；如果农户要素可获取性较弱，则不能按照要素投入产出率来合理使用要素，农业生产中要素非效率配置，阻碍经营效益提高。本书着重考察种植业农户对于技术、机械、资金和信息等要素的获取能力，量化方法是调查农户获取各种要素是否容易：1 = 非常困难，2 = 比较困难，3 = 一般，4 = 比较容易，5 = 非常容易，再进行平均数计算，最终得到要素可获取性指标数据；数值越大，要素可获取性越强，越有利于提高经营效益。

（2）基础设施条件（*INF*）能够衡量农户在生产经营过程中可以使用的公共基础设施条件，基础设施条件越好，越有助于提高农业生产率。在农业生产中，公共基础设施发挥着重要作用，比如，道路交通、水利灌溉等，这些设施的好坏会对农户生产经营产生直接影响。对于基础设施而言，由于其准公共物品的性质，且设施建设投入资金巨大，农户不可能有能力改变基础设施条件，因而不同地区基础设施条件参差不齐，农户生产经营效率也会产生差异。针对基础设施条件在对农户生产经营效益水平中起到的影响作用，本书通过农户对所在村基础设施的满意度来衡量：1 = 不满意，2 = 不太满意，3 = 一般，4 = 比较满意，5 = 非常满意；农户满意度越高，说明当地基础设施条件可以满足农户生产要求，表明农户的外部资源条件越好。

（3）自然资源条件（*NAT*）表示农户周边自然资源的充裕程度，自然资源条件越好，越有利于农户开展农业生产活动。由于农业是自然再生产和社会再生产的结合，农作物生产离不开良好的自然资源环境。不同地区自然资源条件的差异会直接影响农作物产量，进而影响农户生产经营的效益水平，自然资源条件充裕地区农户增进经营效益的可能性明显会大于自然资源条件匮乏地区的农户。本书通过调查农户所在村的水资源状况和生态环境状况来反映自然资源条件指标，分别调查农户对水资源的认识：1 = 非常稀缺，2 = 比较稀缺，3 = 一般，4 = 比较充足，5 = 非常充足；以及对生态环境的评价：1 = 非常差，

2 = 比较差，3 = 一般，4 = 比较好，5 = 非常好；再计算两者的算术平均数，得到自然资源条件指标数值。数值越大，说明当地自然资源条件越好。

6.1.2.6　控制变量

在对实证模型进行估计过程中，为了检验估计结果的稳健性，需要在每个方程中添加一些控制变量，观察加入控制变量之后，估计结果是否会有显著变化。本书在对控制变量的选择上，选取农户受教育程度、兼业状况、合作社参与、党员身份以及村干部身份 5 个会对农户生产分工以及经营效益产生影响的数据指标。

（1）受教育程度（*EDU*）是衡量农户人力资本状况的指标数据。对农户户主受教育经历的调查进行量化：1 = 不识字，2 = 小学，3 = 初中，4 = 高中，5 = 大专及以上；数值越高，说明农户人力资本越为充足。人力资本是农业生产中的间接生产要素，农户人力资本积累越高，其掌握的生产经营管理知识就越丰富，越有利于生产发展。通常情况下，农户受教育程度越高，对于新兴事物的判断力就越强，越容易接受购买社会化服务、外包生产环节等分工生产方式，但是，在实际中，由于不能保证高学历农户的农业生产技能一定高于低学历农户，也有可能出现一些受教育程度高的农户不能很好掌握农业生产技术的情况，进而影响分工决策。此外，农户受教育程度越高，理应有助于提高其农业经营效益水平。

（2）兼业状况（*IND*）反映农户在从事农业生产的同时是否还经营其他非农产业，量化方法是调查农户户主除种植生产外是否还有其他非农收入来源：0 = 没有，1 = 有。关于户主兼业状况对其生产分工的影响，可能存在两种情况：一种情况是兼业农户需要在种植生产和非农生产之间配置家庭劳动力，农业生产可能会面临劳动力不足的问题，需要通过购买社会化服务或外包生产环节来完成生产任务，分工生产需求更加强烈，同时，兼业农户收入较高，更能支付分工生产费用；另一种情况是兼业农户生产重心不在于种植经营，对种植生产积极性不高，从而没有相应的通过分工提高生产效率的意愿。一般情况下，兼业农户与非兼业农户相比，投入农业生产的精力有限，会导致经营效益水平的降低。

（3）合作社参与（*COO*）可以衡量农户的组织化程度，量化方法是调查农户参与合作社的情况：0 = 没有参与，1 = 参与。合作社参与对农户生产分工的影响也具有两面性：一方面，农户通过参与合作社提高了组织化程度，有助于改变在与分工生产服务者的谈判中的不利地位，发挥集体力量来对交易对象的行为进行有效监督，降低分工生产的交易费用，从而在农户加入合作社之后，更愿意通过分工方式进行农业生产；另一方面，合作社本身也可以是一个生产性服务经营主体，农户参与合作社可能会统一安排对社员生产的生产性服务供给，农户只要加入合作社就能直接享受分工生产带来的好处，其分工意愿就会相应降低。就农户合作社参与对经营效益的影响看，农户加入合作社有利于生产技术和经验的交流与传播，其生产的经营效益得到增进的可能性要高于那些未参与合作社的农户。

（4）党员身份（*PAR*）和村干部身份（*CAD*）一定程度上反映农户的社会地位、社会关系和社会影响力，通过调查农户是否是党员或者村干部来进行量化：0 = 不是，1 = 是。农户党员身份和村干部身份某种程度上反映了农户的政治和社会地位，在村集体事务决策中享有一定话语权，也具有更广的人脉和社会关系，信息渠道来源较为广泛，能够经常接触到一些新的信息和资讯，在对待分工生产方式上可能与其他农户有所差异。既可能因为丰富的社会经验而及时捕捉到生产分工的有利信息，进而提高在种植生产过程中分工意愿，也有可能凭借社会关系和影响力调动得到更多资源，独自经营能力较强，从而缺乏分工上的需求。在对经营效益的影响上，党员和村干部身份能够为其争取到一定生产条件上的便利，因而对于经营效益水平应该会起到积极作用。

6.1.2.7 指标数据统计

上述指标的数据来源于调查的545个种植业农户，指标描述性统计如表6－1所示，包括整体生产分工水平（*WDL*）、细分环节分工程度（PDL_j）、经营效益水平（*ASE*）11个因变量指标（细分环节分工程度指标共有9个），契约程度（*DOC*）、议价能力（*NEG*）、交易频率（*FOT*）、信息不对称性（*ASY*）、监督难度（*SUP*）、生产专用性（*AOS*）、分工可获取性（*AVA*）、分工服务质量（*SAT*）、产业融合程度（*INT*）、土地规模（*LAN*）、土壤肥力（*FER*）、劳动力数量（*LAB*）、要素可获取性（*AOA*）、基础设施条件（*INF*）、自然资源条件（*NAT*）15 个自变量指标，以及受教育程度（*EDU*）、兼业状况（*IND*）、合作社参与（*COO*）、党员身份（*PAR*）和村干部身份（*CAD*）5 个控制变量指标。

表 6-1　　指标数据信息描述统计

变量类型	变量指标	平均值	标准差	最大值	最小值
因变量	*WDL*	5.05	2.58	9	1
	PDL_1	2.58	1.39	5	1
	PDL_2	2.18	1.47	5	1
	PDL_3	2.39	1.20	5	1
	PDL_4	1.74	1.11	5	1
	PDL_5	1.66	1.04	5	1
	PDL_6	1.65	1.17	5	1
	PDL_7	1.67	1.08	5	1
	PDL_8	3.41	1.08	5	1
	PDL_9	2.82	1.37	5	1
	ASE	1	0.57	5.36	0
自变量	*DOC*	1.71	0.68	3	1
	NEG	0.41	0.49	1	0
	FOT	0.73	0.27	1	0
	ASY	2.58	1.02	5	1
	SUP	3.39	0.96	5	1
	AOS	2.34	1.01	5	1
	AVA	3.64	0.85	5	1
	SAT	3.53	0.73	5	1
	INT	0.46	0.50	1	0
	LAN	13.59	53.97	960	0.2
	FER	2.22	0.48	3	1
	LAB	2.21	0.85	6	1
	AOA	2.90	0.80	5	1
	INF	2.88	1	5	1
	NAT	2.55	0.69	5	1

续表

变量类型	变量指标	平均值	标准差	最大值	最小值
控制变量	*EDU*	2.48	0.87	5	1
	IND	0.87	0.34	1	0
	COO	0.28	0.45	1	0
	PAR	0.14	0.09	1	0
	CAD	0.35	0.29	1	0

6.2 农户生产分工影响因素的实证估计及检验

本节研究内容主要是对545个样本农户的整体生产分工水平和细分环节分工程度进行实证估计，并对估计结果进行稳健性检验。

6.2.1 整体分工水平的估计与检验

对农户整体生产分工水平进行联立方程估计，进而通过施加控制变量对实证估计结果进行稳健性检验。

6.2.1.1 参数估计结果

把对农户整体生产分工水平（*WDL*）以及经营效益水平（*ASE*）影响的外生解释变量指标纳入式（6-1）所示的联立方程组中，得到：

$$\begin{cases} WDL = \alpha_0 + \alpha_1 ASE + \alpha_2 DOC + \alpha_3 NEG + \alpha_4 FOT + \alpha_5 ASY \\ \qquad + \alpha_6 SUP + \alpha_7 AOS + \alpha_8 AVA + \alpha_9 SAT + \alpha_{10} INT + \mu_\alpha \\ ASE = \beta_0 + \beta_1 WDL + \beta_2 LAN + \beta_3 FER + \beta_4 LAB + \beta_5 AOA \\ \qquad + \beta_6 FAC + \beta_7 NAT + \mu_\beta \end{cases} \tag{6-3}$$

对式（6-3）的联立方程组分别进行普通3SLS和迭代3SLS估计，得到的参数估计结果如表6-2所示。模型（1）和模型（2）分别是普通3SLS和迭代3SLS方法的估计结果，两者差别不大，为便于叙述，本书主要以3SLS方法估计的模型（1）的结果进行论述，把模型（2）结果作为参照。

表6-2　整体生产分工水平估计结果

自变量	模型（1）	模型（2）	自变量	模型（1）	模型（2）
	因变量：*WDL*			因变量：*ASE*	
ASE	2.747*** (2.99)	2.747*** (2.95)	*WDL*	0.088*** (3.45)	0.087*** (3.41)
DOC	0.503*** (3.09)	0.510*** (3.16)	*LAN*	0.001 (0.01)	0.001 (0.16)
NEG	0.264* (1.62)	0.257* (1.64)	*FER*	0.092** (2.05)	0.096** (2.20)
FOT	1.785*** (3.17)	1.846*** (3.25)	*LAB*	0.072*** (2.80)	0.072*** (2.86)
ASY	-0.041 (-0.45)	-0.046 (-0.51)	*AOA*	0.060** (2.05)	0.065** (2.28)
SUP	-0.257*** (-2.84)	-0.248*** (-2.83)	*INF*	0.059*** (2.70)	0.058*** (2.74)
AOS	-0.143* (-1.63)	-0.136 (-1.59)	*NAT*	0.009 (0.31)	0.007 (0.25)
AVA	0.205** (1.96)	0.188* (1.84)			
SAT	0.011 (0.08)	0.028 (0.20)			
INT	0.628*** (3.62)	0.614*** (3.62)			
常数项	0.260 (0.33)	0.176 (0.23)	常数项	-0.179 (-1.01)	-0.195 (-1.12)
chi2值	146.75	152.95	chi2值	87.00	94.17
估计方法	3SLS	迭代3SLS	估计方法	3SLS	迭代3SLS

注：() 内是Z统计值，***、**和*分别表示自变量的参数估计值在1%、5%、10%显著性水平下显著。

表6-2结果显示，在农户整体生产分工水平为因变量的方程中，chi2检验值达到146.75，对应的P值为0，表明回归方程的设定具有正确性。经营

效益水平对整体生产分工水平具有显著正向影响，影响系数达到2.747，且在1%显著性水平下显著。在其他外生解释变量中，契约程度、议价能力和交易频率对农户整体生产分工水平起到促进作用，影响系数分别为0.503、0.264和1.785，且均能通过10%显著性检验。监督难度、生产专用性对农户整体生产分工产生负面影响，影响系数分别是－0.257和－0.143，且都能通过10%显著性检验，信息不对称性影响也会产生一定负面影响，影响系数为－0.041，只是影响不够显著。分工可获取性和产业融合程度对农户整体生产分工水平具有积极影响，影响系数为正，分别是0.205和0.628，且都在5%显著性水平下显著，分工服务质量也具有一定正向影响，影响系数为0.011，只是未能通过显著性检验。

进一步地，观察经营效益水平为因变量方程的估计结果，chi2检验值达到87.00，对应P值为0，说明该方程设定同样具有正确性。农户整体生产分工水平对经营效益水平起到明显的促进作用，影响系数达到0.088，且能够通过1%显著性水平检验。在其他外生解释变量中，土壤肥力、劳动力数量对经营效益水平产生正向影响，影响系数分别为0.092和0.072，且在5%显著性水平下显著。土地规模对经营效益影响有限，影响系数仅为0.001，且不能通过显著性检验。要素可获取性、基础设施条件有助于经营效益水平的提升，影响系数分别为0.060和0.059，自然资源条件对经营效益水平也产生一定正向影响，只是影响不够显著。

6.2.1.2 稳健性检验

在对农户生产分工整体水平影响因素进行实证估计之后，为检验参数估计结果是否具有稳定性，需要进行稳健性检验，检验在控制某些变量以后，各个因素的作用方向和影响程度是否会有显著改变；如果参数估计结果变化不大，则表明实证模型和指标设定是准确、可靠的。在式（6－3）联立方程组中逐步加入控制变量，运用3SLS方法进行估计，得到估计结果如表6－3所示，模型（3）到模型（7）分别是施加了受教育程度、兼业状况、合作社参与、党员身份和村干部身份的估计结果，通过观察添加控制变量之后的联立方程组估计结果，可以检验实证模型估计的稳定性。

表6-3 整体生产分工水平估计结果稳健性检验

自变量	模型（3）	模型（4）	模型（5）	模型（6）	模型（7）
	因变量：*WDL*				
ASE	2.462*** (2.59)	2.518*** (2.72)	2.813*** (3.37)	2.860*** (3.14)	2.909*** (3.08)
DOC	0.533*** (3.19)	0.526*** (3.21)	0.455*** (3.02)	0.517*** (3.14)	0.495*** (2.98)
NEG	0.265 (1.60)	0.269* (1.64)	0.301* (1.73)	0.269* (1.66)	0.256 (1.57)
FOT	1.902*** (3.25)	1.897*** (3.31)	1.796*** (3.32)	1.689*** (3.08)	1.744*** (3.07)
ASY	0.031 (-0.34)	-0.047 (-0.51)	-0.054 (-0.55)	-0.050 (-0.53)	-0.038 (-0.40)
SUP	-0.263*** (-2.88)	-0.260*** (-2.86)	-0.267*** (-2.85)	-0.252*** (-2.81)	-0.252*** (-2.79)
AOS	-0.162* (-1.82)	-0.139 (-1.55)	-0.147 (-1.60)	-0.140 (-1.60)	-0.146* (-1.66)
AVA	0.195* (1.82)	0.199* (1.89)	0.236** (2.23)	0.198* (1.90)	0.202* (1.91)
SAT	0.029 (0.19)	0.029 (0.20)	0.005 (0.04)	0.003 (0.03)	0.005 (0.04)
INT	0.686*** (3.85)	0.641*** (3.68)	0.636*** (3.56)	0.626*** (3.62)	0.619*** (3.58)
EDU	-0.171 (-1.27)				
IND		0.371 (1.15)			
COO			-0.071 (-0.25)		
PAR				0.391 (1.21)	
CAD					-0.375 (-0.91)
常数项	0.811 (0.91)	0.176 (0.23)	0.251 (0.31)	0.181 (0.23)	0.193 (0.24)
chi2 值	147.79	145.16	147.41	155.42	148.94
估计方法	3SLS	3SLS	3SLS	3SLS	3SLS

续表

自变量	模型（3）	模型（4）	模型（5）	模型（6）	模型（7）
	因变量：*ASE*				
WDL	0.088 *** (3.51)	0.087 *** (3.43)	0.074 *** (2.70)	0.086 *** (3.32)	0.085 *** (3.35)
LAN	0.001 (0.03)	-0.001 (-0.22)	-0.001 (-0.10)	-0.001 (-0.03)	0.001 (0.15)
FER	0.091 ** (1.98)	0.103 ** (2.24)	0.120 ** (2.39)	0.102 ** (2.23)	0.096 ** (2.15)
LAB	0.071 *** (2.72)	0.076 *** (2.95)	0.076 *** (2.97)	0.071 *** (2.80)	0.069 *** (2.72)
AOA	0.052 *** (1.77)	0.064 ** (2.18)	0.068 ** (2.19)	0.065 ** (2.22)	0.062 ** (2.14)
INF	0.062 *** (2.76)	0.063 *** (2.86)	0.063 *** (2.82)	0.054 *** (2.55)	0.055 *** (2.58)
NAT	0.011 (0.36)	0.011 (0.38)	0.019 (0.63)	0.003 (0.13)	0.008 (0.30)
EDU	-0.006 (-0.24)				
IND		-0.117 * (-1.64)			
COO			0.135 ** (2.30)		
PAR				0.071 (0.99)	
CAD					0.155 ** (1.92)
常数项	-0.156 (-0.76)	-0.137 (-0.77)	-0.281 (-1.47)	-0.187 (-1.07)	-0.178 (-1.01)
chi2 值	83.28	88.33	90.50	93.43	92.22
估计方法	3SLS	3SLS	3SLS	3SLS	3SLS

注：() 内是 Z 统计值，*** 、** 和 * 分别表示自变量的参数估计值在 1%、5%、10% 显著性水平下显著。

从在农户整体生产分工水平为因变量方程的估计结果上看，在模型（3）~模型（7）中，经营效益水平对整体生产分工水平影响系数分别为 2.462、2.518、2.813、2.860 和 2.909，与没有施加控制变量时的估计结果 2.747 差异不大，且均在1%显著性水平下显著，表明经营效益水平对农户整体生产分工的估计结果具有稳定性。对于其他影响因素的稳健性而言，契约程度影响系数介于0.455～0.533之间，均通过1%显著性检验，与模型（1）的估计结果0.503差异不大；交易频率影响系数介于1.744～1.902之间，均通过1%显著性检验，与模型（1）的估计结果1.785差异不大；监督难度影响系数介于－0.252～－0.267之间，均通过1%显著性检验，与模型（1）的估计结果－0.257差异不大；要素可获取性影响系数介于0.195～0.236之间，均通过10%显著性检验，与模型（1）的估计结果0.205差异不大；产业融合程度影响系数介于0.619～0.686之间，均通过1%显著性检验，与模型（1）的估计结果0.628差异不大。信息不对称性和分工服务质量在模型（3）～模型（7）中影响均不显著，与模型（1）结果相一致。略微有改变的是议价能力，在控制了农户受教育程度和村干部身份之后，影响效应不能通过显著性检验，但在模型（4）～模型（6）中其影响效应依然显著；生产专用性则是在施加了控制变量之后，影响变得不那么不显著，但在模型（3）和模型（7）中还是能通过10%显著性检验。因此，从总体上看，农户整体生产分工水平为因变量方程的估计结果具有稳健性。

从在农户经营效益水平为因变量方程的估计结果上看，在模型（3）～模型（7）中，农户整体分工水平对经营效益水平影响系数分别为0.088、0.087、0.074、0.086和0.085，且均能够通过1%显著性检验，与模型（1）中的估计结果0.088基本相同，说明农户整体生产分工对经营效益水平的估计结果同样具有稳定性。对于其他影响因素的稳健性而言，土壤肥力影响系数介于0.091～0.120之间，且都在5%显著性水平下显著，与模型（1）估计结果0.092基本一致；劳动力数量影响系数介于0.069～0.076之间，且都在1%显著性水平下显著，与模型（1）估计结果0.72基本一致；要素可获取性影响系数介于0.052～0.068之间，且都在5%显著性水平下显著，与模型（1）估计结果0.060基本一致；基础设施条件影响系数介于0.054～0.063之间，且都在1%显著性水平下显著，与模型（1）估计结果0.059基本一致。对于土地规模和自然资源条件的影响系数，在模型（3）～模型（7）中，同样不能通过显著性检验。以上结果表明，在施加了不同控制变量之后，以农户经营效益水平为因变量的各个模型的估计结果具有高度一致性，说明估计结果具有稳健性。

此外，观察控制变量对农户整体生产分工水平和经营效益水平的影响，发现农户特征对其整体生产分工水平影响均不显著，对经营效益水平则产生一定影响。兼业状况对经营效益水平在10%显著性水平下产生 -0.117 的影响效应，合作社参与和村干部身份对经营效益水平影响系数分别为0.135 和0.155，且能通过5%显著性水平检验，其余控制变量对经营效益水平不产生显著影响。

6.2.2 环节分工程度的估计与检验

把对农户细分环节分工程度影响的外生解释变量指标纳入式（6 -2）所示的方程中，可以得到细分环节分工程度影响实证模型：

$$\begin{aligned}PDL_j = \varphi_{0j} + \varphi_{1j}ASE + \varphi_{2j}DOC + \varphi_{3j}NEG + \varphi_{4j}FOT + \varphi_{5j}ASY \\ + \varphi_{6j}SUP + \varphi_{7j}AOS + \varphi_{8j}AVA + \varphi_{9j}SAT + \varphi_{10j}INT + \mu_{\varphi j} \quad (6-4)\end{aligned}$$

按照式（6 -4）所示的实证模型，对农户分工生产中的耕整、育种、播栽、施肥、灌溉、植保、除草、收获、储运9 个细分环节分工程度分别进行稳健性OLS 回归估计，同时，逐步施加控制变量，检验估计结果稳健性。

6.2.2.1 耕整环节估计结果与检验

如表6 -4 所示，模型（8）是农户在耕整环节上的分工程度影响估计结果，模型（9）~模型（13）是施加了不同控制变量的稳健性估计结果。全部模型的F 统计值所对应的P 值都为0，说明各个模型整体回归结果较好。整体上看，经营效益水平对耕整环节分工程度不产生显著影响，在模型（8）~模型（13）中影响效应均不能通过显著性检验。议价能力、分工可获取性以及产业融合程度会对农户耕整环节分工程度产生促进作用，影响系数分别达到0.282、0.159 和0.353，都能够通过10%显著性水平检验，且影响系数在稳健性检验中比较稳定。生产专用性对农户耕整环节分工程度起到负面作用，

影响系数为 -0.127，在5%显著性水平下显著，且在模型（9）~模型（13）中系数估计值差异不大。虽然契约程度影响系数在模型（11）中不够显著，但是在其余5个模型中都能通过10%显著性检验，说明其影响效应还是较为明显。从控制变量影响上看，兼业状况、合作社参与对耕整环节分工程度产生一定影响，影响系数分别为0.293和0.352，也都能通过10%显著性水平检验，说明这些因素也对耕整环节分工产生一定影响。

表6-4　耕整环节分工程度估计结果与检验

自变量	模型（8）	模型（9）	模型（10）	模型（11）	模型（12）	模型（13）
	因变量：PDL_1					
ASE	0.119 (1.18)	0.131 (1.28)	0.112 (1.12)	0.087 (0.88)	0.119 (1.18)	0.125 (1.24)
DOC	0.156* (1.77)	0.152* (1.72)	0.160* (1.81)	0.104 (1.13)	0.157* (1.77)	0.154* (1.75)
NEG	0.282** (2.38)	0.289** (2.45)	0.257** (2.14)	0.321*** (2.70)	0.282** (2.39)	0.282* (2.38)
FOT	-0.062 (-0.28)	-0.089 (-0.39)	-0.019 (-0.01)	-0.059 (-0.27)	-0.064 (-0.28)	-0.059 (-0.27)
ASY	-0.006 (-0.10)	-0.015 (-0.25)	-0.001 (-0.02)	-0.032 (-0.50)	-0.006 (-0.10)	-0.004 (-0.08)
SUP	-0.037 (-0.60)	-0.041 (-0.67)	-0.036 (-0.60)	-0.033 (-0.55)	-0.037 (-0.60)	-0.038 (-0.63)
AOS	-0.127** (-2.21)	-0.117** (-2.03)	-0.114** (-1.96)	-0.111* (-1.89)	-0.127** (-2.20)	-0.127** (-2.20)
AVA	0.159** (2.32)	0.166** (2.42)	0.152** (2.20)	0.168** (2.45)	0.159** (2.31)	0.160** (2.34)
SAT	0.056 (0.69)	0.049 (0.60)	0.061 (0.76)	0.067 (0.83)	0.056 (0.69)	0.056 (0.69)
INT	0.353*** (2.90)	0.335*** (2.73)	0.341*** (2.78)	0.318*** (2.58)	0.353*** (2.89)	0.354*** (2.91)
EDU		0.087 (1.24)				

续表

自变量	模型（8）	模型（9）	模型（10）	模型（11）	模型（12）	模型（13）
	因变量：PDL_1					
IND			0.293 * (1.68)			
COO				0.352 *** (2.51)		
PAR					0.014 (0.08)	
CAD						-1.05 (-0.56)
常数项	1.620 *** (2.94)	1.437 *** (2.53)	1.297 ** (2.26)	1.585 *** (2.88)	1.620 *** (2.94)	1.621 *** (2.94)
F 值	3.18	3.09	3.31	3.77	2.89	3.31
估计方法	稳健标准误 OLS					

注：() 内是 T 统计值，*** 、** 和 * 分别表示自变量的参数估计值在 1%、5%、10% 显著性水平下显著。

6.2.2.2 育种环节估计结果与检验

根据表 6-5 所示，模型（14）是农户在育种环节上的分工程度影响估计结果，F 统计值为 11.23，对应的 P 值为 0，说明模型设定正确，整体回归结果通过检验。经营效益水平对育种环节分工程度产生显著的正向影响，影响效应为 0.371，系数估计结果在模型（15）~模型（19）中介于 0.353 ~0.429 之间，且都在 1% 显著水平下显著。议价能力、交易频率、分工可获取性会对农户育种环节分工程度具有积极影响，影响系数分别达到 0.417、1.147 和 0.211，都能够通过 1% 显著性水平检验，且参数估计值在稳健性检验中波动较小。监督难度、生产专用性和分工服务质量对农户育种环节分工程度产生不同程度的负面影响，在模型（14）~模型（19）中影响系数分别在 -0.178 ~0.191 之间、-0.177 ~ -0.207 之间、-0.166 ~ -0.198 之间，且都能通过显著性检验，表明估计结果稳定性较强。此外，控制变量中，合作社参与对农户育种环节分工在 1% 显著性水平下具有 -0.627 的影响效应，党员身份在 10% 显著性水平下具有0.354的影响效应，村干部身份在5%显著性水平下产生-0.403的影响效应，受教育程度在1%显著性水平上产生-0.146的影响效应。

表6-5　育种环节分工程度估计结果与检验

自变量	模型（14）	模型（15）	模型（16）	模型（17）	模型（18）	模型（19）
	因变量：PDL_2					
ASE	0.371*** (3.81)	0.353*** (3.65)	0.375*** (3.84)	0.429*** (4.31)	0.354*** (3.56)	0.392*** (4.00)
DOC	0.070 (0.79)	0.077 (0.86)	0.068 (0.76)	0.163* (1.79)	0.083 (0.93)	0.062 (0.70)
NEG	0.417*** (3.40)	0.405*** (3.32)	0.431*** (3.46)	0.348*** (2.88)	0.425*** (3.48)	0.416** (3.41)
FOT	1.147*** (4.66)	1.193*** (4.81)	1.114*** (4.45)	1.143*** (4.63)	1.104*** (4.50)	1.158*** (4.84)
ASY	-0.085 (-1.27)	-0.069 (-1.03)	-0.088 (-1.30)	-0.038 (-0.59)	-0.094 (-1.42)	-0.081 (-1.20)
SUP	-0.185*** (-2.73)	-0.178*** (-2.65)	-0.185*** (-2.73)	-0.191*** (-2.88)	-0.183*** (-2.74)	-0.191*** (-2.82)
AOS	-0.178*** (-3.13)	-0.194*** (-3.41)	-0.185*** (-1.96)	-0.207*** (-3.62)	-0.177*** (-3.10)	-0.178*** (-3.13)
AVA	0.211*** (2.73)	0.198*** (2.57)	0.214*** (2.77)	0.193*** (2.54)	0.207*** (2.70)	0.216*** (2.80)
SAT	-0.179* (-1.83)	-0.166* (-1.72)	-0.181* (-1.85)	-0.198** (-2.07)	-0.179* (-1.85)	-0.177* (-1.82)
INT	0.022 (0.19)	0.051 (0.45)	0.028 (0.24)	0.084 (0.73)	0.026 (0.22)	0.029 (0.25)
EDU		-0.146* (-1.81)				
IND			-0.164 (-0.95)			
COO				-0.627*** (-5.05)		
PAR					0.354* (1.82)	

续表

自变量	模型（14）	模型（15）	模型（16）	模型（17）	模型（18）	模型（19）
	因变量：PDL_2					
CAD						-0.403** (-2.39)
常数项	1.782*** (2.83)	2.088*** (3.18)	1.963*** (2.97)	1.845*** (2.99)	1.779*** (2.85)	1.785*** (2.86)
F 值	11.23	10.56	10.29	12.13	10.89	11.50
估计方法	稳健标准误 OLS					

注：() 内是 T 统计值，***、** 和 * 分别表示自变量的参数估计值在 1%、5%、10% 显著性水平下显著。

6.2.2.3 播栽环节估计结果与检验

表6-6显示，在模型（20）~模型（25）中，F 统计值对应的 P 值均为 0，表明农户播栽环节分工程度影响估计结果整体上是显著的。经营效益水平对播栽环节分工程度影响系数介于 0.104 ~0.126 之间，但在各个模型中都不能通过显著性检验，说明虽然经营效益水平会对农户在播栽环节的分工程度产生一定正向影响，但是这种影响的作用效果有限。从模型（20）上看，契约程度、交易频率、分工可获取性以及产业融合程度会对农户播栽环节分工程度产生积极作用，影响效应分别达到 0.129、0.120、0.317 和 0.531，都能够通过 10% 显著性水平检验，并且估计结果在模型（21）~模型（25）中较为稳定。对于控制变量的影响，农户合作社参与对播栽环节分工程度在 1% 显著性水平下产生 -0.237 的影响效应，党员身份的影响效应则是 0.357，且能通过 5% 显著性检验。

表 6-6　播栽环节分工程度估计结果与检验

自变量	模型（20）	模型（21）	模型（22）	模型（23）	模型（24）	模型（25）
	因变量：PDL_3					
ASE	0.104 (1.14)	0.110 (1.19)	0.109 (1.18)	0.126 (1.37)	0.088 (0.95)	0.104 (1.14)
DOC	0.129* (1.71)	0.127* (1.69)	0.127* (1.67)	0.164** (2.11)	0.142* (1.91)	0.129* (1.72)

续表

自变量	模型（20）	模型（21）	模型（22）	模型（23）	模型（24）	模型（25）
	因变量：PDL_3					
NEG	0.094 (0.93)	0.098 (0.96)	0.111 (1.09)	0.068 (0.67)	0.103 (1.02)	0.094 (0.93)
FOT	0.120** (2.18)	0.115** (2.09)	0.116** (2.12)	0.138*** (2.54)	0.111** (2.06)	0.120** (2.18)
ASY	-0.024 (-0.12)	-0.037 (-0.19)	-0.064 (-0.33)	-0.026 (-0.13)	-0.068 (-0.34)	-0.024 (-0.13)
SUP	0.031 (0.60)	0.296 (0.56)	0.031 (0.58)	0.029 (0.56)	0.033 (0.63)	0.031 (0.60)
AOS	-0.033 (-0.65)	-0.028 (-0.55)	-0.042 (-0.81)	-0.045 (-0.86)	-0.030 (-0.58)	-0.033 (-0.65)
AVA	0.317*** (4.81)	0.321*** (4.88)	0.322*** (4.93)	0.311*** (4.72)	0.314*** (4.84)	0.317*** (4.80)
SAT	-0.084 (-1.06)	-0.088 (-1.11)	-0.088 (-1.11)	-0.092 (-1.15)	-0.085 (-1.09)	-0.084 (-1.06)
INT	0.531*** (5.16)	0.522*** (5.00)	0.539*** (5.25)	0.554*** (5.37)	0.535*** (5.21)	0.531*** (5.15)
EDU		0.044 (0.73)				
IND			-0.019 (-1.22)			
COO				-0.237*** (-2.13)		
PAR					0.357** (2.27)	
CAD						0.006 (0.04)
常数项	0.601 (1.11)	0.509 (0.92)	0.816 (1.43)	0.624 (1.16)	0.596 (1.13)	0.601 (1.11)
F 值	5.79	5.47	5.78	5.76	6.06	5.25
估计方法	稳健标准误 OLS					

注：() 内是 T 统计值，***、** 和 * 分别表示自变量的参数估计值在 1%、5%、10% 显著性水平下显著。

6.2.2.4 施肥环节估计结果与检验

在表6-7中，模型（26）是农户在施肥环节上的分工程度影响估计结果，F统计值为5.47，对应的P值为0，表明模型设定正确，整体回归结果通过检验。经济效益水平对施肥环节分工程度影响有限，系数值为0.085，但影响效应不够显著，同时，在稳健性检验的模型（27）~模型（31）中系数估计值也不能通过显著性检验。从其他自变量影响上看，契约程度、议价能力、交易频率、信息不对称性、分工可获取性以及产业融合程度会对农户施肥环节分工程度产生积极影响，影响效应分别达到0.183、0.187、0.764、0.101、0.172和0.303，都能够通过10%显著性水平检验，并且系数估计值在模型（27）~模型（31）中差距较小，估计结果可靠性较强。此外，农户合作社参与和党员身份对其施肥环节分工程度也具有正向影响效应，影响系数分别是0.271和0.453。

表6-7　施肥环节分工程度估计结果与检验

自变量	模型（26）	模型（27）	模型（28）	模型（29）	模型（30）	模型（31）
	因变量：PDL_4					
ASE	0.085 (0.98)	0.093 (1.07)	0.089 (1.02)	0.059 (0.70)	0.064 (0.73)	0.090 (1.04)
DOC	0.183*** (2.68)	0.180*** (2.66)	0.181*** (2.65)	0.142** (2.03)	0.199*** (2.94)	0.181*** (2.66)
NEG	0.187* (1.89)	0.192** (1.94)	0.201** (2.01)	0.217** (2.19)	0.198** (2.02)	0.187* (1.88)
FOT	0.764*** (4.07)	0.744*** (3.98)	0.729*** (3.97)	0.766*** (4.09)	0.708*** (3.87)	0.766*** (4.09)
ASY	0.101* (1.83)	0.094* (1.71)	0.098* (1.78)	0.081 (1.45)	0.088* (1.66)	0.102* (1.85)
SUP	-0.029 (-0.50)	-0.032 (-0.55)	-0.029 (-0.51)	-0.026 (-0.46)	-0.027 (-0.48)	-0.031 (-0.53)
AOS	-0.043 (-1.04)	-0.036 (-0.87)	-0.051 (-1.21)	-0.031 (-0.72)	-0.039 (-0.93)	-0.043 (-1.04)

续表

自变量	模型（26）	模型（27）	模型（28）	模型（29）	模型（30）	模型（31）
	因变量：PDL_4					
AVA	0.172 *** (2.97)	0.178 *** (3.04)	0.176 *** (3.02)	0.180 *** (3.12)	0.168 *** (2.91)	0.174 *** (3.01)
SAT	-0.027 (-0.29)	-0.032 (-0.35)	-0.030 (-0.33)	-0.184 (-0.20)	-0.028 (-0.31)	-0.026 (-0.29)
INT	0.303 *** (3.20)	0.291 *** (3.08)	0.310 *** (3.25)	0.276 *** (2.93)	0.308 *** (3.27)	0.305 *** (3.22)
EDU		0.063 (1.07)				
IND			-0.165 (-1.19)			
COO				0.271 ** (2.41)		
PAR					0.453 *** (2.97)	
CAD						-0.106 (-0.68)
常数项	-0.035 (-0.07)	-0.168 (-0.31)	0.147 (0.28)	-0.062 (-0.12)	-0.040 (-0.08)	-0.034 (-0.07)
F 值	5.47	4.99	5.14	5.28	6.09	5.09
估计方法	稳健标准误 OLS					

注：( ) 内是 T 统计值，*** 、** 和 * 分别表示自变量的参数估计值在 1%、5%、10% 显著性水平下显著。

6.2.2.5　灌溉环节估计结果与检验

从表 6-8 反映情况上看，模型（32）~模型（37）的 F 统计值都能通过 1% 显著性水平检验，说明农户灌溉环节分工程度影响效应估计结果整体显著。在模型（32）中，经济效益水平对灌溉环节分工程度在 1% 显著性水平下影响效应达到 0.324，且影响系数在其他模型中差异较小，说明经济效益对灌溉环节分工程度影响具有稳健性。从其他因素影响效应上看，契约程度、交易频率、分工可获取性以及产业融合程度对农户灌溉环节影响系数分别在 0.273 ~ 0.301 之间、0.646 ~ 0.694 之间、0.135 ~ 0.147 之间、0.135 ~ 0.169 之间，参数估计值之间差距不大，且都在相应显著性水平下显著，表明这些因素影响效应较为稳定。进一步观察控制变量，发现只有合作社参与和受教育程度分别对灌溉环节分工程度产生 0.158 和 -0.091 的显著影响效应，其他控制变量影响均不显著。

表 6-8　　灌溉环节分工程度估计结果与检验

自变量	模型（32）	模型（33）	模型（34）	模型（35）	模型（36）	模型（37）
	因变量：PDL_5					
ASE	0.324*** (3.69)	0.312*** (3.55)	0.326*** (3.72)	0.309*** (3.59)	0.320*** (3.64)	0.328*** (3.68)
DOC	0.297*** (4.50)	0.301*** (4.54)	0.295*** (4.49)	0.273*** (4.10)	0.301*** (4.56)	0.295*** (4.48)
NEG	0.103 (1.18)	0.096 (1.10)	0.112 (1.25)	0.121 (1.36)	0.105 (1.20)	0.103 (1.17)
FOT	0.666*** (3.86)	0.694*** (4.02)	0.646*** (3.87)	0.667*** (3.88)	0.655*** (3.77)	0.668*** (3.89)
ASY	-0.005 (-0.12)	0.003 (0.08)	-0.007 (-0.15)	-0.017 (-0.35)	-0.008 (-0.17)	-0.004 (-0.10)
SUP	-0.065 (-1.29)	-0.061 (-1.22)	-0.065 (-1.29)	-0.063 (-1.26)	-0.064 (-1.28)	-0.066 (-1.32)
AOS	-0.015 (-0.34)	-0.025 (-0.57)	-0.020 (-0.43)	-0.007 (-0.17)	-0.014 (-0.32)	-0.015 (-0.34)
AVA	0.142*** (2.61)	0.135*** (2.49)	0.145*** (2.62)	0.147*** (2.68)	0.141*** (2.59)	0.144*** (2.63)
SAT	-0.017 (-0.25)	-0.010 (-0.15)	-0.019 (-0.28)	-0.012 (-0.18)	-0.017 (-0.26)	-0.017 (-0.25)
INT	0.151* (1.69)	0.169* (1.93)	0.155* (1.70)	0.135 (1.56)	0.152* (1.70)	0.152* (1.71)
EDU		-0.091* (-1.62)				

续表

自变量	模型（32）	模型（33）	模型（34）	模型（35）	模型（36）	模型（37）
	因变量：PDL_5					
IND			-0.101 (-0.68)			
COO				0.158* (1.62)		
PAR					0.087 (0.70)	
CAD						-0.089 (-0.65)
常数项	0.035 (0.08)	0.223 (0.51)	0.145 (0.36)	0.019 (0.05)	0.034 (0.08)	0.035 (0.08)
F值	9.46	9.07	8.60	8.74	9.00	8.59
估计方法	稳健标准误 OLS					

注：（）内是T统计值，***、**和*分别表示自变量的参数估计值在1%、5%、10%显著性水平下显著。

6.2.2.6　植保环节估计结果与检验

根据表6-9所示的结果，在模型（38）中，F统计值达到11.46，对于P值为0，表明农户植保环节分工程度估计结果通过显著性检验。从经济效益水平对植保环节分工程度影响效应上看，促进作用明显，影响系数达到0.395，同时，在稳健性检验模型中系数估计值差异很小，表明这种影响效应是稳定的。契约程度、交易频率、分工可获取性对农户植保环节分别产生0.174、0.925和0.263的显著影响效应，且均在5%显著性水平下显著。监督难度和分工服务质量对农户植保环节产生负面影响，影响系数分别是-0.095和-0.197，都通过显著性检验。除了模型（42）中监督难度影响略不显著外，其余因素影响效应在模型（38）~模型（43）中差别不大，说明估计结果具有高度稳定性。对于控制变量而言，除受教育程度外，其余因素对农户植保环节分工程度影响均不明显。

表 6-9 植保环节分工程度估计结果与检验

自变量	模型（38）	模型（39）	模型（40）	模型（41）	模型（42）	模型（43）
	因变量：PDL_6					
ASE	0.395*** (4.25)	0.377*** (4.06)	0.389*** (4.26)	0.394*** (4.22)	0.385*** (4.17)	0.405*** (4.33)
DOC	0.174** (2.35)	0.181** (2.44)	0.177** (2.38)	0.172** (2.25)	0.182*** (2.48)	0.170** (2.30)
NEG	0.126 (1.31)	0.115 (1.20)	0.107 (1.08)	0.127 (1.29)	0.131 (1.36)	0.126 (1.30)
FOT	0.925*** (5.58)	0.971*** (5.85)	0.971*** (5.88)	0.925*** (5.58)	0.899*** (5.38)	0.930*** (5.69)
ASY	-0.081 (-1.46)	-0.064 (-1.19)	-0.076 (-1.39)	-0.081 (-1.46)	-0.086 (-1.55)	-0.078 (-1.41)
SUP	-0.095* (-1.62)	-0.089 (-1.52)	-0.095* (-1.62)	-0.095* (-1.62)	-0.094 (-1.61)	-0.098* (-1.67)
AOS	-0.033 (-0.72)	-0.049 (-1.09)	-0.022 (-0.50)	-0.032 (-0.69)	-0.030 (-0.67)	-0.033 (-0.72)
AVA	0.263*** (4.35)	0.251*** (4.22)	0.258*** (4.22)	0.263*** (4.37)	0.261*** (4.32)	0.266*** (4.39)
SAT	-0.197*** (-2.57)	-0.185** (-2.43)	-0.193*** (-2.54)	-0.197*** (-2.56)	-0.198*** (-2.58)	-0.197*** (-2.57)
INT	-0.064 (-0.68)	-0.035 (-0.38)	-0.073 (-0.76)	-0.657 (-0.70)	-0.062 (-0.66)	0.061 (-0.65)
EDU		-0.147*** (-2.54)				
IND			0.221 (1.59)			
COO				0.008 (0.08)		
PAR					0.213 (1.52)	
CAD						-0.187 (-1.35)

续表

自变量	模型（38）	模型（39）	模型（40）	模型（41）	模型（42）	模型（43）
	因变量：PDL_6					
常数项	0.596 (1.20)	0.902* (1.75)	0.353 (0.74)	0.595 (1.19)	0.594 (1.19)	0.035 (0.08)
F 值	11.46	11.20	10.81	10.43	10.97	10.82
估计方法	稳健标准误 OLS					

注：() 内是 T 统计值，***、** 和 * 分别表示自变量的参数估计值在 1%、5%、10% 显著性水平下显著。

6.2.2.7　除草环节估计结果与检验

表 6 - 10 显示，在农户除草环节分工程度影响效应估计的模型（44）~ 模型（49）中，全部模型 F 统计值都达到显著性检验标准，整体回归效果较好。经营效益水平对农户除草环节分工程度产生积极影响，影响效应在模型（44）中达到 0.480，通过 1% 显著性检验，同时，系数估计值具有稳健性，在模型（45）~ 模型（49）中影响系数波动不大。其他影响因素中，议价能力、交易频率和产业融合程度对农户除草环节分工程度具有正向影响效应，在模型（44）中影响系数分别为 0.264、0.857 和 0.188，都能通过 1% 显著性水平检验，在各个稳健性检验模型中影响效应较为稳定。监督难度和分工服务质量对农户除草环节影响系数分别是 - 0.084 和 - 0.149，起到消极影响作用，均能通过显著性和稳健性检验。控制变量对农户除草环节分工程度也产生一定影响，农户合作社参与和党员身份对其除草环节分工程度分别产生 0.256 和 0.410 的显著影响。

表 6 - 10　　除草环节分工程度估计结果与检验

自变量	模型（44）	模型（45）	模型（46）	模型（47）	模型（48）	模型（49）
	因变量：PDL_7					
ASE	0.480*** (5.09)	0.477*** (5.04)	0.485*** (5.09)	0.456*** (4.92)	0.461*** (4.98)	0.479*** (5.01)
DOC	0.022 (0.33)	0.023 (0.34)	0.019 (0.29)	- 0.015 (- 0.22)	0.037 (0.56)	0.022 (0.33)

续表

自变量	模型（44）	模型（45）	模型（46）	模型（47）	模型（48）	模型（49）
	因变量：PDL_7					
NEG	0.264*** (2.91)	0.262*** (2.90)	0.282*** (3.08)	0.292*** (3.20)	0.273*** (3.05)	0.264*** (2.91)
FOT	0.857*** (5.55)	0.864*** (5.59)	0.813*** (5.57)	0.859*** (5.56)	0.807*** (5.36)	0.856*** (5.55)
ASY	-0.017 (-0.38)	-0.015 (-0.32)	-0.021 (-0.47)	-0.036 (-0.78)	-0.028 (-0.62)	-0.018 (-0.39)
SUP	-0.084* (-1.70)	-0.083* (-1.67)	-0.084* (-1.70)	-0.081* (-1.65)	-0.082* (-1.65)	-0.083* (-1.69)
AOS	-0.021 (-0.48)	-0.024 (-0.54)	-0.031 (-0.68)	-0.009 (-0.20)	-0.017 (-0.39)	-0.021 (-0.48)
AVA	0.188*** (3.50)	0.186*** (3.52)	0.193*** (3.55)	0.195*** (3.63)	0.184*** (3.42)	0.187*** (3.49)
SAT	-0.149** (-2.11)	-0.147** (-2.09)	-0.153** (-2.19)	-0.141** (-2.00)	-0.150** (-2.15)	-0.149** (-2.11)
INT	0.087 (0.95)	0.092 (1.01)	0.095 (1.04)	0.061 (0.70)	0.091 (1.01)	0.086 (0.95)
EDU		-0.024 (-0.45)				
IND			-0.213 (-1.36)			
COO				0.256** (2.30)		
PAR					0.410*** (2.84)	
CAD						0.024 (0.16)
常数项	0.596 (1.43)	0.646 (1.52)	0.831** (2.03)	0.570 (1.38)	0.591 (1.41)	0.595 (1.43)
F值	11.50	10.55	10.33	10.79	11.94	10.40
估计方法	稳健标准误 OLS					

注：( ) 内是T统计值，***、**和*分别表示自变量的参数估计值在1%、5%、10%显著性水平下显著。

6.2.2.8　收获环节估计结果与检验

根据表 6－11 显示结果，模型（50）的 F 统计值为 3.96，其余模型 F 值也都能通过显著性检验，表明农户收获环节分工程度影响估计结果整体上是显著的。从模型（50）～模型（55）上看，经济效益水平对收获环节分工程度影响系数介于－0.237～－0.267 之间，均能通过 1% 显著性水平检验，说明经济效益对农户收获环节分工产生明显的抑制效应，且这种效应能通过稳健性检验。从其他影响因素对农户收获环节分工程度影响上看，契约程度在 5% 显著性水平下产生 0.147 的影响效应，交易频率在 1% 显著性水平下具有 0.125 的影响效应，分工可获取性的影响效应达到 0.227，能通过 1% 显著性水平检验，同时，这些变量的系数估计值在稳健性检验模型（51）～模型（55）中波动较小，说明影响效应具有稳健性。另外，在控制变量中，农户合作社参与、党员身份和村干部身份都对收获环节分工程度产生不同程度的正向影响，影响系数分别为 0.399、0.257 和 0.264，且都在 1% 显著性水平下显著，影响效应明显。

表 6－11　　收获环节分工程度估计结果与检验

自变量	模型（50）	模型（51）	模型（52）	模型（53）	模型（54）	模型（55）
	因变量：PDL_8					
ASE	－0.243*** （－2.79）	－0.237*** （－2.68）	－0.253*** （－2.98）	－0.267*** （－3.15）	－0.246*** （－2.80）	－0.257*** （－2.98）
DOC	0.147** （2.21）	0.145** （2.18）	0.152** （2.30）	0.109 （1.61）	0.150** （2.23）	0.152** （2.30）
NEG	－0.033 （－0.36）	－0.029 （－0.32）	－0.067 （－0.72）	－0.005 （－0.05）	－0.031 （－0.34）	－0.033 （－0.36）
FOT	0.125*** （2.50）	0.119** （2.37）	0.132*** （2.62）	0.105** （2.10）	0.123*** （2.45）	0.121** （2.43）
ASY	－0.428 （－0.27）	－0.059 （－0.36）	0.039 （0.24）	－0.041 （－0.25）	－0.050 （－0.31）	－0.049 （－0.31）
SUP	0.021 （0.43）	0.018 （0.38）	0.022 （0.46）	0.023 （0.48）	0.021 （0.43）	0.025 （0.52）

续表

自变量	模型（50）	模型（51）	模型（52）	模型（53）	模型（54）	模型（55）
	因变量：PDL_8					
AOS	-0.075 (-1.53)	-0.069 (-1.40)	-0.057 (-1.17)	-0.063 (-1.26)	-0.074 (-1.52)	-0.075 (-1.53)
AVA	0.227 *** (3.70)	0.232 *** (3.76)	0.218 *** (3.60)	0.234 *** (3.81)	0.227 *** (3.69)	0.224 *** (3.66)
SAT	0.085 (1.21)	0.081 (1.15)	0.092 (1.31)	0.093 (1.33)	0.085 (1.21)	0.084 (1.21)
INT	0.091 (0.98)	0.181 (0.86)	0.074 (0.81)	0.065 (0.70)	0.091 (0.99)	0.086 (0.93)
EDU		0.052 (0.95)				
IND			0.399 *** (2.63)			
COO				0.257 *** (2.51)		
PAR					0.062 (0.44)	
CAD						0.264 *** (1.88)
常数项	2.055 *** (4.54)	1.945 *** (4.14)	1.615 *** (3.43)	2.029 *** (4.43)	2.054 *** (4.54)	2.053 *** (4.55)
F 值	3.96	3.69	4.23	4.13	3.58	4.04
估计方法	稳健标准误 OLS					

注：() 内是 T 统计值，***、** 和 * 分别表示自变量的参数估计值在 1%、5%、10% 显著性水平下显著。

6.2.2.9 储运环节估计结果与检验

从表 6-12 反映情况上看，模型（56）~模型（61）的 F 统计值在 6.29 ~ 6.93 之间，对应的 P 值均为 0，都能通过 1% 显著性水平检验，说明农户收获环节分工程度影响效应估计结果整体显著。在模型（56）~模型（61）中，经营效益水平对储运环节分工程度影响系数介于0.096～0.126之间，但是都没能通过显著性检验，说明经济效益对储运环节分工程度虽然产生一定的正向影响，但是影响效应不够显著。契约程度、议价能力、交易频率和产业融合程度对农户储运环节分工程度产生不同程度的正向影响，在模型（56）中系数估计值分别是0.333、0.292、0.759和0.270，都能通过5%显著性水平检验，同时，在模型（57）～模型（61）的稳健性检验中，参数估计值之间差距不大，且都在相应显著性水平下显著，表明这些因素影响效应较为稳定。监督难度则对储运环节分工程度起到负面作用，影响系数在模型（56）～模型（61）中介于－0.159～－0.169之间，都在1%显著性水平下显著，说明影响效应估计具有稳健性。进一步观察控制变量，发现只有受教育程度对储运环节分工程度产生－0.142的显著影响效应，其他控制变量影响均不显著。

表6－12　　储运环节分工程度估计结果与检验

自变量	模型（56）	模型（57）	模型（58）	模型（59）	模型（60）	模型（61）
	因变量：PDL_9					
ASE	0.114 (0.99)	0.096 (0.84)	0.119 (1.04)	0.108 (0.95)	0.110 (0.96)	0.126 (1.10)
DOC	0.333*** (4.13)	0.339*** (4.22)	0.330*** (4.08)	0.325*** (3.74)	0.335*** (4.15)	0.328*** (4.08)
NEG	0.292** (2.45)	0.281** (2.36)	0.312*** (2.60)	0.299*** (2.47)	0.294** (2.45)	0.292** (2.45)
FOT	0.759*** (3.49)	0.803*** (3.68)	0.713*** (3.28)	0.760*** (3.48)	0.751*** (3.43)	0.765*** (3.55)
ASY	－0.086 (－1.38)	－0.071 (－1.13)	－0.090 (－1.45)	－0.090 (－1.44)	－0.088 (－1.41)	－0.083 (－1.34)
SUP	－0.165*** (－2.59)	－0.159*** (－2.51)	－0.166*** (－2.60)	－0.164*** (－2.58)	－0.165*** (－2.59)	－0.169*** (－2.64)
AOS	－0.044 (－0.76)	－0.060 (－1.03)	－0.054 (－0.93)	－0.041 (－0.71)	－0.043 (－0.75)	－0.044 (－0.76)

续表

自变量	模型（56）	模型（57）	模型（58）	模型（59）	模型（60）	模型（61）
	因变量：PDL_9					
AVA	-0.034 (-0.48)	-0.046 (-0.65)	-0.029 (-0.41)	-0.033 (-0.46)	-0.035 (-0.49)	-0.031 (-0.43)
SAT	0.122 (1.40)	0.133 (1.54)	0.118 (1.36)	0.123 (1.42)	0.121 (1.40)	0.122 (1.41)
INT	0.270** (2.25)	0.299*** (2.47)	0.279** (2.35)	0.265** (2.20)	0.271** (2.26)	0.274** (2.29)
EDU		-0.142** (-2.07)				
IND			-0.226 (-1.32)			
COO				0.055 (0.41)		
PAR					0.069 (0.42)	
CAD						-0.229 (-1.24)
常数项	1.907*** (3.34)	2.204*** (3.84)	2.156*** (3.58)	1.902*** (3.32)	1.907*** (3.33)	2.053*** (4.55)
F 值	6.93	6.74	6.71	6.38	6.29	6.41
估计方法	稳健标准误 OLS					

注：() 内是 T 统计值，***、** 和 * 分别表示自变量的参数估计值在 1%、5%、10% 显著性水平下显著。

6.3 农户生产分工影响因素的作用效应分析

本节研究内容主要是根据实证分析结果，分析经营效益、交易费用、交易风险、生产迂回、要素资源以及其他因素对农户生产分工的影响效应。

6.3.1　经营效益对农户分工的影响效应

根据对农户生产分工影响因素的实证估计结果，经营效益对整体分工水平具有累积正向影响效应，同时还对一些细分环节分工程度产生不同影响效应，主要表现在以下几方面。

（1）经营效益对农户整体分工水平产生累积正向影响效应。经营效益水平在1%显著性水平下对农户整体生产分工水平的影响效应程度达到2.747，通过实证进一步证实了经营效益会对农户分工水平产生积极影响，说明农户在种植生产经营中获取收益水平的高低会影响其分工生产的环节数量，农户能够从分工生产中得到的增益越大，越倾向于采取分工生产方式，把大部分工序环节交由专业服务组织或个人完成。同时，经营效益对分工水平的影响效应具有反馈作用，农户整体生产分工对经营效益水平的影响系数达到0.088，且通过1%显著性水平检验，表明分工环节数量增加可以带来经营效益水平的有效提升，农户通过分工能够更好地发挥生产比较优势，提高生产效率，降低经营成本，增进经营效益。这样，经营效益对分工水平作用效应不断累积，促进农户整体生产分工水平持续提高。

（2）经营效益对农户分工程度产生影响，效应程度在不同环节上有所差异。实证估计结果显示，经营效益水平对育种、灌溉、植保、除草环节分工程度具有促进作用，影响效应分别达到0.371、0.324、0.395和0.480，且在1%显著性水平下显著，表明农户种植经营获取的生产收益越高，越愿意在这些环节深化分工，把工序环节上更多的工作量交由专业服务组织或者个人完成。对于收获环节而言，经营效益水平会对其分工程度产生明显抑制作用，作用程度在1%显著性水平下达到-0.243，说明种植经营绩效越高的农户，越倾向于独自完成农作物收割，而不是采取分工方式开展生产活动。此外，经营效益水平对耕整、播栽、施肥、储运环节也产生一定正向影响，只是影响系数不能通过显著性检验，影响效应有限。针对经营效益对不同环节分工影响效应的差异性，与工序环节的特性有关。相比其他环节，育种、灌溉、植保和除草在种植生产中属于可分工性较低的工序（江雪萍，2014；

胡新艳等，2015c），通常情况下都是由农户独立完成劳动，只有农户经营效益水平达到一定程度之后，才能突破实施分工生产的“门槛”，更多地采取分工方式开展作业，因而经营效益水平会对这些工序环节产生显著影响。耕整和播栽环节本身可分工性较强，分工的“路径依赖”较为明显，即使没有达到一定经营效益水平，农户也会主动进行分工生产，所以，经营效益在这些环节上促进分工深化的影响效应不是特别明显。收获环节本身可分工性较强，但是分工交易风险较大，不及时进行收割作业会造成大量经济损失。对于经营效益水平高的农户而言，有能力承担购置收割机械的能力，出于对风险的规避，更愿意独立完成收割任务，经营效益水平低的农户则无法独自承担机械购置费用，为提高工作效率，需要在冒一定风险的前提下采取分工方式进行收割作业，因而经营效益水平会在收获环节上对分工程度产生抑制效应。

6.3.2 交易费用和风险对分工的影响效应

从对农户生产分工影响因素的实证估计结果来看，交易费用和风险对农户生产分工产生消极影响。

（1）交易费用抑制农户生产分工水平提高。在交易费用对分工水平影响中，契约程度、议价能力和交易频率作为交易费用的负向化指标，表征分工交易费用节约程度，对农户整体生产分工水平产生不同程度的正向影响，契约程度影响效应为0.503，议价能力影响效应是0.264，交易频率影响效应达到1.785，充分说明如果农户能够有效节约分工交易过程中的交易费用，其分工生产意愿将会得到加强，在更多种植工序环节上进行分工生产。同时，交易费用会对农户细分环节分工程度产生不同程度的负向影响。从交易费用的影响效应上看，契约程度、议价能力和交易频率3个反映交易费用的负向化指标对各个细分环节分工程度均产生正向影响，尽管这些指标的影响系数在个别环节上不够显著，如契约程度在育种和除草环节的系数估计值不能通过显著性检验，但是综合来看这些指标的影响效应比较明显，表明交易费用的节约能够提高细分环节分工程度，换言之，交易费用越高，农户越不愿意把更多工序环节工作量交由生产性服务提供者完成，农户分工程度明显受到交易费用的约束。

（2）交易风险制约农户生产分工程度深化。在交易风险对农户整体分工水平影响上，农户监督考核能力不足会制约其分工生产选择，监督难度对分工水平产生明显的负向影响，效应系数为 -0.257，分工重复作业造成损失的大小也会对农户分工生产决策产生消极影响，影响系数是 -0.143，表明农户在考虑分工生产时，会对分工交易潜在风险的存在进行慎重评估，如果认定交易风险难以驾驭，则会减少分工生产的工序环节数量。与此同时，交易风险也会对农户细分环节分工程度产生不同程度的负向影响，影响效应略弱于交易费用。监督难度分别会对育种、植保、除草和储运环节分工程度产生 -0.185、-0.095、-0.084 和 -0.165 的影响效应，生产专用性对耕整和育种环节分工程度影响系数分别为 -0.127 和 -0.178，而信息不对称性对各个环节均产生一定的负向影响，但系数估计值不能通过显著性检验，影响效应有限，说明农户防范和应对交易风险能力不足，如对交易对象的作业效果不能有效监督考核，在工序环节分工会比较谨慎，不会把更多工作量分工外包生产。不过，表征交易风险的 3 个指标在多个环节上的负向影响效应不够显著，相比交易费用的影响程度，交易风险对农户分工程度深化起到制约效应略小。

6.3.3　生产迂回对农户分工的影响效应

按照农户生产分工影响因素实证估计结果进行分析，生产迂回对农户整体分工水平和细分环节分工程度都会产生积极影响。

（1）生产迂回对农户整体分工水平产生一定积极影响效应。一方面，农户获取分工服务的难易程度会影响其生产分工行为，分工可获取性对整体生产分工水平产生 0.205 的影响效应，且在 5% 显著性水平下显著，直观反映了农户周边农业生产性服务业发展程度高低的重要性，越容易获取分工服务，农户自然也才会去主动尝试生产分工；另一方面，社会分工体系发展是否成熟也影响农户分工水平，产业融合程度对整体生产分工水平影响系数为

0.628，促进作用明显，表明农户所在村庄农业加工业、乡村旅游业发展可以带动种植业生产分工发展，使农户将更多工序环节进行分工生产。上述结果表明，农户整体分工水平提升有赖于分工服务的“供给侧”发展，生产迂回程度越大，农户可购买的中间产品和服务就越多，就越会主动寻找分工生产渠道，进而提升整体分工水平。

（2）生产迂回对农户一些细分环节分工程度产生正向影响。从实证估计结果上看，在反映生产迂回发展程度的3个指标中，分工可获取性对农户分工程度影响最为明显，除了储运环节外，对其他细分环节分工程度均产生不同程度的正向影响，影响效应介于0.142～0.317之间，且都能通过显著性检验，表明如果农户能够较为容易地从周边环境中得到分工服务，则会把工序环节上的工作量更多地分包出去，在分工服务上形成一种“消费习惯”，从而深化细分环节分工程度。产业融合程度则是对可分工性较高种植生产环节影响较为显著，在对耕整、播种、施肥、灌溉和储运分工程度上起到明显的促进作用，影响系数分别达到0.353、0.531、0.303、0.151和0.270，且都能通过显著性检验，说明农户所在乡村农业加工业和乡村旅游业发展水平会进一步提高环节分工程度。从分工服务质量的影响效应上看，对于大部分生产环节分工程度不产生显著影响，略感意外的是其会对育种、植保和除草环节产生明显的负面影响，与指标设置预期不符，可能的解释是从工序环节特性上看，上述环节在分工中属于低可分工环节，主要受经营效益影响效应推动，高经营效益水平农户会因整体经营收益提升而“忽视”对分工服务质量的判别，且这些环节分工效果不易考核观测，农户对分工服务满意度的评价会出现偏颇，最终导致回归结果出现负向作用。因此，总体上看，生产迂回对于农户分工程度深化起到积极促进作用。

6.3.4 要素资源及控制变量影响效应分析

根据实证分析结果，要素禀赋和资源条件间接促进农户整体分工水平提升，农户合作社参与、兼业状况以及户主个体特征等控制变量对农户生产分工也产生一定影响效应。

（1）要素禀赋和资源条件对农户整体分工水平起到间接促进作用。在联立方程组实证估计中，要素禀赋和资源条件对经营效益水平均产生一定的正向影响，其中，土壤肥力影响效应为0.092、劳动力数量影响效应为0.072，要素可获取性影响效应为0.059，基础设施条件影响效应为0.059，且这些影响都在5%显著性水平下显著。结合经营效益水平对农户整体分工水平效应为2.747的影响，发现农户内外部要素资源条件会通过提高经营效益水平，从而促进分工水平提升，说明改善农业生产条件不仅能够直接增进农户经营的生产收益，也能够间接促进和提升农户生产分工水平，推动农业分工发展。此外，需要特别指出的是，土地规模对经营效益水平影响系数为0.001，且不能通过显著性检验。这一方面说明土地经营面积对增进经营效益的影响较小，盲目通过扩大经营面积可能无益于经营效益水平提高；另一方面表明土地规模不会对农户整体生产分工水平产生制约，因而在现有农户家庭经营条件下，单个农户在其既有土地面积上进行生产分工是可行的。

（2）农户合作社参与会对不同工序环节分工程度产生影响。虽然农户是否参与合作社对其整体分工水平影响不显著，但是合作社参与仍会对农户一些环节分工程度产生影响。农户合作社参与对于耕整、施肥、灌溉、除草和收获等环节分工程度影响系数分别是0.352、0.271、0.158、0.256和0.257，且都能通过显著性检验，其对植保和储运环节分工程度也产生一定正向影响，只是不够显著，此外，合作社参与会对育种和播栽环节分工起到负向影响，原因可能是合作社会组织社员统一安排这两项环节的分工劳动，降低了农户分工需求，总体上看，参加合作社的农户还是会把更多种植环节的工作量交由专业组织或者个人来完成。

（3）农户兼业状况对于可分工性较强环节分工程度影响效应较为明显。对耕整环节和收获环节分别产生0.293和0.399的影响效应，且通过显著性检验，但是对于其他环节分工程度影响不够明显，说明兼业生产农户由于自身劳动力不足，在一些劳动强度大、工作时间集中和机械替代性强的生产环节上更愿意通过分工来完成生产。

（4）户主个体特征对农户细分环节分工程度具有一定影响。户主个体特征在对农户整体分工水平影响中效应不显著，但是对于农户细分环节分工程度却产生一定影响。党员身份对育种、播栽、施肥和除草环节影响系数分别达到0.354、0.357、0.453和0.410，且都能通过显著性检验，村干部身份对收获环节也产生0.264的显著性影响，说明农户社会地位和关系网络层次越高，对于其分工深化意愿会产生一定的积极影响，促使其把更多工作量采取分包形式生产。受教育程度会对个别环节分工程度产生负面影响，比如育种、灌溉、植保和储运，与指标影响预期存在一定差距，鉴于这些都属于服务效果难以考核的工序环节，这种“反常”现象出现的原因可能是随着农户受教育水平的提高，意识到分工绩效难以界定，为避免造成风险，从而减少在这些环节上分工生产的工作量。

6.4 本章小结

本章研究基于545个种植业农户问卷调查数据，构建农户生产分工影响因素实证分析模型，运用3SLS和稳健标准误OLS方法分别实证估计各个因素对整体生产分工水平和细分环节分工程度的影响效应，并对估计结果进行稳健性检验，进而归纳经营效益、交易费用、交易风险、生产迂回以及其他因素对农户生产分工的影响效应，结果表明：

（1）经营效益对分工产生累积影响效应。首先，经营效益对农户整体分工水平起到促进作用。经营效益水平对农户整体生产分工水平影响效应达到2.747，在1%显著性水平下显著，充分表明农户作为理性“经济人”，经营效益水平得到提升会促使其选择预期收益更高的分工方式进行农业生产。其次，经营效益对农户分工水平的影响效应具有累积强化性。农户整体生产分工水平会对经营效益水平同样具有正向影响效应，影响系数为0.088，且通过1%显著性水平检验，说明农户生产分工对经营效益产生反馈影响，进而使经营效益促进分工的影响效应不断累积强化。最后，经营效益促进农户部分细分环节分工深化。经营效益水平在育种、施肥、灌溉和植保环节上会对分工程度产生显著正向影响，系数分别为0.371、0.324、0.395和0.480，对耕整、播栽、除草和储运环节也产生一定积极影响。

（2）交易费用和交易风险对分工产生消极影响。一方面，交易费用会对农户生产分工产生消极影响。契约程度、议价能力、交易频率等变量对农户整体生产分工水平分别产生0.510、0.257和1.846的显著影响效应，说明分工交易过程中产生的或有损失、费用转嫁以及经验缺失造成的交易费用得到降低可以提升农户生产分工水平，论证了分工交易费用对农户分工的负面影响，同时，交易费用的节约能够显著提高农户在工序环节上的分工程度，说明交易费用还会阻碍细分环节分工深化。另一方面，交易风险对农户生产分工产生负面影响，监督难度和生产专用性对农户整体生产分工水平影响效应分别为-0.257和-0.143，影响效应显著，信息不对称性也对整体生产分工水平起到一定抑制作用，同时，交易风险还对部分环节分工程度产生负向影响效应，比如，监督难度分别会对育种、植保、除草和储运环节分工程度产生-0.185、-0.095、-0.084和-0.165的影响效应，生产专用性对耕整和育种环节分工程度影响系数分别为-0.127和-0.178。

（3）生产迂回与要素资源对分工具有积极影响。生产迂回对农户整体生产分工水平的正向影响效应显著。分工可获取性对农户整体生产分工水平影响效应达到0.205，表明农户获取分工服务越为容易，越可能通过分工方式进行种植生产，直接反映了生产迂回对农户生产分工的影响。产业融合程度对农户整体生产分工水平在1%显著性水平下影响效应达到0.628，说明社会化分工体系的完善，产业之间要素合理流动和配置，促使农户采取分工生产方式进行农业生产。此外，生产迂回还对多数环节分工程度产生积极影响。与此同时，要素禀赋、资源条件对农户生产分工起到间接促进作用。土壤肥力、劳动力数量、要素可获取性、基础设施条件对于经营效益水平均产生正向影响，影响效应分别达到0.092、0.072、0.060和0.059，且都能通过5%显著性水平检验，结合经营效益水平对农户整体生产分工水平影响系数为2.747的作用效果，表明要素禀赋、资源条件会通过影响经营效益的提升，进而对农户生产分工产生影响。

综上所述，本章通过对545个种植业农户调查数据的计量分析，实证分析了经营效益、交易费用、交易风险、生产迂回、要素资源等因素对农户生产分工的影响效应。经过严格实证检验，证实了理论分析中提出的分工与经营效益之间的相互作用关系，经营效益对农户生产分工产生累积影响效应，同时，也证实了理论分析中提出的交易费用、交易风险对分工的抑制效应以及生产迂回、要素资源对分工的促进效应。诠释了微观调查数据统计分析中经营效益对农户生产分工差别的“不完全解释”现象，主要是因为除经营效益外，还有其他因素会对农户生产分工产生影响。在此基础上，还需要进一步分析这些影响效应在农户生产分工中的作用关系，才能真正揭示农户生产分工差别化产生的内在规律。因此，在下一章中，将对农户生产分工差别化形成机理进行解析。

第7章 农户生产分工差别化影响机理解析

本章的研究任务是实证分析经营效益及其他因素对农户生产分工影响效应基础上，深入分析这些影响因素对农户生产分工的作用机理，进而揭示农户生产分工差别化形成的内在规律。主要内容包括：深入剖析经营效益对农户生产分工累积影响机理；分别解析交易费用及交易风险对农户生产分工抑制作用机理，以及生产迂回和要素资源对农户生产分工促进作用机理；探讨多重影响作用下农户分工差别化生成过程及其内在调节机制，全面揭示农户生产分工差别化形成机理。

7.1 经营效益对农户生产分工累积影响机理

本节研究内容主要是围绕经营效益对农户生产分工累积影响机理展开分析，分别解析经营效益对农户生产分工的激励作用机理，农户生产分工对经营效益的反馈响应机理，以及经营效益影响强化机理。

7.1.1 经营效益激励作用

如图7-1所示，经营效益通过激励传动作用，对农户生产分工起到积极推动作用，促进分工环节数量提高和环节分工程度提升。根据农户行为理论，农户种植经营是会在“利润最大化”目标下来组织和生产的。换言之，经济激励是引导农户生产经营方式选择的首要因素，农户采取何种方式进行生产会着重考虑这种方式带来的经济回报。如果条件允许，在“利润最大化”驱使下农户会主动寻求能够提高经济利益的生产方式。经营效益正是透过这种经济激励影响的传动作用，促使农户生产分工产生改变。

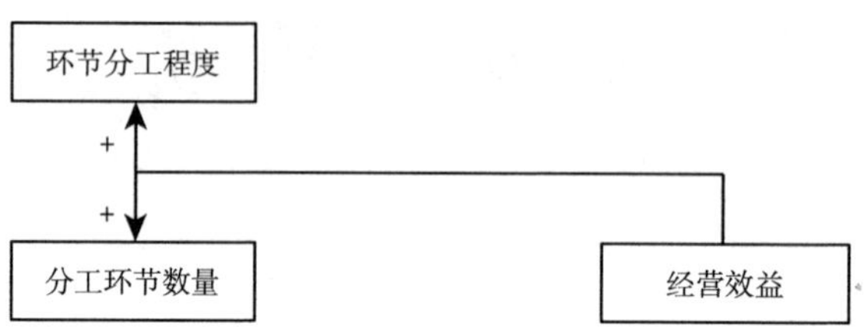

图7-1　经营效益激励作用机理

根据实证分析结果，经营效益水平对农户整体生产分工水平的影响系数达到2.747，说明经营效益能够提高农户分工生产的环节数量。从经营效益水平对各个细分环节分工程度影响的实证结果来看，与核密度分析方法得到的结果基本一致。经营效益水平在育种、施肥、灌溉和植保环节上会对分工程度产生显著正向影响，系数分别为0.371、0.324、0.395和0.480，对于耕整、播栽、除草和储运环节也产生积极影响，只不过影响效应不够显著。而经营效益水平对农户在收获环节上的负向影响作用主要是由收获环节的特殊性所决定。因此，总体上看，经营效益不仅会通过影响农户分工环节数量，还会影响各个工序环节上的分工程度，从“量”和“质”两个方面同时对农户生产分工起到促进作用。上述分析揭示了经营效益对农户生产分工累积作用机理的第一层次，即经营效益水平提高可以推动农户生产分工在数量与程度上实现双重提升。

7.1.2　生产分工反馈响应

在经营效益激励农户生产分工发展的同时，分工水平提高又会促进经营效益水平提升。由于经营效益水平对整体生产分工的影响是双向的，因而农户整体生产分工水平会对经营效益水平产生反馈响应。实证分析结果显示，这种影响系数为0.088，作用效果明显。农户生产分工对经营效益的反馈与响应作用可以通过表7－1来进行观察。按照农户生产环节数量高低把545个样本农户分为5组，高水平组的农户的经营效益水平均值达到1.2506，而在低水平组中经营效益水平平均只有0.8907。随着分工环节数量增加，其他表征经营效益指标数值也同向变动。比如，高水平组的农户的土地产出率均值达到3590.78元/亩，比低水平组每亩高出1869.99元；劳动生产率均值高达18046.97元/人，高出低水平组11987.54元/人；成本利润率在高低水平组中相差0.5585。通过分组数据统计与比较，可以观察出农户生产分工水平对经营效益水平的反馈作用，分工生产水平较高农户获取规模经济的能力明显高于水平较低农户，这样就使得分工水平不同农户的经营效益产生差距。

表7－1　不同分工水平的经营效益水平

分组	经营效益水平	土地产出率（元/亩）	劳动生产率（元/人）	成本利润率	要素弹性之和	全要素生产率	技术效率
高水平组	1.2506	3590.78	18046.97	0.9536	0.9887	526.30	0.9775
中高水平组	1.0680	2071.16	7111.85	1.0260	1.0037	453.78	0.9773
中等水平组	0.9562	1824.45	5894.92	0.7827	1.0117	343.89	0.9772
中低水平组	0.8394	1376.09	5045.18	0.4917	0.9528	271.57	0.9771
低水平组	0.8907	1720.79	6059.43	0.3951	0.9696	310.26	0.9772

注：分组按照农户生产分工环节数量从高到低排列分成5组。

分工水平提高获取经营效益水平是累积影响作用的第二层次，内在运行机理可以归结为三点。一是分工提高农户生产效率。农业生产是一个复杂系统，工序环节众多，农户在每个环节上效率肯定是不同的，在某些环节中劳动效率不具有比较优势，因而通过在这些环节上的分工生产，可以使原本一些效率较低的工序劳动变得富有效率，从而整体上提高农业生产经营效益。二是分工降低农户经营成本。对于部分生产工序而言，通过机械投入替代劳动力增进的收益可观，但是由于机械购置费用过高，平均到每个产出农产品的固定成本相应上升，通过分工则把这部分固定成本转变为重复购买生产性服务支出的可变成本，从而大大降低经营成本负担。三是分工有利于技术效应扩散。如果农户进行自给自足的自然生产，则缺少与外界的交流，难以跟上农业技术创新步伐，导致种植生产囿于低效率发展困境，通过分工生产可以实现新技术的学习与交流，提高生产技术效率，进而增进经营效益。

7.1.3 经营效益影响强化

经过上述两个阶段反复，经营效益对农户生产分工影响效应不断强化，通过累积作用促进农户生产分工发展。如图 7 – 2 所示，实线表示经营效益对农户生产分工激励作用传递，虚线表示农户生产分工对经营效益的反馈作用以及经营效益的强化效应，由于经营效益与生产分工之间具有互动影响，经营效益通过激励传动促使农户生产分工水平提高，分工发展反馈作用于经营效益使其得到增进，这种增进又通过再次通过激励传动促使农户生产分工水平进一步提升。

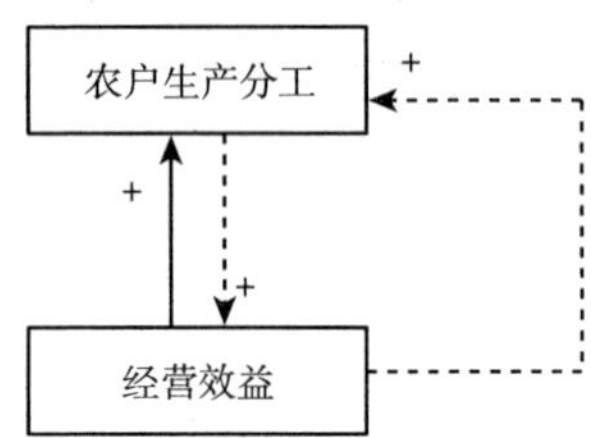

图 7 – 2　经营效益影响效应强化机理

按照经营效益水平大小把 545 个样本农户进行分组，可以观察出不同农户在经营效益强化效应下分工发展的差距。表 7 – 2 显示，高效益组分工环节数量均值能够达到 6.45，而低效益组只有 4.61，两者相差 1.84，而其他效益组分工环节数量也随着效益值提高而增加，在分工环节数量上表现出了较为明显的分化特征。在环节分工程度上，除了耕整、收获环节因为其分工潜在风险大的特殊性外，其他环节分工程度都是按照经营效益水平分组逐次递增，也产生了比较明显的分化现象。在实际生产过程中，不同农户种植经营得到的经营效益水平肯定会有高低差异，这种差异向农户传递了程度不同的经济激励，农户接收到不同的预期收益信号，进而做出不同的应对行为。得到经济激励信号强的农户会增加分工环节数量，把更多环节工作量分包交由专业组织或个人完成；而收到经济激励信号弱的农户则不会轻易提高自身分工水平，最终在农户中形成不同分工层次的分化。

表7－2　　不同经营效益的农户生产分工

分组	分工环节数量均值	环节分工程度均值								
		耕整	育种	播栽	施肥	灌溉	植保	除草	收获	储运
高效益组	6.45	2.77	2.65	2.45	2.08	2.14	2.17	2.26	3.16	3.21
中高效益组	4.7	2.55	1.9	2.4	1.53	1.49	1.4	1.56	3.43	2.72
中等效益组	4.83	2.37	2.44	2.44	1.67	1.71	1.74	1.72	3.31	2.73
中低效益组	4.67	2.39	2.1	2.35	1.49	1.57	1.56	1.5	3.49	2.9
低效益组	4.61	2.84	1.8	2.31	1.91	1.39	1.37	1.33	3.67	2.52

注：分组按照经营效益水平值从高到低排列分成5组。

这种强化效应作用机理内在逻辑表现在两个方面。一方面，按照农户行为理论，农户属于理性的“经济人”，其从事农业生产是为了追求更多收益，一旦发现种植生产的经营效益得到增进，肯定会主动寻求分工方式进行农业生产，这也解释了为什么高经营效益水平组农户分工环节数量均值会比低经营效益水平组高出1.84，就是因为农户分工生产的经济预期得到增强，在“利润最大化”目标驱使下，不断提高分工水平；另一方面，分工意味着生产费用的上升，农户要先负担这部分成本，才能够享受生产效率提升带来的好处。对于一些农户而言，尽管有分工生产的需要，但是不能转化为需求，因为他们不能负担分工生产成本。只有经营效益水平达到一定水平的农户，物质积累速度较快，支付能力较强，可以承担购买社会化服务或者外包生产环节的费用，才能把分工需要转变为分工需求，进而使分工数量水平得到提高。

综上所述，经过“激励—反馈—强化”的作用过程，经营效益对农户生产分工产生累积影响。在激励作用阶段，经营效益产生的正向影响效应促进农户整体分工水平和环节分工程度提高；在反馈作用阶段，农户生产分工响应来自经营效益的影响，对增进经营效益产生积极影响；在强化作用阶段，经过激励与反馈作用过程，经营效益对农户生产分工的影响效应又进一步得到强化。通过上述阶段作用过程，经营效益与生产分工之间形成一个相互影响的系统，经营效益影响效应不断累积，推动农户生产分工发展。现实中，如果农户在种植经营中生产效益获得提升，会激励其提高分工水平，进一步增进经营效益，再次把分工提升到更高层次；而如果农户生产经营中生产效益不高，分工生产缺乏激励，失去通过分工增进经营效益的机会，又会进一步降低其分工积极性，使分工徘徊在较低水平，在经营效益累积影响作用下，最终形成农户分工分化。

7.2 其他主要因素对农户生产分工影响机理

本节研究内容主要是分别分析交易费用、交易风险、生产迂回和要素资源对农户生产分工影响的作用机理，同时分析这些影响在经营效益作用下的效应反馈与强化。

7.2.1 交易费用及交易风险的抑制作用

交易费用和交易风险共同对农户生产分工产生抑制效应，其作用机理如图 7－3 所示，可以归纳为以下两点。

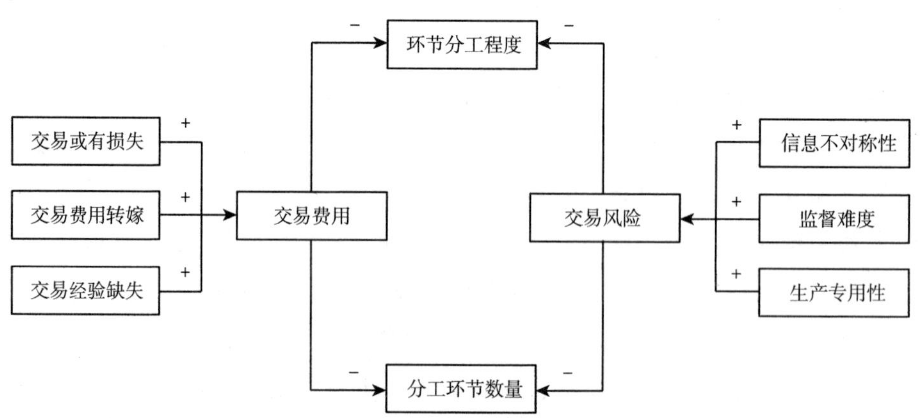

图 7－3 交易费用及交易风险抑制作用机理

(1) 交易费用对农户生产分工抑制作用机理。如图7-3所示，交易费用分别对农户分工环节数量和环节分工程度产生抑制作用，其抑制作用机理如下。首先，分工交易产生的或有损失影响农户分工。农户在分工交易过程中会因为交易对象可能的违约行为而产生或有损失，规避损失的方法就是尽可能地订立完善的交易合同。契约程度对整体生产分工水平影响系数为0.510，正向影响效应显著，说明合同制定越为正规，或有损失产生的概率越小，农户才会更愿意接受生产分工。契约程度对于耕整等诸环节分工程度影响系数介于0.022~0.333之间，降低分工交易中或有损失发生的概率能促进分工程度的提高，通过契约程度正向影响效应反向证明了交易中的或有损失对农户生产分工的消极影响。其次，分工交易过程中的费用转嫁影响农户分工。农户分工生产不可避免地要与生产性服务提供者进行谈判，会因为谈判地位的劣势而面临被交易对象转嫁交易费用的可能性，解决的办法是增强农户的谈判能力。议价能力对整体生产分工水平影响系数为0.257，正向效应明显，表明费用转嫁发生概率降低，农户分工积极性才会得到提高。议价能力对各个环节分工程度影响系数介于0.103~0.417之间，有效规避分工交易的费用转嫁有利于农户分工程度提升。最后，分工交易的经验缺失影响农户分工。通常情况下，农户在不断的市场交易中获得经验积累，会对节约交易费用形成一种“惯性路径”，知道如何避免负担交易费用。相对地，分工交易的经验缺失会造成交易费用的提高，进而制约农户生产分工，这一点在交易频率对农户整体生产分工水平的影响效应中得到证实，其影响系数为1.846，说明交易频率越高，农户分工生产意愿越强，从反面说明了经验缺失会阻碍农户生产分工。交易频率对各个环节分工程度的影响系数介于0.12~1.147之间，丰富的市场交易经验有助于深化农户生产分工程度。在上述机理共同作用下，在农户实际生产中，如果不能有效降低交易费用，则农户分工程度难以得到提升，农户的分工生产只是处在一种“非连续”的偶然状态之间，还不是真正意义上的生产分工。因此，从总体上看，交易费用不只会降低农户整体分工水平，还会在细分环节上妨碍分工程度深化，使农户生产分工表现出明显差异。

（2）交易风险对农户生产分工抑制作用机理。分工交易过程中会出现一些不可预见的突发性事件，一旦发生某些偶然事件，农户生产会蒙受损失，因而农户会因对风险的厌恶而降低生产分工意愿。交易风险对农户生产分工的影响机理主要体现在以下几方面。一是农户监督考核能力不足影响生产分工。监督难度对整体生产分工水平具有显著的负向影响，影响系数为 -0.257，表明分工服务作业考核难度越大，农户越难约束生产性服务提供者的工作，即使在有明确合约的情况下，农户也难以收集证据合理维权，由此带来的损失风险难以控制，降低了农户生产分工意愿。监督难度对育种环节分工程度在1%显著性水平下影响效应为 -0.185，对植保环节分工程度在10%显著性水平下影响效应为 -0.095，对除草环节分工程度在10%显著性水平下影响效应为 -0.841，对储运环节分工程度在1%显著性水平下影响效应为 -0.165。二是分工生产过程中可能遇到的重复作业情况会影响农户生产分工决策。生产专用性对整体生产分工水平起到明显的负向作用，影响系数为 -0.143，说明重复工作对农作物生产影响越大，农户在选择分工生产时会越谨慎，因为农业生产中存在一定的"不可逆性"，一旦错过某些时节，农作物生长会受到严重影响，农户出于交易对象工作失误带来风险的担忧会慎重考虑生产分工。生产专用性对于耕整和育种环节分工程度影响效应分别为 -0.127 和 -0.178。从中可以看出，容易被交易风险影响的分工环节大多是劳动作业效果不能及时反映和察觉，导致损失时无法准确划定责任范围的种植生产工序，说明交易风险对农户分工程度的影响效应只在部分环节上体现明显，对播栽、施肥、灌溉、收获环节分工程度影响效应不显著。三是信息不对称性也对整体生产分工水平起到抑制作用，只是影响效应不够显著。因此，监督难度、生产专用性、信息不对称性等不确定性因素会在农户分工交易过程中产生风险，当交易风险增加时，农户会出于风险规避的考虑，减少分工生产环节，同时，在已分工生产环节上，降低分工生产工作量比重，从而在数量和程度上对农户生产分工产生制约效应。从这个意义上看，交易风险与交易费用的抑制作用机理相同，都是由于分工生产方式不可避免地带来的成本上升所引起的对农户生产分工发展的抑制，与交易费用的抑制作用相比，交易风险对农户分工的抑制作用稍弱。

7.2.2 生产迂回和要素资源的促进作用

如图7－4所示，农户生产分工促进效应影响机理表现在两个方面：一方面，生产迂回发展直接作用于农户生产分工；另一方面，要素资源条件通过增进经营效益间接影响农户生产分工。

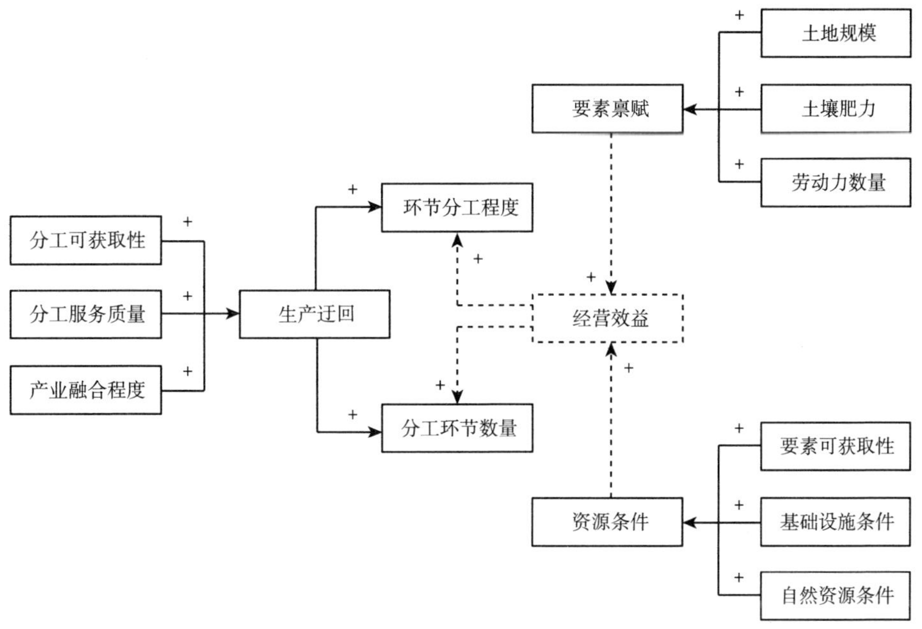

图7－4　生产迂回和要素资源促进作用机理

（1）生产迂回直接促进分工发展的作用机理。生产迂回促进分工发展作用集中在两个方面：一方面，生产迂回对农户整体生产分工水平的正向影响效应显著。分工可获取性对农户整体生产分工水平影响效应达到0.205，作用效果明显，表明农户获取分工服务越容易，越可能通过分工方式进行种植生产，直接反映了生产迂回对农户生产分工的影响；产业融合程度对农户整体生产分工水平在1%显著性水平下影响效应达到0.628，说明农村地区农业加工产业、乡村旅游业发展会影响农户生产分工，主要源于社会化分工体系的完善，产业之间要素合理流动和配置，促使农户采取分工生产方式进行农业生产。分工服务质量也对农户整体生产环节分工产生积极的影响效应，只是影响效应不够显著。另一方面，可见，不同农户能够拥有的生产迂回具有一定差异，进而会导致其生产分工的差别。实证估计结果显示，生产迂回对绝大多数农业生产环节分工程度产生正向影响效应。其中，分工可获取性对于耕整、育种、播栽、施肥、灌溉、植保、除草、收获环节分工程度影响效应在 0. 159 ~ 0. 317，都在 5% 显著性水平下显著。产业融合程度对于耕整、播栽、施肥、灌溉、储运环节分工程度的影响效应则介于 0. 151 ~ 0. 531 之间。上述分析表明，通过分工可获取性、分工服务质量和产业融合程度发展可以显著提高生产迂回程度，生产迂回程度表征农业生产中中间产品和服务的发展水平，生产迂回程度越高，越能为分工生产创造条件，农户在种植生产中可以更多利用中间产品和服务来进行迂回生产，把各个工序环节上的工作量更多地进行分工生产，实现农业生产分工发展。

(2) 要素禀赋和资源条件间接促进分工发展的作用机理。图 7 -4 中的虚线表示要素禀赋和资源条件对农户分工起到间接促进作用。要素禀赋、资源条件对于经营效益水平提升具有积极影响，经营效益水平又对农户整体生产分工水平产生正向影响，因而农户的要素资源禀赋会对生产分工产生间接影响效应。从经营效益水平为因变量方程的实证估计结果上看，土壤肥力、劳动力数量、要素可获取性、基础设施条件对于经营效益水平均产生正向影响，影响效应分别达到 0. 092、0. 072、0. 060 和 0. 059，且都能通过 5% 显著性水平检验，而土地规模和自然资源条件也对经营效益水平产生一定正向影响，只是效应不够显著。总体上看，要素禀赋和资源条件对农户经营效益水平产生影响，再结合经营效益水平对农户整体生产分工水平具有的影响系数为 2. 747 的作用效果，要素禀赋和资源条件也会影响农户生产分工。可见，土壤肥力、劳动力数量、要素可获取性、基础设施条件等因素会通过影响经营效益的提升，进而对农户生产分工产生影响。综合来看，引导土地适度规模经营，提升土壤肥力，增加劳动力数量有助于改善农户要素禀赋，而要素可获取性、基础设施条件和自然资源条件的改善有利于优化农户资源条件，随着要素资源逐渐充裕，通过图 7 -4 中的实线直接增进经营效益，又在经营效益这个媒介传导下，按照虚线指示路径对农户分工产生间接影响，促进分工环节数量提高，深化细分环节分工程度。

7.2.3　经营效益作用下影响反馈与强化

由于农户生产分工与经营效益之间具有互动影响关系，因而交易费用、交易风险、生产迂回和要素资源等因素对农户生产分工的影响效应会对经营效益产生反馈作用，进而再次传递到生产分工，从而在经营效益作用下形成影响效应的不断强化。

7.2.3.1　抑制与促进作用对经营效益的反馈影响

在农户生产分工对经营效益的反馈作用下，交易费用及交易风险对分工产生的抑制作用会传导于经营效益。从表 7－3 可以观察出交易费用及交易风险约束传导下的经营效益水平差别，在或有损失发生率分组中，交易或有损失发生率高组的农户的经营效益水平均值只有 0.9799，而在或有损失发生率低组的农户的经营效益水平均值则达到了 1.3300，同时，交易或有损失发生率高组农户的成本利润率均值比交易或有损失发生率低组的农户要低 0.1918。在交易经验缺失分组中，交易经验缺失严重、一般和不严重分组的经营效益水平分别是 0.8027、0.9957 和 1.2019，呈现逐次递增态势，成本利润率同样具有明显差距，交易经验缺失严重组农户的成本费用率均值为 0.5549，比交易经验缺失不严重组农户的成本费用率平均低了 0.3993。进一步地，观察监督难度分组情况，虽然监督难度分组的经营效益值没有表现出明显差别，但是在土地产出率、劳动产出率等具体指标上差距明显。监督难度非常困难组的农户的土地产出率均值只有 2889.60 元/亩，而非常容易组的土地产出率平均能达到 6638.57 元/亩，同时，监督难度非常容易组农户的劳动产出率比监督难度非常困难组农户高出 7591.52 元/人，差距明显。通过以上数据的比较与分析，可以发现交易费用及交易风险在农户生产分工反馈作用下，对经营效益水平提升产生约束，面临较高交易费用及风险的农户在种植经营过程中增进经营效益难度较大，而交易费用和交易风险约束力较弱的农户提升经营效益阻碍较小。

表 7-3　　不同交易费用和交易风险的经营效益水平

项目	分组	经营效益水平	土地产出率（元/亩）	劳动生产率（元/人）	成本利润率	要素弹性之和	全要素生产率	技术效率
交易或有损失发生率	高	0.9799	1903.36	9097.94	0.6162	0.9926	316.38	0.9772
	中	0.9250	2394.73	8230.36	0.8126	0.9792	440.31	0.9773
	低	1.3300	1778.31	6627.58	0.8080	0.9835	379.25	0.9772
交易经验缺失	严重	0.8027	1962.33	8192.30	0.5549	0.9994	341.03	0.9772
	一般	0.9957	2202.32	7495.83	0.6364	0.9926	351.96	0.9773
	不严重	1.2019	2111.42	9330.30	0.9542	0.9635	428.99	0.9773
监督难度	非常困难	1.0943	2889.60	8659.85	0.8767	1.0311	487.49	0.9773
	比较困难	0.9774	1614.64	7992.51	0.6591	0.9738	318.54	0.9772
	一般	1.0152	1976.18	8437.49	0.7045	0.9955	389.71	0.9773
	比较容易	0.9868	2485.41	8043.24	0.8621	0.9613	454.91	0.9773
	非常容易	0.9468	6638.57	16251.37	0.7296	1.0666	402.77	0.9776

注：交易或有损失依据农户契约程度指标进行分组：高 = 无协议，中 = 口头协议，低 = 书面协议；交易经验缺失按照农户交易频率指标从低到高排列分成 3 组，监督难度直接根据前述指标赋值进行分类分组。

在农户生产分工对经营效益水平的反馈作用下，生产迂回对分工产生的促进效应会传递到经营效益。从表 7-4 可以观察出生产迂回促动传递下的经营效益水平差别，在分工可获取性分组中，分工可获取性非常容易分组农户的土地产出率和劳动生产率均值分别达到 3231.99 元/亩和 10416.09 元/人，比分工可获取性非常困难组农户平均值高出 1750.55 元和 3474.26 元，同时，分工可获取性非常容易组农户的要素弹性之和与全要素生产率分别是 1.0504 和 395.61，也高于分工可获取性非常困难组农户的 0.9672 和 316.59。由此可见，生产迂回程度不同的农户，比如，一些农户容易从周边获取中间产品和服务，自然会积极参与生产分工，进而获取种植经营的生产收益，而有的生产迂回度低的农户可能难以直接从周边获取分工服务，种植分工生产受到阻碍，难以通过分工方式实现经营效益。进一步分析要素资源促进作用对经营效益的反馈影响。与生产迂回略有差别，要素资源不是直接作用于农户生产分工，而是通过经营效益来间接促进分工发展，这种间接促动作用经过经营效益与生产分工互动关系系统的反馈传递，同样会通过影响农户生产分工来再次影响经营效益。

表 7－4　不同生产迂回和要素资源的经营效益水平

项目	分组	经营效益水平	土地产出率（元/亩）	劳动生产率（元/人）	成本利润率	要素弹性之和	全要素生产率	技术效率
分工可获取性	非常容易	1.0727	3231.99	10416.09	0.7637	1.0504	395.61	0.9773
	比较容易	0.9529	1939.30	8673.79	0.7167	0.9737	383.30	0.9773
	一般	0.9776	1969.06	7218.71	0.7473	0.9847	375.49	0.9772
	比较困难	1.1864	1822.78	7761.49	0.6429	0.9512	365.67	0.9772
	非常困难	0.9584	1481.44	6941.83	1.2870	0.9672	316.59	0.9774
土壤肥力	高	1.0224	2119.51	8916.16	0.8112	0.9860	396.45	0.9773
	中	0.9741	2130.15	7819.08	0.6091	0.9880	360.08	0.9773
	低	0.8804	1822.62	5229.44	0.4953	0.9563	312.84	0.9772
劳动力数量	多	1.1434	2405.42	9363.99	0.6927	1.0052	382.02	0.9773
	一般	0.9642	2059.08	7881.99	0.8809	0.9790	416.93	0.9772
	少	0.8932	1867.09	7921.72	0.6157	0.9720	342.92	0.9772
要素可获取性	非常容易	1.0236	3134.75	10049.79	0.9398	1.0276	458.16	0.9774
	比较容易	0.9551	1746.20	7594.09	0.6100	0.9626	345.06	0.9773
	一般	0.9597	2127.64	9062.63	0.8342	0.9532	421.68	0.9773
	比较困难	1.1090	1702.23	7503.51	0.5652	0.9658	336.62	0.9772
	非常困难	0.9517	1850.69	7739.78	0.7030	1.0192	341.93	0.9772
基础设施条件	非常好	1.2138	1773.63	9910.79	0.6944	0.9405	368.17	0.9773
	比较好	0.8649	2553.53	6913.57	0.7368	1.0180	353.40	0.9773
	一般	1.0353	1765.62	8182.17	0.7023	0.9708	414.81	0.9773
	比较差	0.9290	2357.68	9683.51	0.7005	1.0032	388.97	0.9773
	非常差	0.9597	2092.93	7243.69	0.8169	0.9937	377.44	0.9772

注：分工可获取性、基础设施条件分组直接根据前述指标赋值进行分类分组，土壤肥力分组和要素可获取性分组分别按照调查农户土壤肥力大小和前述要素可获取性指标计算数值从高到低排列分成 5 组，劳动力数量分组根据前述劳动力指标计算数值从高到低排列分成 3 组。

表 7－4 显示，在要素禀赋与资源条件的直接作用与农户生产分工施加的反馈作用下，农户经营效益水平差异明显，要素禀赋分组中，土壤肥力高、中、低的分组农户的经营效益水平均值依次是 1.0224、0.9741 和 0.8804，劳动力数量多、一般、少的分组农户的经营效益水平平均值也呈递减排列，分别是 1.1434、0.9642 和 0.8932，说明不同要素禀赋条件农户经营效益水平差

别比较明显。资源条件分组中，要素可获取性非常容易分组的农户的土地产出率和劳动生产率均值分别达到3134.75元/亩和10049.79元/人，均高于要素可获取性非常困难分组的农户的平均值1850.69元/亩和7739.78元/人，同样，基础设施条件非常好的组的农户经营效益水平均值达到1.2138，比基础设施条件非常差的组的农户高出0.2541，表明不同资源条件农户经营效益水平差别也比较明显。因此，在实际经营中，要素资源较为丰裕的农户容易增进种植生产的经营效益，而要素资源相对缺乏的农户就难以实现经营效益提升。

7.2.3.2 抑制与促进作用影响效应不断强化

交易费用及交易风险抑制效应对经营效益产生反馈作用，又通过经营效益再次传导影响农户生产分工，使这种抑制作用不断强化，造成农户生产分工分化形成。交易费用及交易风险强化作用机理通过经营效益与生产分工之间的互动关系系统来进行反馈传导，如图7-5所示，实线表示交易费用及交易风险抑制作用传导，虚线表示这种抑制效应通过反馈影响经营效益再次强化，交易费用及交易风险通过约束传导抑制农户生产分工，农户生产分工受到制约使得经营效益难以增进，进而又进一步抑制农户生产分工发展。

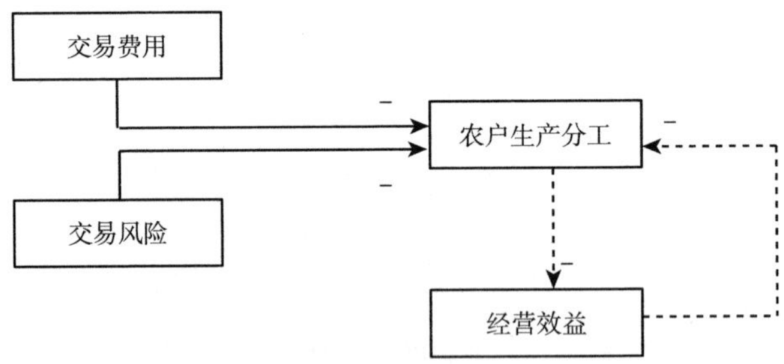

图7-5 交易费用及交易风险影响效应强化机理

交易费用抑制作用强化的结果可以从545个调查农户的分工差异来进行观察。如表7-5所示，在按照或有损失发生率分组中，高发生率组农户分工环节数均值为4.83，相比低发生率组环节数量降低了1.62，在各个细分环节上，明显出现分工程度随或有损失概率升高而递减的趋势。在费用转嫁概率分组中，比如，耕整环节在费用转嫁概率较高农户中的分工程度值只有2.39，而在低概率组中能够达到2.84。在经验缺失分组中，经验缺失严重组农户平均只会把4.34个环节进行分工生产，但是在经验缺失不严重组中这个数字提高到5.94，同时，环节分工程度值按照经验缺失程度呈现逆向排列，例如，经验缺失严重、一般和不严重组农户灌溉环节分工程度值分别是1.33、1.64、1.97，分化趋势明显。由此可见，分工过程中产生的或有损失、费用转嫁和经验缺失等交易费用的抑制作用不断强化，阻碍农户生产分工水平提升。现实生产中，不同农户种植经营过程中面临的交易费用约束必然会具有一定差异，有的农户通过与生产服务提供者制定详细书面合同，与周边农户一起与生产服务提供者展开谈判等手段来减少分工交易过程中或有损失、费用转嫁等发生的可能性，而有的农户因为交易经验缺失等原因缺少有效降低交易费用的手段。在这种情况下，能够降低交易费用的农户自然可以选择深化分工，增加分工环节数量，而无法减少交易费用的农户将继续面临约束限制，无法进一步通过分工方式进行生产，进而在分工上形成差距。

表7-5　　不同交易费用和交易风险的农户生产分工

项目	分组	分工环节数量均值	环节分工程度均值								
			耕整	育种	播栽	施肥	灌溉	植保	除草	收获	储运
交易或有损失发生率	高	4.83	2.37	2.44	2.44	1.67	1.71	1.74	1.72	3.31	2.73
	中	4.7	2.55	1.9	2.4	1.53	1.49	1.4	1.56	3.43	2.72
	低	6.45	2.77	2.65	2.45	2.08	2.14	2.17	2.26	3.16	3.21
交易费用转嫁概率	高	4.67	2.39	2.1	2.35	1.49	1.57	1.56	1.5	3.49	2.9
	低	4.61	2.84	1.8	2.31	1.91	1.39	1.37	1.33	3.67	2.52
交易经验缺失	严重	4.34	2.55	1.69	2.41	1.46	1.33	1.20	1.29	3.48	2.54
	一般	4.84	2.42	2.21	2.27	1.70	1.64	1.77	1.69	3.32	2.75
	不严重	5.94	2.75	2.60	2.49	2.06	1.97	1.94	2.02	3.42	3.14
信息不对称性	严重	5.54	2.75	2.63	2.35	1.75	1.90	2.10	1.86	3.36	2.95
	较严重	4.46	2.43	1.94	2.19	1.52	1.46	1.43	1.52	3.21	2.65
	一般	5.21	2.59	2.14	2.52	1.78	1.64	1.69	1.80	3.58	2.98
	较不严重	5.42	2.71	2.21	2.55	1.99	1.83	1.63	1.58	3.51	2.73
	不严重	5.70	2.70	3.00	2.80	2.30	1.70	1.50	1.90	3.80	3.10

续表

项目	分组	分工环节数量均值	环节分工程度均值								
			耕整	育种	播栽	施肥	灌溉	植保	除草	收获	储运
监督难度	非常困难	5.08	2.78	2.02	2.69	1.94	1.88	1.69	1.65	3.27	2.71
	比较困难	4.64	2.45	2.08	2.37	1.63	1.52	1.57	1.60	3.47	2.71
	一般	5.05	2.74	2.10	2.25	1.68	1.65	1.60	1.72	3.39	2.85
	比较容易	5.81	2.52	2.41	2.54	1.95	1.80	1.68	1.66	3.33	2.97
	非常容易	6.69	2.77	3.77	2.31	1.85	2.31	3.31	2.69	3.69	3.62
生产专用性	强	3.24	2.38	1.19	2.00	1.19	1.05	1.14	1.29	3.52	2.19
	较强	4.92	2.37	2.23	2.69	1.65	1.86	1.75	1.88	3.06	2.68
	一般	5.52	2.59	2.21	2.27	1.74	1.81	1.89	1.73	3.46	3.22
	较弱	4.86	2.54	2.02	2.29	1.79	1.54	1.51	1.56	3.41	2.71
	弱	5.75	2.92	2.85	2.70	1.75	1.89	1.92	1.93	3.58	3.04

注：交易费用转嫁根据农户议价能力指标分组：高 = 无议价能力，低 = 有议价能力；信息不对称性、生产专用性则是直接根据前述指标赋值进行分类分组，其余项目分组方式与表 7 - 3 相同。

进一步地，观察交易风险抑制作用强化下农户生产分工差距。在信息不对称性分组中，信息不对称性严重组的农户分工环节数均值是 5.54，而信息不对称性约束程度低的农户的分工环节平均值达到 5.70，两者具有一定差距，细分环节分工程度也随信息不对称性提高而降低，如播栽环节在信息不对称性严重组分工程度值只有 2.35，而在信息不对称性不严重组分工程度值达到 2.80。在监督难度分组中，监督考核生产服务提供者困难的农户的分工环节数量平均是 5.08，而在容易监督分工服务工作组中达到 6.69，差距明显，细分环节分工程度也有同样分化现象，诸如，育种、除草、储运环节，监督困难组比容易组的分工程度分别降低 1.75、1.04 和 0.91。在生产专用性分组中，农户生产专用性强分组的分工环节数量均值为 3.24，而重复生产作业损失影响较小的弱生产专用性组农户的分工环节平均值能达到 5.75。同时，细分环节分工程度也会随生产专用性提高而降低，如耕整环节分工程度在生产专用性弱的分组中均值达到 2.92，但是在生产专用性强组的分工程度值降低到 2.38。从中可以看出，分工交易过程中不确定性风险事件的产生限制了农户生产分工，比如，农户由于信息不对称性影响，对生产服务提供者信息了解较少，可能会因为对方业务能力不强而造成种植生产过程中的损失，农户监督考核能力不足，不能及时发现分工生产中已经发生的潜在问题而导致的损失，这些可能产生的损失都会影响农户分工决策。根据农户行为理论，多数农户属于风险规避者，防范交易风险能力弱的农户出于降低风险损失的考虑会减少分工生产，能够应对交易风险的农户分工就较少受到制约作用的影响，最终产生分工差距。

与交易费用及交易风险影响相类似，生产迂回和要素资源对农户生产分工产生的促进效应也会经过分工影响经营效益这一渠道再次强化作用于农户生产分工。如图 7 – 6 所示，实线表示生产迂回直接促进作用传递，虚线表示要素资源对农户生产分工的间接促动传递，以及生产迂回与要素资源影响效应的反馈与强化。生产迂回与要素资源通过促动作用传递推动农户生产分工发展，分工深化增进农户经营效益，进而再次影响和促进农户生产分工水平提升。

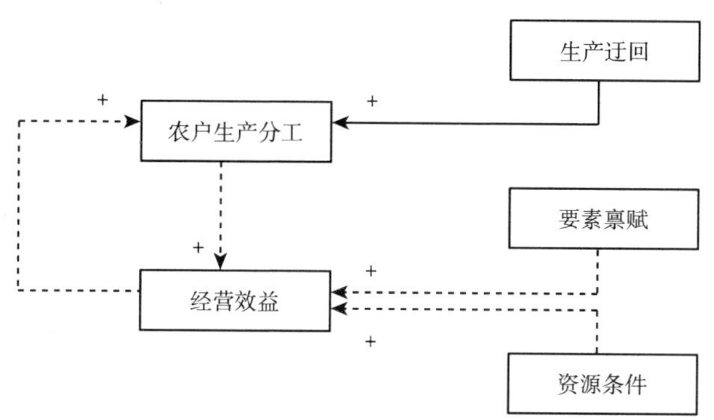

图 7 – 6　生产迂回与要素资源影响效应强化机理

从表 7 – 6 可以看出生产迂回和要素资源促进作用不断反馈与强化下不同农户生产分工的差距。在分工可获取性分组中，农户获取分工服务容易组的分工环节数量均值为 5.65，高于分工可获取性较低组的农户，分工差距在细分环节上更加明显，比如，耕整环节分工程度按照分工可获取性由高到低依次是 2.86、2.57、2.50、2.48 和 2.50，呈逐次降低趋势；收获环节分工程度按照分工可获取性由高到低依次是 3.51、3.51、3.41、2.85 和 2.00，也很容易观察到生产迂回促动下的农户分工分化。在产业融合程度分组中，融合程度高的组的农户的分工环节数量平均达到 5.40，而对应的融合程度低的组的农户均值只有4.75，两者相差0.65，同时，融合程度高的组的农户分工程度也强于融合程度低的组的农户，比如，耕整、播栽和储运环节，融合程度高的组的农户分工程度比融合程度低的组的农户分别高出0.34、0.55和0.19。因此，生产迂回作用传递到农户，例如，农业社会化服务发展程度较高地区农户可以较为容易地得到生产分工服务，而农业社会化服务体系尚未健全地区的农户无法较容易地获取急需的生产分工服务，即使有分工需求也会因供给缺乏而难以实现分工生产，长此以往，生产迂回程度高的农户分工持续深化，而生产迂回程度低的农户分工不断受阻，自然而然就形成了分工上的差距。

表7-6　不同生产迂回和要素资源的农户生产分工

项目	分组	分工环节数量均值	环节分工程度均值								
			耕整	育种	播栽	施肥	灌溉	植保	除草	收获	储运
分工可获取性	非常容易	5.65	2.86	2.54	2.88	1.85	1.93	2.18	2.03	3.51	2.76
	比较容易	4.93	2.57	2.10	2.43	1.76	1.60	1.57	1.59	3.51	2.71
	一般	4.95	2.50	2.10	2.17	1.68	1.61	1.58	1.67	3.41	3.00
	比较困难	5.10	2.48	2.35	2.15	1.56	1.60	1.50	1.60	2.85	2.94
	非常困难	5.50	2.50	1.25	2.75	2.50	2.25	1.25	1.50	2.00	2.00
产业融合程度	高	5.40	2.77	2.10	2.69	1.88	1.71	1.55	1.66	3.48	2.92
	低	4.75	2.43	2.25	2.14	1.61	1.61	1.73	1.69	3.35	2.73
土地规模	非常大	5.63	2.73	2.62	2.71	2.18	2.03	1.98	2.17	3.47	2.87
	比较大	5.42	2.55	2.55	2.49	2.10	1.84	1.93	1.78	3.46	2.78
	一般	4.34	2.50	1.65	2.40	1.49	1.35	1.38	1.35	3.56	2.53
	比较小	5.05	2.76	2.00	2.37	1.43	1.56	1.49	1.49	3.40	2.85
	非常小	4.84	2.36	2.08	1.97	1.49	1.50	1.46	1.58	3.15	3.07
土壤肥力	高	5.36	2.65	2.34	2.51	1.71	1.73	1.73	1.73	3.53	2.90
	中	4.76	2.58	1.96	2.25	1.80	1.58	1.53	1.53	3.24	2.74
	低	2.96	1.63	1.50	1.75	1.58	1.25	1.38	1.88	3.04	2.21
要素可获取性	非常容易	6.03	2.70	2.53	2.62	1.94	1.93	1.94	1.82	3.19	3.07
	比较容易	5.03	2.44	2.06	2.51	1.88	1.57	1.65	1.59	3.42	2.69
	一般	4.91	2.67	2.07	2.10	1.70	1.61	1.63	1.65	3.49	2.75
	比较困难	4.87	2.62	2.12	2.49	1.66	1.65	1.64	1.61	3.53	2.65
	非常困难	4.43	2.49	2.11	2.23	1.49	1.53	1.38	1.70	3.43	2.93

续表

项目	分组	分工环节数量均值	环节分工程度均值								
			耕整	育种	播栽	施肥	灌溉	植保	除草	收获	储运
基础设施条件	非常好	5.86	2.63	2.40	2.48	1.80	1.81	1.82	1.93	3.37	3.21
	比较好	4.99	2.53	2.12	2.29	1.70	1.59	1.60	1.57	3.54	3.06
	一般	4.21	2.31	1.79	2.18	1.57	1.44	1.49	1.49	3.63	2.45
	比较差	5.49	2.91	2.25	2.67	1.82	1.74	1.72	1.66	3.38	2.93
	非常差	4.72	2.54	2.35	2.33	1.79	1.71	1.61	1.72	3.13	2.43

注：产业融合程度分组直接根据前述指标赋值进行分类分组。土地规模分组按照调查农户土地面积大小从高到低排列分成 5 组，其余项目分组方式与表 7 - 4 相同。

通过比较要素禀赋和资源条件分组的分工环节数量与程度差异，再次验证促进效应反馈与强化下的农户生产分工差距。表 7 - 6 显示，在土地规模分组中，土地规模非常大的农户分组的分工环节数量均值是 5.63，而土地规模非常小的农户分组的分工环节数量平均数下降为 4.84，两者具有一定差距，分工程度值也是随土地规模增加而提高，比如在播栽环节，土地规模从高到低分组的分工程度均值依次是 2.71、2.49、2.40、2.37 和 1.97，分化趋势较为明显。在土壤肥力分组中，土壤肥力高的农户的分工环节数量明显高于低肥力组，分工数量均值分别为 5.36 和 2.96，相差 2.4，同时，在诸多环节分工程度上分化趋势也比较明显，比如，在耕整、育种和播栽环节，高肥力组分工程度均值分别比低肥力组高出 1.02、0.84 和 0.76。可见，实际种植生产经营中，农户要素禀赋的差异会通过影响经营效益进而促动传递作用于生产分工，使得分工环节数量和环节分工程度在农户之间产生分化。农户分工环节平均数随着要素可获取性从容易变为困难依次是 6.03、5.03、4.91、4.87 和 4.43，环节分工程度也表现出同样的分化趋势，如施肥环节分工程度随着要素可获取性由容易变为困难分别是 1.94、1.88、1.70、1.66 和 1.49，差别明显。在基础设施条件分组中，基础设施条件非常好的农户的分工环节数量是 5.86，高出基础设施条件非常差农户分组 1.14，表现出一定分化差异，同时，在一些环节分工程度上也表现出分化现象，如储运环节分工程度在基础设施条件非常好的农户分组中数值达到 3.21，而在条件非常差的农户分组中数值只有 2.43。这些证据表明，与要素禀赋一样，资源条件也会通过影响经营效益进而向农户生产分工传递促动效应，种植业农户由于地域条件差异，在资源条件上肯定千差万别，资源优越地区农户容易提升种植经营的生产效益，进而产生分工生产激励，增加分工环节数量以及细分环节分包工作量，而资源匮乏地区农户则会在增进经营效益水平上遇到阻碍，影响分工积极性，两者相比，在生产分工上“一进一退”，分化开来。

综上所述，交易费用及交易风险抑制农户生产分工发展，生产迂回和要素资源促进农户生产分工发展，两者的抑制和促进效应又通过经营效益与生产分工之间互动影响系统不断反馈与强化，从而使不同农户生产分工产生分化。首先，按照新制度经济学思想，农户分工生产过程中必然发生与外界的交易活动，比如，购买社会化服务需要与生产性服务提供者进行议价、签约以及验收等，完成这些交易活动不免要支付生产之外的额外费用，同时，交易过程中可能出现的不确定性风险会对农户造成损失，这些都会加大农户分工生产的成本。根据供需基本法则，成本上升肯定会造成需求下降，从而减少农户分工生产环节数量以及每个环节上的分工作业量。交易费用与交易风险就是通过上述抑制机制传导作用，造成农户生产分工环节数量和环节分工程度的分化。其次，根据分工理论，中间产品和服务发展程度决定了迂回生产发展水平，生产迂回程度提高可以为农户分工生产创造有利条件，直接促动分工深化与发展。另外，根据已有研究成果，农户要素禀赋和资源条件会对经营效益水平起到促进作用，进而通过影响经营效益间接促动分工生产发展。上述两者共同作用的传递促进了农户生产分工在环节数量上和分工程度上出现分化。最后，由于经营效益与生产分工之间具有互动影响关系，因而交易费用及交易风险产生的抑制效应以及生产迂回和要素资源产生的促进效应，会通过影响经营效益再次作用于农户生产分工，影响效应不断反馈和强化，进一步拉开不同农户之间的分工差距。

7.3　多重因素影响下农户分工差别化形成机理

本节研究内容主要是根据经营效益及其他主要因素对农户生产分工影响

的作用机理，探讨多重因素影响下农户生产分工差别化形成过程，分析农户生产分工的调节作用，以及分工差别状态的最终稳定。

7.3.1　分工差别化形成过程

在经营效益激励、交易费用及交易风险抑制、生产迂回与要素资源促进等的传递、反馈与强化机理共同作用下，从时点上看，可以观测到农户之间生成分工分化的现象，从时期上看，则能够观察出农户分工差别化的过程。从图7－7可以看出农户分工差别化产生的简要过程，其中，实线表示经营效益、交易费用、交易风险以及生产迂回对农户生产分工直接作用，虚线表示农户生产分工与经营效益之间的反馈与强化作用以及要素禀赋和资源条件通过经营效益对农户生产分工的间接作用。

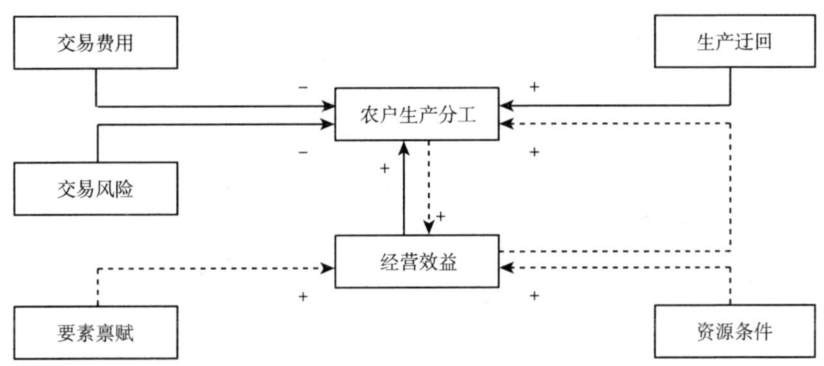

图7－7　分工差别化过程

根据前述不同因素对农户生产分工影响机理的解析，农户生产分工与经营效益之间是一个相互影响的系统，传递影响效应的同时会产生反馈与强化作用，交易费用、交易风险和生产迂回是直接作用于农户生产分工的外部影响效应，要素禀赋和资源条件是通过经营效益间接作用于农户生产分工的外部影响效应。为便于分析农户分工差别化过程，假定图7－7中通过实线传递的外部影响效应为1，通过虚线传递的外部影响效应为0.5。每种外部影响效应值分为高和低两个层次，效应高赋值为2，效应低赋值为1。交易费用及交易风险的总体影响效应为负，按照交易费用及交易风险不同效应层次组合分为：较高（交易费用及交易风险效应均为 -2），一般［交易费用（风险）效应为 -2、交易风险（费用）效应为 -1］，较低（交易费用及交易风险效应均为 -1）。生产迂回与要素资源的总体影响效应为正，按照生产迂回与要素资源不同效应层次组合分为：优越（生产迂回与要素资源效应均为 2）中等［生产迂回（要素资源）效应为 2、要素资源（生产迂回）效应为 1］，贫乏（生产迂回与要素资源效应均为 1）。需要说明的是，由于要素禀赋与资源条件是通过虚线影响农户生产分工，效应相应减半，两者合并叠加刚好等同于其他因素影响效应。

假设有包括 A、B、C、D、E、F、H 等在内的 7 个农户，其分工生产面临的外部条件如表 7 -7 所示。按照交易费用及交易风险、生产迂回与要素资源分别具有 3 种层次总体影响效应的假定，理论上总共可能有 9 种不同条件组合，但是考虑到当两种总体效应的程度相等时，对农户生产分工影响是相同的，故而可以省略 2 种组合，表 7 -7 所示的 7 个农户反映了假设中设定的全部可能出现的情况。

表 7 -7　　不同农户条件假定

假设条件		生产迂回与要素资源		
		优越	中等	贫乏
交易费用及交易风险	较高	–	B	C
	一般	D	A	E
	较低	F	H	–

注：“ - ”表示该条件下农户生产分工与 A 农户相同，不再单独分析。

为便于表述，在分析不同假定条件下农户生产分工差别化时，把交易费用及交易风险简称为抑制条件，把生产迂回与要素资源简称为促进条件。

A 农户面临的交易费用及风险程度一般，生产迂回与要素资源条件中等，抑制条件影响效应为 -3，促进条件影响效应为 3。第 1 期 A 农户生产分工影响为 -3 +3 =0，反馈到经营效益上的影响为 0 ×0. 5 =0，再次从经营效益得到的强化效应是 0 ×0. 5 =0；第 2 期 A 农户生产分工影响仍旧为 -3 +3 =0，反馈效应和强化效应同样为 0；如此循环反复，到第 t 期 A 农户生产分工的影响依旧是0，说明当抑制条件与促进条件影响效应相同时，农户会维持当前生产分工状态。

B农户面临的交易费用及风险程度较高，生产迂回与要素资源条件中等，抑制条件影响效应为-4，促进条件影响效应为3。第1期B农户生产分工影响为-4+3=-1，反馈到经营效益上的影响为-1×0.5=-0.5，再次从经营效益得到的强化效应是-0.5×0.5=-0.25，总计影响效应为-1.25；第2期B农户生产分工影响变为-0.25-4+3=-1.25，反馈到经营效益上的影响为-1.25×0.5=-0.625，再次从经营效益得到的强化效应是-0.625×0.5=-0.3125，总计影响效应为-1.5625；到第t期B农户受到的总计影响效应为$-1.67\times(1-0.25^t)$。

C农户面临的交易费用及风险程度较高，生产迂回与要素资源条件贫乏，抑制条件影响效应为-4，促进条件影响效应为2。第1期C农户生产分工影响为-4+2=-2，反馈到经营效益上的影响为-2×0.5=-1，再次从经营效益得到的强化效应是-1×0.5=-0.5，总计影响效应为-1.5；第2期C农户生产分工影响变为-0.5-4+2=-2.5，反馈到经营效益上的影响为-2.5×0.5=-1.25，再次从经营效益得到的强化效应是-1.25×0.5=-0.625，总计影响效应为-3.125；到第t期C农户受到的总计影响效应为$-3.33\times(1-0.25^t)$。

D农户面临的交易费用及风险程度一般，生产迂回与要素资源条件优越，抑制条件影响效应为-3，促进条件影响效应为4。第1期D农户生产分工影响为-3+4=1，反馈到经营效益上的影响为1×0.5=0.5，再次从经营效益得到的强化效应是0.5×0.5=0.25，总计影响效应为1.25；第2期D农户生产分工影响变为0.25-3+4=1.25，反馈到经营效益上的影响为1.25×0.5=0.625，再次从经营效益得到的强化效应是0.625×0.5=0.3125，总计影响效应为1.5625；到第t期D农户受到的总计影响效应为$1.67\times(1-0.25^t)$。

E农户面临的交易费用及风险程度一般，生产迂回与要素资源条件贫乏，抑制条件影响效应为-3，促进条件影响效应为2。第1期E农户生产分工影响为-3+2=-1，反馈到经营效益上的影响为-1×0.5=-0.5，再次从经营效益得到的强化效应是-0.5×0.5=-0.25，总计影响效应为-1.25；第2

期 E 农户生产分工影响变为 -0. 25 -3 +2 = -1. 25，反馈到经营效益上的影响为 -1. 25 ×0. 5 = -0. 625，再次从经营效益得到的强化效应是 -0. 625 × 0. 5 = -0. 3125，总计影响效应为 -1. 5625；到第 t 期 E 农户受到的总计影响效应为 $-1.67\times(1-0.25^t)$。

F 农户面临的交易费用及风险程度较低，生产迂回与要素资源条件优越，抑制条件影响效应为 -2，促进条件影响效应为 4。第 1 期 F 农户生产分工影响为 -2 +4 =2，反馈到经营效益上的影响为 2 ×0. 5 =1，再次从经营效益得到的强化效应是 1 ×0. 5 =0. 5，总计影响效应为 1. 5；第 2 期 F 农户生产分工影响变为 -0. 5 -2 +4 =2. 5，反馈到经营效益上的影响为 2. 5 ×0. 5 =1. 25，再次从经营效益得到的强化效应是 1. 25 ×0. 5 =0. 625，总计影响效应为 3. 125；到第 t 期 F 农户受到的总计影响效应为 $3.33\times(1-0.25^t)$。

H 农户面临的交易费用及风险程度较低，生产迂回与要素资源条件一般，抑制条件影响效应为 -2，促进条件影响效应为 3。第 1 期 H 农户生产分工影响为 -2 +3 =1，反馈到经营效益上的影响为 1 ×0. 5 =0. 5，再次从经营效益得到的强化效应是 0. 5 ×0. 5 =0. 25，总计影响效应为 1. 25；第 2 期 H 农户生产分工影响变为 0. 25 -2 +3 =1. 25，反馈到经营效益上的影响为 1. 25 × 0. 5 =0. 625，再次从经营效益得到的强化效应是 0. 625 ×0. 5 =0. 3125，总计影响效应为 1. 5625；到第 t 期 H 农户受到的总计影响效应为 $1.67\times(1-0.25^t)$。

表 7 -8 汇总了 A、B、C、D、E、F、H 农户在交易费用及交易风险、生产迂回与要素资源等影响下，通过生产分工与经营效益之间的互动关系系统的传递、反馈与强化，生产分工受到影响的累积效应。通过条件假设和数值模拟，可以看出随着时间推移，分工效应差距会越来越大，最终在不同农户之间形成生产分工差别，如约束条件与促进条件相同的 A 农户的生产分工仍然维持原有水平不变，促进条件优于约束条件的 F 农户的生产分工得到 3. 33 的增进，而约束条件强于促进条件的 C 农户的生产分工则有 -3. 33 的倒退，从中可以明显看出不同条件农户随着时间推移生产分工差别日益明显。

表 7－8　　　　　　　　不同假定条件农户生产分工影响

项目		A	B	C	D	E	F	H
交易费用及交易风险		一般	较高	较高	一般	一般	较低	较低
生产迂回与要素资源		一般	中等	贫乏	优越	贫乏	优越	一般
抑制条件效应		－2	－4	－4	－3	－3	－2	－2
促进条件效应		2	3	2	4	2	4	3
分工影响效应	第 1 期	0	－1.25	－1.5	1.25	－1.25	1.5	1.25
	第 2 期	0	－1.5625	－1.25	1.5625	－1.5625	1.25	1.5625
	…	…	…	…	…	…	…	…
	第 n 期	0	$-1.67\times(1-0.25^{t})$	$-3.33\times(1-0.25^{t})$	$1.67\times(1-0.25^{t})$	$-1.67\times(1-0.25^{t})$	$3.33\times(1-0.25^{t})$	$1.67\times(1-0.25^{t})$

进一步地，还可以根据条件假设与数值模拟结果推导出农户生产分工差别化的一般过程。假设农户初始的促进条件与抑制条件效应之和为 $p\in(-\infty,+\infty)$，生产分工反馈作用于经营效益与经营效益再次作用于生产分工的效应之积为 $q\in(0,+\infty)$，每个时期农户生产分工受到的总体效应为 a_t，则按照之前条件假定与数值模拟原则，得到：

$$
\begin{aligned}
&a_1=(p+pq)=(1+q)p\\
&a_2=(p+pq)+(p+pq)q=(1+q)(p+pq)\\
&a_3=[p+(p+pq)q]+[p+(p+pq)q]q=(1+q)(p+pq+pq^2)\\
&a_4=\{p+[p+(p+pq)q]q\}+\{p+[p+(p+pq)q]q\}q\\
&\quad=(1+q)(p+pq+pq^2+pq^3)\\
&\cdots\\
&a_t=(1+q)(p+pq+pq^2+\cdots+pq^{t-1})
\end{aligned}
\tag{7-1}
$$

式（7－1）中，容易看出 $(p+pq+pq^2+\cdots+pq^{t-1})$ 是一个首项为 p，比值为 q 的等比数列求和公式，按照公式计算，可以把式（7－1）简化为：

$$
a_t=\frac{p(1-q^t)(1+q)}{(1-q)}\tag{7-2}
$$

式（7－2）反映了第 t 期农户生产分工受到的总体效应，其大小 p 和 q 相关，且有：

$$\begin{cases}\lim\limits_{t\to\infty} a_t = \lim\limits_{t\to\infty}\dfrac{p(1-q^t)(1+q)}{(1-q)} = \infty\ ,(q\geqslant 1)\\ \lim\limits_{t\to\infty} a_t = \lim\limits_{t\to\infty}\dfrac{p(1-q^t)(1+q)}{(1-q)} = \dfrac{p(1+q)}{(1-q)},(q<1)\end{cases} \tag{7-3}$$

从（7-3）中可以看出，如果生产分工反馈作用于经营效益与经营效益再次作用于生产分工的效应之积 $q<1$，则第 t 期农户生产分工差别会收敛于 $p(1+q)/(1-q)$，且 q 数值越大，农户生产分工差别越明显；如果 $q\geqslant 1$，则 t 时期农户生产分工受到的总体效应会在初始的促进条件与抑制条件效应之和 p 的作用方向基础上无限扩大，农户生产分工差别会无限增大。

在前述条件假设中，假定了生产分工反馈作用于经营效益与经营效益再次作用于生产分工的效应之积 $q=0.5\times 0.5=0.25$，经过 t 时期之后农户生产分工受到的总体效应收敛于 $1.67p$，对初始促进条件与抑制条件效应之和 p 的取值范围设定在 $-2\sim 2$ 之间，农户生产分工总体效应介于 $-3.33\sim 3.33$ 之间，形成一定差别。从调查的 545 个种植业农户样本来看，条件假设与数据模拟的结果和实际调查农户的情况基本相符，在对农户生产分工影响效应实证分析中，经营效益对整体生产分工水平影响系数为 2.747，整体生产分工水平影响系数为 0.088，两者乘积为 0.2417，因而条件假设与数值模拟 $q=0.25$ 的设定具有合理性，可以反映种植业生产农户分工差别化的一般过程。

综上所述，基于经营效益对农户生产分工的累积影响效应，生产分工与经营效益之间形成一个相互影响的内部作用系统，交易费用及交易风险的抑制作用和生产迂回与要素资源的促动作用传递到生产分工，进而对经营效益产生反馈作用，影响效应再次强化作用于生产分工，在传递作用机理和反馈响应机理共同影响下，农户生产分工分化形成，经过长时期不断的效应传递与响应强化，最终形成农户生产分工的差别化。

7.3.2 分工调节与差别稳态

在了解和掌握农户生产分工差别化形成的一般过程之后，还需进一步分析农户生产分工是否还具有自我调节机制，进而观察这种调节作用下农户生产分工差别的稳定状态，才能全面反映农户分工差别形成现象的内在运行规律。

在对农户生产分工差别化形成的过程分析中，不同农户之间的生产分工差别取决于农户受到的由交易费用及交易风险产生的抑制作用效应与由生产迂回与要素资源产生的促进作用效应之和 p，生产分工对经营效益产生的反馈作用与经营效益再次作用于生产分工的效应之积 q，同时还有一个很重要的前提假设就是 p 和 q 在农户生产分工差别化过程中是保持不变的。

根据前述对545个样本农户生产分工的统计分析与比较，不同农户分工环节数量介于1～9之间，虽然表现出一定的"U"形分布趋势，但是各个层次水平农户占比差距不是太大，换句话说，尽管农户生产分工具有明显差别化特征，但这种差别化并不是极端的两极分化，而是较为均匀的差别分布。由此可见，现实农业生产经营活动中，可能存在某种调节机制使得农户生产分工差别保持在一个相对稳定的状态。也就是说，在实际农业生产过程中，随着农户生产分工水平的改变，p 和 q 的作用大小有可能会发生变化。

为检验农户生产分工调节作用机理，需要测度不同水平上农户生产分工影响效应程度，科伦克和巴赛特（Koenker and Bassett，1978）提出的分位数回归（QR）可以通过对因变量在0～1之间的不同分位数值进行估计，得到自变量在整个因变量条件分布的影响，正好适用于本书的研究。

分位数回归的参数估计通过对最小化残差绝对值的加权平均数求解来实现：

$$\min \sum_{i: Y_i \geq \varphi_\vartheta X_{\vartheta i}}^{n} Q \left| Y_i - \varphi_\vartheta X_{\vartheta i} \right| + \sum_{i: Y_i < \varphi_\vartheta X_{\vartheta i}}^{n} (1 - Q) \left| Y_i - \varphi_\vartheta X_{\vartheta i} \right| \tag{7-4}$$

式（7-4）中，Y_i 表示样本农户的生产环节分水平，$X_{\vartheta i}$ 表示包括经营效益、交易费用、交易风险、生产迂回、要素禀赋和资源条件等在内的 ϑ 个影响因素，φ_ϑ 为不同影响因素的分位数回归估计系数，Q 表示若干个分位数点。如果 $Q=0.1$，则满足 $Y_i \geq \varphi_\vartheta X_{\vartheta i}$ 条件的观测值只能得到0.1的权重，而

满足 $Y_i < \varphi_\vartheta X_{\vartheta i}$ 条件的观测值得到0.9的权重。通过对式（7－4）进行线性规划求解就能够得到各个影响因素在不同分工水平农户组中的影响系数估计值。

建立包括经营效益、交易费用、交易风险、生产迂回、要素禀赋和资源条件等因素在内的农户生产分工影响回归模型：

$$\begin{aligned} WDL = {} & \varphi_0 + \varphi_1 IOP + \varphi_2 DOC + \varphi_3 NEG + \varphi_4 FOT + \varphi_5 ASY + \varphi_6 SUP \\ & + \varphi_7 AOS + \varphi_8 AVA + \varphi_9 SAT + \varphi_{10} INT + \varphi_{11} LAN + \varphi_{12} FER \\ & + \varphi_{13} LAB + \varphi_{14} AOA + \varphi_{15} FAC + \varphi_{16} NAT + \mu_\varphi \end{aligned} \tag{7-5}$$

式（7－5）中，因变量为整体生产分工水平（*WDL*），自变量包括种植业收入（*IOP*）、契约程度（*DOC*）、议价能力（*NEG*）、交易频率（*FOT*）、信息不对称性（*ASY*）、监督难度（*SUP*）、生产专用性（*AOS*）、分工可获取性（*AVA*）、分工服务质量（*SAT*）、产业融合程度（*INT*）、土地规模（*LAN*）、土壤肥力（*FER*）、劳动力数量（*LAB*）、要素可获取性（*AOA*）、基础设施条件（*INF*）、自然资源条件（*NAT*）16个指标，指标数据来源与前述统计与实证分析相一致。需要特别说明的一点是：由于整体生产分工水平与经营效益水平是互为影响的解释变量，因而在分位数回归模型中用农户种植业收入作为经营效益的代理变量，避免内生性影响，同时，指标取农户种植业收入的对数值。

对式（7－5）进行分位数QR估计，同时以稳健标准误OLS估计作为参照，结果如表7－9所示。从回归估计整体效果上，稳健标准误OLS和QR估计的 R^2 或者Pseudo R^2 值显示整体模型回归结果显著，估计结果准确、有效。在稳健标准误OLS估计结果中，种植业收入对农户分工水平产生0.676的正向影响效应，T检验值达到6.50，影响效应极为显著。契约程度、议价能力以及交易频率等3个表征交易费用的负向指标的影响系数分别是0.434、0.380和0.915，分别通过1%、10%和5%显著性水平检验。交易风险影响因素中，监督难度和生产专用性在1%显著性水平下对农户分工水平分别产生－0.313和－0.290的消极影响。从生产迂回指标影响效应上看，分工可获取性和产业融合程度对农户分工水平产生积极影响，影响效应分别为0.291和

0.774，都能通过 5% 显著性水平检验。对于要素资源影响效应而言，土壤肥力、要素可获取性以及基础设施条件对农户分工水平分别产生 0.791、0.869 和 0.303 的促进作用，且均在 1% 显著性水平下显著。此外，信息不对称、分工服务质量、土地规模、劳动力数量和自然资源条件 5 个指标对农户分工水平产生的影响不显著。

表 7-9　农户生产分工分位数估计结果

变量	稳健标准误 OLS	QR				
		QR_0.1	QR_0.3	QR_0.5	QR_0.7	QR_0.9
IOP	0.676*** (6.50)	0.431** (2.28)	0.856*** (5.20)	0.772*** (7.53)	0.721*** (6.09)	0.380** (2.32)
DOC	0.434*** (2.89)	0.025 (0.10)	0.544*** (2.88)	0.361* (1.88)	0.496** (2.21)	0.262 (1.09)
NEG	0.380* (1.91)	-0.089 (-0.44)	0.327 (1.14)	0.430* (1.80)	0.441** (1.97)	0.213 (1.09)
FOT	0.915** (2.24)	-0.124 (-0.25)	-0.299 (-0.80)	1.069*** (3.11)	1.654*** (3.25)	1.796*** (3.38)
ASY	0.015 (0.14)	-0.011 (-0.07)	-0.120 (-0.80)	-0.192 (-0.99)	0.031 (0.18)	-0.110 (-1.34)
SUP	-0.313*** (-2.93)	-0.501** (-2.12)	-0.572*** (-3.24)	-0.582*** (-3.13)	-0.249 (-1.29)	-0.041 (-0.38)
AOS	-0.290*** (-3.10)	-0.273*** (-2.69)	-0.478*** (-3.97)	-0.273* (-1.84)	-0.073 (-0.64)	-0.145 (-1.16)
AVA	0.291** (2.38)	0.268* (1.71)	0.266* (1.74)	0.181 (1.23)	0.226 (1.25)	0.092 (0.50)
SAT	-0.132 (-0.96)	-0.211 (-0.82)	-0.159 (-0.94)	-0.193 (-0.93)	-0.101 (-0.56)	0.450 (0.31)
INT	0.774*** (3.72)	1.094*** (4.28)	0.870*** (3.28)	0.708* (1.78)	0.614 (1.37)	-0.121 (-0.41)
LAN	0.002 (1.45)	0.004 (1.13)	0.001 (0.23)	0.004 (1.22)	0.004 (1.37)	-0.001 (-0.14)
FER	0.791*** (3.51)	0.329 (1.35)	0.872** (1.96)	1.322*** (4.21)	1.408** (2.45)	0.070 (0.17)

续表

变量	稳健标准误 OLS	QR				
		QR_0.1	QR_0.3	QR_0.5	QR_0.7	QR_0.9
LAB	0.111 (0.99)	0.239 (1.29)	0.117 (0.71)	0.117 (0.66)	0.044 (0.34)	-0.044 (-0.35)
AOA	0.869*** (6.64)	0.799*** (3.97)	0.915*** (5.89)	0.842*** (5.35)	0.920*** (3.29)	0.454** (2.30)
INF	0.303*** (2.60)	-0.001 (0.01)	0.335*** (3.38)	0.223 (1.45)	0.332*** (2.50)	0.313** (2.40)
NAT	-0.104 (-0.63)	-0.303 (-1.54)	-0.070 (0.43)	-0.124 (-0.63)	0.025 (0.12)	-0.217 (-1.04)
常数项	-6.998*** (-4.92)	-2.793 (-0.83)	-8.162*** (-4.31)	-6.669*** (-2.60)	-9.325*** (-3.69)	1.397 (0.69)
R^2或者 Pseudo R^2	30.48	16.00	19.01	22.38	22.67	10.59

注：（）内是 T 检验值，***、**、*分别表示在1%、5%和10%显著性水平下显著。

进一步观察不同分位点的估计结果。种植收入对不同分工水平农户生产分工均产生正向影响效应，影响系数在 0.1 ~ 0.9 分位点分别为 0.431、0.856、0.772、0.721 和 0.380，且均在 5% 显著性水平下显著，从影响系数变化上看，种植收入指标对在中等分工水平农户的促进作用强于低分工水平和高分工水平农户。契约程度在 0.3 ~ 0.7 分位点对农户生产分工产生显著正向影响，影响系数分别是 0.544、0.361 和 0.496，对于分工低水平和高水平农户影响则不显著。议价能力对 0.5 和 0.7 分位点农户生产分工具有积极影响，影响系数分别是 0.430 和 0.441，对其他分位点影响效应不显著。交易频率对农户生产分工影响在 0.5 分位点之后开始显著，影响系数分别为 1.069、1.654 和 1.796，对于中低、低水平农户影响不显著。监督难度和生产专用性在 0.1、0.3 和 0.5 分位点上对农户生产分工产生显著负向影响，前者影响系数在 -0.501 ~ -0.582 之间，后者影响系数在 -0.273 ~ -0.478 之间，都是对中高、高水平农户影响不显著。分工可获取性和产业融合程度主要对低、中低水平农户产生显著积极影响，前者在 0.1 和 0.3 分位点影响系数分别为 0.268 和 0.266，后者影响系数分别是 1.094 和 0.870。土壤肥力在 0.3 ~ 0.7

分位点的影响效应较为显著，影响系数介于0.872～1.408。要素可获取性和基础设施条件则是基本上对各个水平的农户生产分工都产生显著影响，只有在0.1和0.5分位点上的基础设施条件影响效应不够显著。

图7－8反映了农户生产分工影响因素在不同分位点上的影响系数变化，从中可以更加直观地看出农户生产分工影响因素在不同分工水平上，影响效应程度的确会发生改变。在能通过显著性检验的指标中，经营效益、契约程度、议价能力、土壤肥力的影响系数呈倒U形变化，对中等分工水平农户生产分工正向影响较大；分工可获取性、产业融合程度、要素可获取性的影响系数随着分工水平的提升逐渐降低，对高分工水平农户的正向影响较弱；监督难度和生产专用性的负向影响效应随着分工水平的提升持续减弱；交易频率的影响系数随分工水平提升而提高；基础设施条件的影响系数呈小幅波动变化。

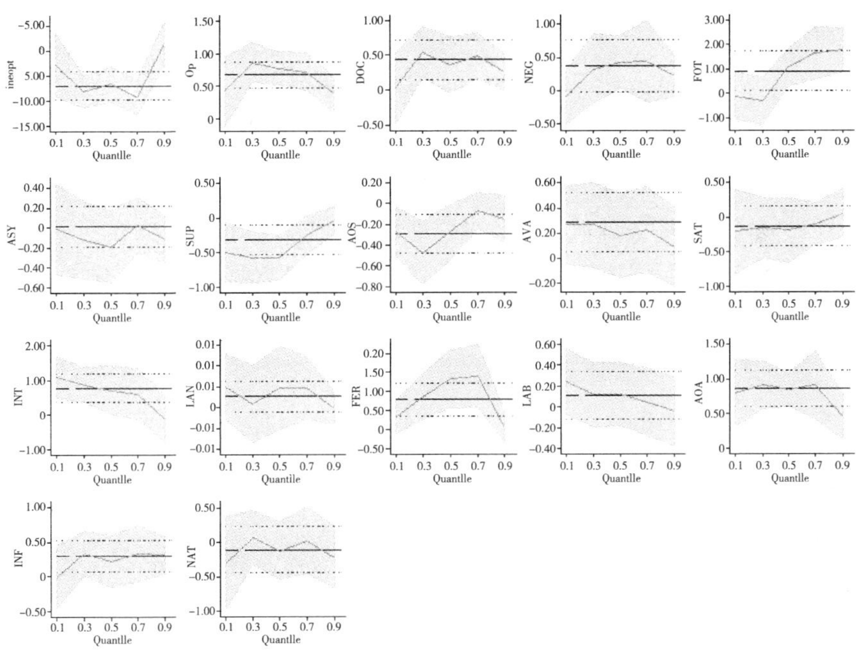

图7－8　不同分位点影响效应变化

资料来源：根据作者调查数据，运用Stata软件整理计算得出。

由于经营效益、交易费用、交易风险、生产迂回、要素禀赋和资源条件等影响因素在不同分工水平上对农户生产分工的效应程度会发生改变，使得农户生产分工具有一种内在调节作用机制。一是经营效益激励作用调节机制。经营效益的影响效应在中等分工水平上较为强烈，0.5 分位点上影响系数为 0.772，越靠近两极，影响效应越弱，在 0.1 和 0.9 分位点上影响系数分别为 0.431 和 0.380，这种影响调节作用避免了农户生产分工的两极分化，不仅在于自身对农户生产分工影响由中间向两极逐渐减弱，更重要的是影响效应的降低使得其他因素通过经营效益与生产分工互动系统传递反馈影响效应的降低。二是交易费用及交易风险抑制作用调节机制。从交易费用约束上看，与规模经济类似，交易费用对中等水平农户生产分工产生较强抑制作用，越向高、低两极延伸，抑制作用越不明显，契约程度、议价能力和交易频率指标影响主要在 0.5 和 0.7 分位点上效应显著就是最好例证；从交易风险约束上看，交易风险对农户生产分工的制约影响效应随着分工水平提高逐渐减弱，监督难度和生产专用性在 0.1 ~ 0.5 分位点对农户生产分工起到明显抑制作用，而在 0.7 和 0.9 分位点上抑制效应变得不再显著。三是生产迂回与要素资源促进作用调节机制。从生产迂回上看，与交易风险类似，主要是对中、低分工水平的农户生产分工起到促进作用，随着农户生产分工水平不断提高，生产迂回促进作用明显降低，分工可获取性和产业融合程度指标在 0.7 和 0.9 分位点上均不显著；从要素资源上看，与交易费用类似，对中等分工水平农户生产分工起到的促进作用较大，比如，土壤肥力在 0.5 分位点的影响系数为 1.322，且在 1% 显著性水平下显著，但是在 0.1 和 0.9 分位点影响系数分别只有 0.329 和 0.070，且不能通过显著性检验，同时，考虑到生产迂回促进作用主要通过经营效益来间接传递，因而其对高分工水平和低分工水平农户的影响效应会更小。

在这种分工调节机制作用下，农户生产分工差别会保持在一个相对稳定状态，分工差别不会无限扩大，主要是：一方面，经营效益激励作用调节避免农户生产分工两极分化，把差别控制在一定限度之内。其他影响因素效应之和会通过经营效益对生产分工的累积影响效应而不断响应和强化，如果经营效益对生产分工的影响效应变小，则上述这种影响反馈作用造成的农户生产分工差别会逐渐减小，即式（7－3）中的 q 值随着分工水平向高、低两极分化而逐渐减小，农户生产分工总体影响效应得以收敛，不同农户生产分工差别能够维持在一定范围内，分工差别不会无限制扩大。另一方面，交易费用及交易风险的抑制作用调节和生产迂回与要素资源的促进作用调节使得不同分工水平上的抑制和促进效应基本均衡。交易费用产生的抑制作用在中等分工水平上比较明显，与之对应的是要素资源的促进作用在中等分工水平上比较显著；交易风险产生的抑制作用在中、低分工水平上较为强烈，与之对应的是生产迂回在中、低分工水平上促进作用程度较强，即式（7－3）中 p 的绝对值在不同分工水平上保持相对稳定，因而农户生产分工差别可以维持在一定范围之内。

7.4　本章小结

本章基于农户生产分工影响因素效应实证分析结果，分析了经营效益对农户生产分工累积作用机理，探析了交易费用及交易风险、生产迂回和要素资源对农户生产分工的抑制作用机理和促进作用机理，剖析了多重因素共同作用下农户生产分工分化生成机理，全面解析了农户生产分工差别化形成及调节机理，结果表明：

（1）经营效益通过“激励—反馈—强化”作用过程对农户生产分工产生累积影响。首先，经营效益通过激励传动作用，对农户生产分工起到积极推动作用，促进分工环节数量提高和环节分工程度提升，透过这种经济激励影响的传动作用，促使农户生产分工产生改变。其次，在经营效益激励农户生产分工发展的同时，分工水平提高又会促进经营效益水平提升，使得不同分工水平的农户在经营效益上产生差距。最后，经过上述两个阶段反复，经营效益对农户生产分工影响效应不断强化，通过累积作用促进农户生产分工发展。如果农户在种植经营中经营效益水平获得提升，会激励其提高分工水平，进一步增进经营效益，再次把分工深化到更高层次；而如果农户生产经营中经营效益水平不高，分工生产缺乏激励，失去通过分工增进经营效益的机会，又会进一步降低其分工积极性，使分工徘徊在较低水平，在经营效益累积影响作用下，最终形成农户分工分化。

（2）经营效益作用下其他因素对农户生产分工影响效应会不断反馈与强化。交易费用及交易风险会对农户生产分工产生抑制效应，生产迂回发展是直接促进农户生产分工，要素资源条件通过增进经营效益间接影响农户生产分工。由于农户生产分工与经营效益之间具有互动影响关系，通过这个互动系统，交易费用及交易风险对农户生产分工产生的抑制作用会制约经营效益水平提升，经营效益受到约束又会降低农户生产分工意愿，使这种抑制效应不断强化。同理，生产迂回和要素资源对农户生产分工起到的促进作用也会通过生产分工对经营效益的反馈效应来增进生产经营中的生产效益，进而再次促进农业生产分工水平提高。实际农业生产中，如果农户面临的交易约束较小、生产状况较好，则有利于生产分工发展；反之，农户生产分工会受到阻碍，在经营效益作用下，抑制与促进作用还会不断反馈强化，使得农户生产分工出现差距。

（3）多重影响因素共同作用下农户生产分工逐渐形成差别化。基于经营效益对农户生产分工的累积影响作用，生产分工与经营效益之间形成一个相互影响的内生作用系统，交易费用及交易风险的抑制作用和生产迂回与要素资源的促进作用传递到生产分工，进而对经营效益产生反馈作用，影响效应再次强化作用于生产分工，在传递、反馈、强化机理共同影响下，农户生产分工分化形成，经过长时期不断的效应传递与响应强化，最终形成农户生产分工的差别化。分工差别大小取决于农户初始的促进条件与抑制条件效应之和 p，以及生产分工反馈作用于经营效益与经营效益再次作用于生产分工的效应之积为 q。当参数 $q<1$ 时，农户生产分工差别会收敛于 $p(1+q)/(1-q)$，q 数值越大，农户生产分工差别越明显；当参数 $q\geqslant1$ 时，农户生产分工差别会在初始的促进条件与抑制条件效应之和 p 的作用方向基础上无限增大，呈发散状态。

（4）分工调节机制作用下农户生产分工差别得以维持相对稳态。经营效益、交易费用、交易风险、生产迂回、要素禀赋和资源条件等影响因素在不同分工水平上对农户生产分工的效应程度会发生改变，使得农户生产分工具有一种内在调节作用机制，包括：经营效益激励作用调节机制、交易费用及交易风险抑制作用调节机制、生产迂回与要素资源促进作用调节机制。在这种分工调节机制作用下，农户生产分工差别会保持一个相对稳定状态，分工差别不会无限扩大。一方面，经营效益对不同分工水平农户分工影响具有差异，参数 q 值随着分工水平向高、低两极分化而逐渐减小，农户生产分工受到的影响效应逐步减弱，避免农户生产分工两极分化，使差别控制在一定限度之内；另一方面，交易费用及交易风险的抑制作用和生产迂回与要素资源的促进作用在不同分工水平上的影响效应基本均衡，参数 p 值在不同分工水平上保持相对稳定，可以把农户生产分工差别维持稳定在一定范围之内。

综上所述，本章依据农户生产分工影响因素效应实证分析结果，通过对农户生产分工影响作用机理、农户生产分工分化生成机理和农户生产分工差别化形成机理的解析，进一步厘清了不同因素对农户生产分工影响的作用效果，并发现：理论分析中提到的经营效益与生产分工之间互动作用关系是解释农户生产分工差别化形成的关键；分工差别正是在交易费用、交易风险、生产迂回、要素禀赋和资源条件等多种因素影响下，通过上述两者之间互动关系系统不断传递、反馈和强化影响效应所形成的，充分说明了本书从经营效益切入研究农户生产分工差别化具有一定正确性。为此，下一章将对本研究进行总结。

第 8 章　研究结论与展望

8.1　研究结论

本书聚焦农业现代化领域中农户生产分工热点问题，按照“科学问题识别—理论分析推演—实证分析验证—规范分析归纳”的逻辑思路展开研究，对农户生产分工差别化现象做出科学解释；构建农户生产分工影响理论分析框架，对经营效益与生产分工相互作用关系，以及其他因素对农户生产分工的影响进行理论阐释，着重运用微观调查数据对农户生产分工进行统计描述，比较农户生产分工差别特征，建立实证模型测度经营效益及其他影响因素对农户生产分工的影响效应，梳理不同因素影响效应及其作用机理，归纳多种影响作用下农户生产分工差别化形成的内在机理，进而总结农户生产分工差别化影响的一般规律。本书得出以下几点主要研究结论。

（1）分工发展总体上呈上升态势，现阶段农户会在多个环节上进行分工。农户生产分工发展总体上呈上升态势，经历一个快速推进到稳步发展的过程，分工指数增长速度逐渐减慢。对 545 个种植业农户的调查统计结果显示，农户生产分工环节数量的平均值为 5.05，标准差为 2.58，农户不是独立完成整个种植生产流程，而是会把大部分工序环节交由其他个人或组织来代为完成，从而使整体生产分工达到一定水平。不过，调查中还发现，当前农户细分环节分工程度普遍不高，不同工序环节分工程度具有一定差距，只有耕整、收获和储运 3 个环节的分工程度均值高于 2.5，说明尽管农户会选择多个工序环节进行分工生产，但是在每个工序环节上的分工并不完全，该环节上只有部分工作是由生产性服务组织或个人来协助完成，仍然还有大部分工作是由农户自己亲自操作。

（2）不同农户整体生产分工水平和细分环节分工程度都有明显差别。在调查的 545 个种植业样本农户中，不同分工环节数量农户的比重相差不大，在 4 个环节上进行分工生产的农户比例最高，也只达到 17.06%，没有出现在某个特定环节数量选项上的大面积集中，说明不同农户根据自身情况选择把一定数量的生产环节进行分工生产，农户进行分工生产的环节数量具有明显差别。农户细分环节分工程度也表现出差别化特征，不同环节差别程度略有不同，耕整、播栽、储运环节分工程度差别较为显著，育种、施肥、灌溉、植保、除草和收获环节分工程度略不明显。此外，不同经营效益农户整体生产分工水平和细分环节分工程度均有一定差别。农户经营效益水平越高，分工生产环节数量越多，育种、播栽、灌溉、植保、除草、储运环节分工程度越高，收获环节分工程度越低。而耕整和施肥环节分工程度在不同经营效益水平上也具有一定差别。

（3）经营效益对农户生产分工产生累积影响效应，两者之间具有互动影响。联立方程组实证估计结果显示，经营效益水平在 1% 显著性水平下对农户整体生产分工水平的影响效应程度达到 2.747，说明农户在种植生产经营中获取效益的大小会影响其分工生产的环节数量，同时，这种影响效应具有反馈作用，农户整体生产分工对经营效益水平的影响系数达到 0.088，且通过 1% 显著性水平检验，表明分工环节数量增加可以带来经营效益水平的有效提升。综合来看，经营效益促进分工环节数量提高和环节分工程度提升，分工水平提高获取经营效益，经营效益增进进一步推动分工发展，两者之间具有互动影响关系。此外，经营效益水平还对育种、灌溉、植保、除草环节的分工程度起到促进作用，影响效应分别达到 0.371、0.324、0.395 和 0.480，且在 1% 显著性水平下显著。

（4）多种因素会对农户生产分工产生不同影响效应。交易费用、交易风险、生产迂回、要素资源等是影响农户生产分工的主要因素，影响方向和作用程度具有一定差异。交易费用和交易风险会对农户生产分工产生消极影响，比如，监督难度和生产专用性等指标对农户整体分工水平的影响系数分别是

-0.257和-0.143，同时，交易费用和交易风险还会对农户细分环节分工程度产生不同程度的负面影响。生产迂回与要素资源对农户生产分工具有积极影响，例如，分工可获取性对整体生产分工水平产生0.205的影响效应，且在5%显著性水平下显著，对其他细分环节分工程度均产生不同程度的正向影响，影响效应介于0.142~0.317之间，且都能通过显著性检验；要素禀赋和资源条件则是通过对经营效益水平产生正向影响，如土壤肥力对经营效益水平影响系数达到0.092，进而通过经营效益与生产分工互动影响作用来间接促进农户生产分工。

（5）多重影响效应不断积累使农户生产分工形成差别化。农户经营效益与其生产分工具有相互影响作用，且影响效应不断累积和循环。这样，由交易费用及交易风险产生的抑制作用，以及生产迂回与要素资源所产生的促进作用，会通过影响农户生产分工，进而对经营效益产生反馈作用，再次把影响效应从经营效益传递到生产分工，形成影响效应的强化。在这些影响因素的共同作用下，农户生产分工开始出现差别，经过长时间的“传递—反馈—强化”，使得农户生产分工形成差别化。不同农户之间分工差别的大小由两个参数所决定，一个是农户初始的促进条件与抑制条件的效应之和 p，另一个是生产分工对经营效益产生的反馈作用以及经营效益再次强化作用于生产分工的效应之积 q。如果满足 $q<1$ 的条件，则农户生产分工差别会收敛于 $p(1+q)/(1-q)$，此时 q 的数值越大，不同农户的生产分工差别就会越明显；反之，如果参数 $q\geq 1$，则农户生产分工差别会呈现发散状态，农户之间的分工差别会随着时间的推移越来越大。

（6）分工调节机制作用下农户生产分工差别得以保持相对稳定。分位数回归结果表明，经营效益、交易费用、交易风险、生产迂回、要素禀赋和资源条件等影响因素在不同分工水平上对农户生产分工的效应程度会发生改变，从而使农户生产分工产生一种内在调节作用机制。在这种分工调节机制作用下，农户生产分工差别会保持一个相对稳定状态，分工差别不会无限扩大。一方面，经营效益对不同分工水平农户分工影响具有差异，参数 q 值随着分工水平向高、低两极分化而逐渐减小，农户生产分工受到的影响效应逐步减弱，避免农户生产分工两极分化，使差别控制在一定限度之内；另一方面，交易费用及交易风险的抑制作用和生产迂回与要素资源的促进作用在不同分工水平上的影响效应基本均衡，参数 p 值在不同分工水平上保持相对稳定，可以把农户生产分工差别维持稳定在一定范围之内。

8.2　政策启示

本书揭示了农户生产分工差别化形成的一般规律，农户生产分工与获得的经营效益之间具有互动影响关系，分工发展主要受到交易费用与交易风险、生产迂回和要素资源等因素影响，前者抑制农户生产分工深化，后者则在农户生产分工发展中起到促进作用，尤其是在经营效益与生产分工累积影响作用下，抑制与促进作用会不断反馈强化，使农户生产分工产生差距。为此，政策实施的方向应该是分别从农业农村制度完善与创新、健全农业社会化服务发展、农户经营条件改善等方面入手，降低分工交易费用与风险，增强农户分工服务可获取性，优化要素资源条件促进经营效益提升，进而促进农户生产分工发展。

8.2.1　完善农业农村社会经济制度

针对农户生产分工面临约束性条件，须通过完善农业农村社会经济制度来破除农户生产分工发展的制约因素，主要从以下几方面着手。

（1）明晰和细化土地产权。土地是农业中不可或缺的生产要素，应从土地产权制度着手，通过明晰和细化土地产权，降低农户分工交易成本，促进农户生产分工深化。首先，明晰农户土地产权。坚持家庭经营主体地位的农业经营体制，维护农村土地承包关系长期不变，加快对农户土地的确权工作，保证农户的土地利益，使之享有充分的各项土地权益（北京天则经济研究所《中国土地问题》课题组，2010）。其次，细分土地产权权属。在农地所有权、承包权、经营权“三权分置”的基础上，可以进一步把土地经营权细分为决策权、管理权和生产操作权（胡新艳等，2016），农户掌握决策权保证其身份财产权和在位控制权诉求，可以将管理权和生产操作权流转到专业管理者和生产性服务提供者手中，从而有效促进农户生产分工发展。再其次，确保农户土地权利。无论是明晰农户土地产权还是产权权属细分，都需要相应的监督管理制度来予以保障，应该加强对农村土地的监管，切实保护农民土地权益不受侵害，进而使农户加大对土地生产经营的投入，为分工发展创造条件。最后，降低对土地的行政干预。过多的行政干预会降低农户对土地的生产投入（Alchian and Demsetz，1973；Skoufias，1995；金松青和 Klaus Deininger，2004），进而对农户生产经营产生不利影响，因而在实践中除了通过必要行政手段确保农户土地权利行使之外，不宜过多对农户土地使用进行行政干预，以消除农户顾虑，为农户生产分工创造条件。

（2）破除城乡要素流动壁垒。长期以来，我国特有的城乡二元社会结构导致城乡之间要素流动不畅，造成农业生产经营面临要素配置非效率困境，进而对农户生产分工造成阻碍，应逐步破除城乡要素流动壁垒，为生产分工发展创造条件。首先，拓宽农户融资渠道。缺乏必要融资渠道是制约农户生产发展的主要原因之一（Barrett，1996；Heltberg，1998；凌莎，2014；李博伟和张士云，2014）。农户扩大经营规模以及购买社会化服务都需要依赖资金支持，但是城乡二元金融体系增加了农户获得资金的难度，现阶段在农户缺少必要抵押物难以获得贷款审批的前提下，可以尝试把农户生产分工与资金融通有机结合起来，采取农业供应链融资模式，拓宽农户融资渠道的同时促进生产分工发展。其次，增加农村技术支持。农业生产技术进步与创新不仅决定了农户生产经营绩效，同时技术可获取性也是影响农户生产分工的重要影响因素之一，长期以来，政府重视对城市和工业经济技术创新力度，农村地区生产技术发展缓慢。为此，需要加强对农村地区生产技术扩散力度，通过政府对公益性技术服务投入力度的加大，为农户生产分工创造必要的技术条件。再其次，消除劳动力转移障碍。由于劳动力市场发展不完善，缺乏必要的非农就业机会，会导致劳动力过度投入（Ghose，1979；Reardon et al.，1996；Rudel，2006），影响农户生产分工决策，也不利于经营效益提升，应该着力创造劳动力非农就业机会，加快农户生产分工发展。最后，加快农村信息化进程。相比城市而言，农村地区信息化进程滞后，农业信息程度不高，农户获取信息渠道有效，一定程度上造成了农户寻求分工服务的交易成本增加，应该健全农村信息化平台建设，通过传统媒体和新媒体结合的方式，使农户享有充分信息，做出相应分工生产决策。

（3）规范农业分工市场制度。由于农业分工市场发展尚不健全，农户在分工交易过程中面临的交易费用和风险都较高，对其生产分工发展造成一定阻碍，需要通过规范农业分工服务市场制度来降低农户交易成本。首先，引导制定分工服务细则。农户在生产性服务提供者交易过程中，可能由于契约签订不完善造成分工交易或有损失，因而需要政府引导制定分工服务实施细则，强化对农户权益的保障力度，从而降低农户为实现分工生产而支付的交易费用，通过契约和服务流程实施细则的完善来保证农户生产分工意愿。其次，建立分工服务信息平台。农户在寻求分工交易过程中，往往面临不同程度的信息不对称问题，对生产分工造成一定阻碍。为此，应该尝试建立地区性的分工服务信息平台，通过多种手段让农户充分了解生产性服务组织基本情况，避免因信息了解不完全而导致的分工生产受限问题，让农户在充分掌握信息的基础上自主选择分工服务。再其次，加强分工服务质量监管力度。农业社会化分工发展还处在起步阶段，分工服务组织质量良莠不齐，且农户难以有效监督分工服务质量，需要依靠政府加强对分工服务质量考核力度，定期巡查生产性服务经营组织工作质量，以保障分工服务作业质量满足农户要求。最后，强化分工服务收费管理。农户在分工服务交易谈判中处于相对弱势地位，可能会面临交易过程中费用转嫁的风险。所以，还应该强化对分工服务收费的管理，避免生产性服务经营组织乱收费现象，消除农户疑虑，在价格透明情况下选择所需要的生产分工服务。

8.2.2　健全农业社会化分工服务体系

在美国、欧洲、澳大利亚等发达国家和地区，农业生产经营依然是以家庭经营为主（Offutt，2002；Pritchard et al.，2007），小规模农户仍在数量上占主导地位（Juhasz，1991；Buera and Kaboski，2012；周应恒等，2015），依靠的就是健全的农业社会化服务体系。因此，需要健全农业社会化服务体系，以促进农户生产分工发展，保障农户能够通过生产分工提高经营收益。

（1）培育生产性服务经营主体。农户生产分工发展有赖于生产性服务经营主体提供社会化生产服务，农户生产迂回的增加有赖于分工服务可获取性的增强，两者都需要通过培育生产性服务经营主体来予以实现。首先，增加政策支持力度。农业生产服务经营主体发展需要有一定规模的服务需求，才能依靠“生产环节流转”能够有效获取规模经济效益（李相宏，2003；廖西元等，2011）；在经营发展起步阶段，需要政府通过政策倾斜和财政补贴等手段支撑服务经营组织发展，方能获得发展基础，以更好地为农户提供生产性服务，解决社会化服务组织发展不健全导致的小规模农户经营效益不高问题（刘向华，2013）。其次，提升经营者管理素质。农业生产性服务组织属于新兴服务业，对于农业生产发展具有重要作用，在管理和经营上除了具备一般商业经营能力外，还需要掌握一定农业生产技术，因而在生产性服务组织发展初期，需要政府强化对服务组织经营管理者经营管理素质的培养力度，通过理论学习和生产实践相结合的方式来培育经营者的企业家精神，带动生产性服务经营组织发展壮大。最后，促进生产性服务组织集聚发展。把发展农业社会化服务上升到产业培育层面（姜长云，2016），鼓励各类型生产性服务经营组织集聚式发展，加快技术水平、管理能力、业务操作等的扩散，通过产业式发展来快速提高生产性服务经营组织为农户提供分工服务的供给能力，从而有效促进农户生产分工发展。

（2）拓展多种生产性服务模式。通过构建主体多元、模式多样的社会化服务体系，拓展多样性的服务模式，可以提高农业社会化服务的有效性（邱淑和罗光强，2013；董德利，2014），深化农业社会化分工。针对不同农户生产经营方式的差异，提供相应的生产性服务模式，便于农户降低生产分工成本。一方面，对于经营权完全掌握在手中的农户，应该提供社会化服务或者是生产环节外包服务，并且根据农户实际需求状况，提供耕整、播栽、施肥、收割等不同环节生产服务，满足不同农户对于生产性服务的需求，在通过生产性服务促进农户经营效益提高的同时，实现分工服务的一次性交易，降低农户生产分工成本，利于农户整合利用资源，实现分工生产效益最优；另一方面，对于已经让渡部分经营权的农户，则应该把众多让渡出管理权和生产操作权的农户集中起来，通过专业服务组织来统一管理和安排生产，根据需要合理进行不同生产环节分工生产和作业，保证农户享有决策权基础上能够分享经营收益增进，避免付出更多交易费用和成本，有效满足农户需求。总之，应该根据不同农户实际需求状况，提供有针对性的生产性服务模式，依靠多元化的服务模式创新，促进农户生产分工发展。

（3）促进生产性服务产业化发展。通过农业纵向分工不断深化，延伸产业链条，可以提高最终农产品的附加价值，同时节约每个产业链环节上的成本（周镕基，2013），生产性服务业产业化发展有利于整合不同生产性服务组织优势，形成产业链上不同环节的专业经营主体，实现效率提高和利益共享（史月兰，2009）。为此，需要走农业产业化经营道路，构建合理生产性服务产业链条（刘国炳和曾菊新，2004；韦曙林，2008；李春海等，2011）。一方面，在生产性服务经营组织发展初期，通过一系列措施引导，实现不同经营主体的优势互补，具备不同优势的经营服务组织专一发展某几个农业生产环节服务，如专门致力于病虫害防治、农产品收获等，依靠专业化生产方式，为农户提供更为高效的生产性服务，从而增强农户获取生产分工服务的质量；另一方面，应该加快生产性服务产业化集群培育，通过农业产业集群的构建来加快农业生产性服务产业化步伐（姬军荣，2013），发挥集群发展优势来做大做强生产性服务产业。此外，在促进农业生产性服务产业化发展过程中，应该考虑不同区域经济社会水平和自然资源禀赋的差异（杜黎明，2012）。

8.2.3　改善农户生产经营条件

经营效益对农户生产分工具有累积影响作用，改善农户生产经营条件有利于提高经营效益，促进农户生产分工发展，形成分工生产与经营效益之间的良性互动循环。为此，需要着力改善农户生产经营的内外部条件。

（1）优化农户要素配置。农户生产要素禀赋会通过影响经营效益而间接作用与生产分工，因而需要通过优化农户要素配置来促进分工发展。首先，引导土地适度规模集中。尽管土地小规模经营与农户生产分工之间并不冲突，但是一定规模的土地集中还是有助于经营效益的提升，这也在本书的实证研究中得到支持。可以根据不同实际，走差异化道路，发挥土地流转的最大潜能（叶剑锋，2013；凌斌，2014），通过土地适度规模的集中，扩大农户生产经营效益，进而推动分工发展。其次，提升土地要素质量。实证结果表明，土壤肥力等土地要素质量对于促进农户生产经营效益发挥着积极作用，实践中需要通过土地整治和土壤质量改善，以及轮耕、休耕等手段提升土壤肥力，使其在农户生产经营中发挥更大作用，此外，还应该尽量避免出现土地过度细碎化。最后，合理配置农户劳动力资源。劳动力对于促进农户经营效益提高具有一定积极作用，但是过多的劳动力投入还是会影响农户生产分工发展。由于农村剩余劳动力转移不会对农业生产造成太大影响（Lewis，1954），特别是改革开放以来，农村剩余劳动力转移在经济增长中发挥重要作用（刘秀梅和田维明，2005），其对劳动生产率提高和 GDP 增长的贡献分别达到 16.33% 和 1.72%（张广婷等，2010），而因劳动力转移不畅导致的劳动力资源错配则使经济增长效率降低 8%（袁志刚和解栋栋，2011）。因此，合理优化配置农户劳动资源，不仅有利于农户生产分工发展，也有助于经济全面发展，在此过程中，需要考虑劳动力转移的结构性（Chang and Macphail，2011），避免劳动力流动对农业生产产生的负面影响（Pang et al.，2003）。

（2）强化外部生产条件。农户能够获得的外部资源条件与经营效益实现息息相关，通过强化外部生产条件可以有效提高农户生产经营效益，进而促进农户生产分工发展。首先，加强农村基础设施投入力度。农业生产基础设施直接影响农户的日常生产经营，同时良好的生产基础设施条件也能为生产分工发展创造良好条件，因此需要依靠政府引导和社会资金共同投入，以加强农村基础设施建设力度，改善农户生产经营外部条件，从而提升农户生产经营效益。其次，重视农业生态治理。良好的农业生态环境有利于丰富和优化农业生产自然要素资源，对于农户生产经营效益提升具有一定积极作用。长期以来，政府更为关注工业治理问题，忽视了对农业生态环境治理和保护，应该发挥政府引导作用，在保证生态环境不受破坏情况下开展各项农业生产活动，通过生态环境治理和优化。最后，促进农村产业融合发展。农村一二三产业融合发展有利于激发农村经济活力，从整体上改善农户经营外部条件，同时，产业融合发展也有助于农户生产分工深化，应该引导农村形成多元化产业发展态势，增进农户经营效益，促进农户生产分工发展。

（3）培育新型职业农民。当前，我国农业发展正值大规模非农就业、人口自然增长缓慢和生产结构转型的三大历史性变迁时期，农业从业人员降低的同时劳动需求又在增加，市场化的小规模家庭农场将是现代农业发展的主要动力（黄宗智和彭玉生，2007）。除此之外，起决定作用的客观因素还有小规模农户农地经营规模效率较高，且更适合我国的现实国情和乡村社会的真实情态（罗必良，2000；龚春明，2015）。因此，改善农户生产经营条件，更为重要的是从加强农户人力资本投入，培育新型职业农民入手，不仅能够提升农户经营素质以促进经营效益提升，更能通过职业农民的培养提升其对分工生产的意愿，有利于加快农户分工发展。在培养对象上，把愿意从事农业生产的专业化农户作为重点扶持对象（杨国玉和郝秀英，2005；周建锋，2010；谭林丽和孙新华，2014），特别是需要培育返乡创业农民工、基层创业大学生和农村种养能人及农村干部带头人等新型职业农民（米松华等，2014），主要是建立在分工基础之上的“小大户”，不一定拥有大量土地（杨成林，2014），培育的关键是提高农民综合素质，增强农业管理经营水平，使其能够合理利用农业社会化服务资源提升经营效益（宋小亮和张立中，2016）。与此同时，采取包括把新型职业农民纳入城镇职工医疗和养老保险体系，提供免费的科学种养知识培训，建立高素质人才回流农业机制等措施（夏益国和宫春生，2015），通过鼓励和支持新型职业农民发展，实现农户生产分工与经营效益提升的良性互动。

8.3　研究展望

本书研究探讨了农户生产分工差别化问题，揭示了农户生产分工差别化形成机理及其调节稳定机制，对分工在不同农户之间产生差别特征现象做出了科学解释，顺利完成了研究任务，达到了既定研究目的。与现有其他研究成果相比较，本书研究进行了一些拓展和探索。首先，现有研究较少关注和分析农户生产分工差别化问题，本书聚焦分析不同农户生产分工差别化特征，着重解释农户间生产分工形成差别的原因，在研究对象上相比已有研究成果更加深入一些。其次，现有研究少有从经营效益切入研究农户生产分工问题，本书基于农户生产分工与经营效益之间具有的相互影响关系，解析了经营效益对农户生产分工累积影响机理，同时分析了诸如交易费用、交易风险和生产迂回等不同因素对农户生产分工影响的作用机理，以及经营效益作用下影响效应的反馈与强化机理，与现有研究成果相比在研究视角上进行了一些拓展。再其次，本书通过对农户生产分工差别化机理解析，发现农户生产分工具有一种自我调节机制，农户之间生产分工差别不会无限扩大，而是保持相对稳定的差别状态，较为全面解释了农户生产分工差别化现象，在研究上具有一定新意。最后，本书对于经营效益的量化采取构建指标体系的方法，相比以往研究使用的单一指标和多个指标量化评价方法有一些拓展。

尽管如此，本书的研究还是存在一些不足之处，围绕农户生产分工尚有许多深层次的问题亟待探索，希望能够在后续研究中进一步完善。主要表现在以下方面。

（1）研究采用的农户调查样本具有一定局限性。本书以 545 个种植业农户调查样本数据，研究了农户生产分工差别化问题。由于调查样本数量限制，在研究时没有能够区分不同种植作物，而是进行一个笼统的分析，会忽略不同作物在生产环节分工上的一些差异，由此导致研究结论具有一定的局限性。同时，调查问卷设计还不够细致，一些有关农户生产分工的深层次信息了解还不够充分。在今后研究中，应进行更大数量农户的调查与资料收集，根据不同细分作物品种来研究农户生产分工问题，丰富调查问卷，挖掘农户生产分工更为详细的信息。

（2）在农户生产分工指标体系、数据挖掘和量化分析等方面还需要继续强化。本书通过问卷调查获取农户第一手数据资料，实证分析农户生产分工差别化影响效应，在分析过程中主要采用指标赋值方法来对农户生产分工进行量化，对农户生产分工水平的测度可能还存在一些偏差，希望能在后续研究中建立科学、合理的农户生产分工指标评价体系，通过量表开发等方法完善农户生产分工数据获取，进一步提高农户生产分工量化分析的准确性。

（3）关于农户生产分工影响因素的问题还需要深入探索和分析。本书主要分析了经营效益、交易费用、交易风险、生产迂回等因素对农户生产分工的直接影响，以及要素禀赋、资源条件等对农户生产分工的间接影响，由于数据的限制，对于每个影响因素只能选取几个有代表性的指标进行实证分析，可能会遗漏一些对农户生产分工行为产生影响的指标数据，亟待加强对农户生产分工影响因素的深度探讨，在后续研究中尝试从不同角度出发分析农户生产分工行为，以期更为全面地了解和掌握农户生产分工一般性规律，从而通过分工发展加快农业现代化进程。

（4）对于农户生产分工增进经营效益作用机理还有待进一步研究。本书在理论上阐释了农户生产分工与经营效益之间的互动影响关系，并通过调查数据予以实证，结果表明农户生产分工确有利于增进农业经营效益。不过，由于本书的研究重心是解释农户生产分工差别化现象，主要聚焦经营效益及其他因素对农户生产分工的影响，许多值得进一步探询的问题还没有能够得到很好的研究，比如，没有能够深入分析农户生产分工对经营效益的影响程度，以及通过分工提高经营效益的作用机理等，期待后续研究可以对这些问题做出回答和解释。同时，农户生产分工与经营效益之间相互影响可能会有滞后效应，本书利用截面数据展开分析，难以考虑效应滞后性的影响，如果条件允许，通过长期固定观察农户生产经营行为能够得到更为详尽的分析结论，也希望能在后续研究中得以实现。

参考文献

［1］北京天则经济研究所《中国土地问题》课题组．土地流转与农业现代化［J］．管理世界，2010，（7）：66－85，97.

［2］蔡昉，王德文，王美艳．渐进式改革进程中的地区专业化趋势［J］．经济研究，2002，（9）：24－31.

［3］蔡昉，王美艳．从穷人经济到规模经济——发展阶段变化对中国农业提出的挑战［J］．经济研究，2016，（5）：14－26.

［4］蔡荣，蔡书凯．农业生产环节外包实证研究——基于安徽省水稻主产区的调查［J］．农业技术经济，2014，（4）：34－42.

［5］陈超，李寅秋，廖西元．水稻生产环节外包的生产率效应分析——基于江苏省三县的面板数据［J］．中国农村经济，2012，（2）：86－96.

［6］陈洁，刘锐，张建伦．安徽省种粮大户调查报告——基于怀宁县、枞阳县的调查［J］．中国农村观察，2009，（4）：2－12，96.

［7］陈菁，孔祥智．土地经营规模对粮食生产的影响——基于中国十三个粮食主产区农户调查数据的分析［J］．河北学刊，2016，（5）：122－128.

［8］陈昭玖，胡雯．农地确权、交易装置与农户生产环节外包——基于“斯密—杨格”定理的分工演化逻辑［J］．农业经济问题，2016，（8）：16－24.

［9］陈思羽，李尚蒲．农户生产环节外包的影响因素——基于威廉姆森分析范式的实证研究［J］．南方经济，2014，（12）：105－110.

［10］陈文浩，谢琳．农业纵向分工：服务外包的影响因子测度——基于专家问卷的定量评估［J］．华中农业大学学报（社会科学版），2015，（2）：17－24.

[11] 陈晓华. 推进龙头企业转型升级，促进农村一二三产业融合发展[J]. 农村经营管理，2015，(12)：6-9.

[12] 陈雅萍，蔡伟贤. 论交易效率对分工演进的影响[J]. 经济问题，2008，(5)：13-15.

[13] 陈园园，安祥生，凌日萍. 土地流转对农民生产效率的影响分析——以晋西北地区为例[J]. 干旱区资源与环境，2015，(3)：45-49.

[14] 杜黎明. 论农业规模经营分区实现的客观基础[J]. 农村经济，2012，(3)：98-101.

[15] 董德利. 基于合作经济组织的农业社会化服务体系研究[J]. 求实，2014，(9)：92-96.

[16] 范红忠，周启良. 农户土地种植面积与土地生产率的关系——基于中西部七县（市）农户的数据[J]. 中国人口·资源与环境，2014，(12)：38-45.

[17] 高帆. 分工演进与中国农业发展的路径选择[J]. 学习与探索，2009，(1)：139-145.

[18] 高刚. 分工半径的延伸与小农经济的转型[J]. 中国发展观察，2015，(8)：74-77.

[19] 耿宁，李秉龙. 标准化农户规模效应分析——来自山西省怀仁县肉羊养殖户的经验证据[J]. 农业技术经济，2016，(3)：36-44.

[20] 耿玉春. 推进我国农业规模经营发展的外部困扰与化解对策[J]. 经济纵横，2013，(10)：35-38.

[21] 龚春明. 小规模持续农业：论争与展望——"以未来看待发展"的分析视角[J]. 兰州学刊，2015，(7)：199-203.

[22] 国务院发展研究中心农村部课题组. 稳定和完善农村基本经营制度研究[M]. 北京：中国发展出版社，2013.

[23] 韩绍凤，向国成. 对我国农户分工经济的实证研究[J]. 江西财经大学学报，2007，(4)：55-58.

[24] 郝爱民. 农业生产性服务业外溢效应和溢出渠道研究[J]. 中南财经政法大学学报，2013，(6)：51-59.

[25] 何秀荣. 公司农场：中国农业微观组织的未来选择？[J]. 中国农村经济，2009，(11)：4-16.

[26] 侯明利. 劳动力流动与农地流转的内在机理研究 [J]. 广西社会科学，2013，(3)：55-59.

[27] 胡新艳，罗必良，谢琳. 农业分工深化的实现机制：地权细分与合约治理 [J]. 广东财经大学学报，2015，(1)：33-42.

[28] 胡新艳，朱文珏，罗锦涛. 农业规模经营方式创新：从土地逻辑到分工逻辑 [J]. 江海学刊，2015，(2)：75-82.

[29] 胡新艳，朱文珏，王晓海，等. 生计资本对农户分工模式的影响：来自广东的调查分析 [J]. 农业现代化研究，2015，(5)：426-431.

[30] 胡新艳，朱文珏，刘恺. 交易特性、生产特性与农业生产环节可分工性——基于专家问卷的分析 [J]. 农业技术经济，2015，(11)：14-23.

[31] 胡新艳，朱文珏，罗必良. 产权细分、分工深化与农业服务规模经营 [J]. 天津社会科学，2016，(4)：93-98.

[32] 黄善林，张羽鑫，侯淑涛，等. 东北地区农地经营规模对农民农业收入的影响研究 [J]. 干旱区资源与环境，2016，(5)：36-40.

[33] 黄云鹏. 农业经营体制和专业化分工——兼论家庭经营与规模经济之争 [J]. 农业经济问题，2003，(6)：50-55.

[34] 黄振华. 农户分工模式：从传统到现代 [J]. 华南农业大学学报(社会科学版)，2009，(8)：119-124.

[35] 黄宗智. 华北的小农经济与社会变迁 [M]. 北京：中华书局，1986.

[36] 黄宗智，彭玉生. 三大历史性变迁的交汇与中国小规模农业的前景 [J]. 中国社会科学，2007，(4)：74-88.

[37] 黄祖辉，陈欣欣. 农户良田规模经营效率：实证分析与若干结论 [J]. 农业经济问题，1998，(11)：2-7.

[38] 黄祖辉，傅琳琳. 新型农业经营体系的内涵与建构 [J]. 学术月刊，2015，(7)：50-56.

[39] 姬军荣. 基于农业产业集群视角的农业规模经营实现路径研究 [J]. 中国海洋大学学报，2013，(6)：51-55.

[40] 姜长云. 关于发展农业生产性服务业的思考 [J]. 农业经济问题, 2016 (5): 8 - 15.

[41] 姜松. 西部农业现代化演进过程及机理研究 [D]. 西南大学博士学位论文, 2014.

[42] 江雪萍. 农业分工: 生产环节的可外包性——基于专家问卷的测度模型 [J]. 南方经济, 2014, (12): 96 - 104.

[43] 江雪萍, 李尚蒲. 农户参与横向分工: 测度及其比较——来自广东的农户问卷 [J]. 华中农业大学学报 (社会科学版), 2015, (2): 3 - 9.

[44] 金生霞, 陈英, 杨倩倩, 赵佳琪. 河西走廊农地适度经营规模计量研究——基于578农户调查的研究 [J]. 干旱区资源与环境, 2012, (11): 6 - 11.

[45] 金松青, Klaus Deininger. 中国农村土地租赁市场的发展及其在土地使用公平性和效率性上的含义 [J]. 经济学 (季刊), 2004, (7): 1003 - 1028.

[46] 金兆怀. 我国农业社会化服务体系建设的国外借鉴和基本思路 [J]. 当代经济研究, 2002, (8): 38 - 41.

[47] 孔祥智, 徐珍源, 史冰清. 当前我国农业社会化服务体系的现状、问题和对策研究 [J]. 江汉论坛, 2009, (5): 13 - 18.

[48] 孔祥智, 楼栋, 何安华. 建立新型农业社会化服务体系: 必要性、模式选择和对策建议 [J]. 教学与研究, 2012, (1): 39 - 46.

[49] 孔祥智, 刘同山. 论我国农村基本经营制度: 历史、挑战与选择 [J]. 政治经济学评论, 2013, (4): 78 - 133.

[50] 李博伟, 张士云. 种粮大户土地规模经营影响因素实证研究 [J]. 山西农业大学学报 (社会科学版), 2014, (1): 69 - 74.

[51] 李建军. 金融业与经济发展的协调性研究 [M]. 北京: 中国金融出版社, 2011.

[52] 李春海, 张文, 彭牧青. 农业产业集群的研究现状及其导向: 组织创新视角 [J]. 中国农村经济, 2011, (3): 49 - 58.

[53] 李谷成, 冯中朝, 范丽霞. 小农户真的更加具有效率吗? 来自湖北省的经验证据 [J]. 经济学 (季刊), 2009, (10): 95 - 124.

[54] 李佳, 杨世武. 分工抑制与农民的经济合作 [J]. 学术探索, 2012,

(7): 61-64.

[55] 李强. 转型时期的中国社会分层结构[M]. 哈尔滨: 黑龙江人民出版社, 2002.

[56] 李俏, 张波. 农业社会化服务需求的影响因素分析——基于陕西省74个村214农户的抽样调查[J]. 农村经济, 2011, (6): 83-87.

[57] 李俏, 王建华, 张波. 现代化进程中的农业社会化: 衍生逻辑与推进对策[J]. 西北农林科技大学学报(社会科学版), 2013, (11): 7-13.

[58] 李荣耀. 农户对农业社会化服务的需求优先序研究——基于15省微观调查数据的分析[J]. 西北农林科技大学学报(社会科学版), 2015, (1): 86-94.

[59] 李文明, 罗丹, 陈洁, 谢颜. 农业适度规模经营: 规模效益、产出水平与生产成本——基于1552个水稻种植户的调查数据[J]. 中国农村经济, 2015, (3): 4-17, 43.

[60] 李相宏. 农业规模经营模式分析[J]. 农业经济问题, 2003, (8): 48-51.

[61] 李寅秋, 陈超. 细碎化、规模效应与稻农投入产出效率[J]. 华南农业大学学报(社会科学版), 2011, (3): 72-78.

[62] 李寅秋. 农业生产环节外包效益及供求实证研究——以水稻为例[D]. 南京农业大学博士学位论文, 2012.

[63] 廖洪乐, 习银生, 张照新, 等. 中国农村土地承包制度研究[M]. 北京: 中国财政经济出版社, 2003.

[64] 廖西元, 申红芳, 王志刚. 中国特色农业规模经营"三步走"战略——从"生产环节流转"到"经营权流转"再到"承包权流转"[J]. 农业经济问题, 2011, (12): 15-22.

[65] 林毅夫. 制度、技术与中国农业发展[M]. 上海三联书店, 1992.

[66] 凌斌. 土地流转的中国模式: 组织基础与运行机制[J]. 法学研究, 2014, (6): 80-98.

[67] 凌莎. 农户规模经营意愿及其影响因素——基于全国26个省区的

抽样问卷调查的思考［J］. 农村经济，2014，(4)：96－100.

［68］刘国炳. 农村经营体制下的农业规模效益及实施问题［J］. 求索，2004，(9)：43－45，145.

［69］刘晗，王钊. 农业要素配置效率研究的文献综述［J］. 经济体制改革，2015，(2)：103－109.

［70］刘明宇. 分工抑制与农民的制度性贫困［J］. 农业经济问题，2004，(2)：53－57.

［71］刘向华. 我国家庭农场发展的困境与农业社会化服务体系建设［J］. 毛泽东邓小平理论研究，2013，(10)：31－35.

［72］刘哓彬. 专业化分工与市场中介组织的形成及演进机理分析［J］. 软科学，2009，(3)：140－144.

［73］刘新智，李璐. 农业社会化服务的省域差异［J］. 改革，2015，(4)：153－159.

［74］刘秀梅，田维明. 我国农村劳动力转移对经济增长的贡献分析［J］. 管理世界，2005，(1)：91－95.

［75］刘玉铭，刘伟. 对农业生产规模效益的检验——以黑龙江省数据为例［J］. 经济经纬，2007，(2)：110－113.

［76］刘自敏，杨丹. 农民专业合作社对农业分工的影响——来自中国六省农户调查的证据［J］. 经济问题，2013，(9)：106－110.

［77］刘自敏，杨丹. 分工与合作的农户增收效应研究——基于农户自选择行为的分析［J］. 西南大学学报（自然科学版），2014，(6)：201－208.

［78］楼栋，邵峰，孔祥智. 分工视角下的中国农业增长方式转变：驱动力量、阶段特征与发展趋势［J］. 江汉论坛，2012，(6)：36－43.

［79］芦千文，姜长云. 我国农业生产性服务业的发展历程与经验启示［J］. 南京农业大学学报（社会科学版），2016，(5)：104－115.

［80］陆学艺. 当代中国社会阶层研究报告［M］. 北京：社会科学文献出版社，2002.

［81］罗静，郑晔. 基于空间计量模型的农业要素投入的规模收益分析［J］. 统计与决策，2015，(22)：123－126.

[82] 罗必良．农地经营规模的效率决定［J］．中国农村观察，2000，(5)：18－24.

[83] 罗必良．论农业分工的有限性及其政策含义［J］．贵州社会科学，2008，(1)：80－87.

[84] 罗必良．农业经营制度的理论轨迹及其方向创新：川省个案［J］．改革，2014，(2)：96－112.

[85] 罗必良．农地流转的市场逻辑——“产权强度—禀赋效应—交易装置”的分析线索及案例研究［J］．南方经济，2014，(5)：1－24.

[86] 罗必良，李玉勤．农业经营制度：制度底线、性质辨识与创新空间——基于“农村家庭经营制度研讨会”的思考［J］．农业经济问题，2014，(1)：8－18.

[87] 罗必良，凌莎，钟文晶．制度的有效性评价：理论框架与实证检验——以家庭承包经营制度为例［J］．江海学刊，2014，(2)：70－78.

[88] 罗富民，段豫川．分工演进对山区农业生产效率的影响研究——基于川南山区县级数据的空间计量分析［J］．软科学，2013，(7)：83－87.

[89] 罗进华．分工、增长与中国社会的普遍富裕［J］．贵州社会科学，2014，(6)：71－74.

[90] 罗明忠，刘恺．农业生产的专业化与横向分工：比较与分析［J］．财贸研究，2015，(2)：9－17.

[91]［德］马克思．资本论（第1卷）［M］．上海三联书店，2009.

[92]［德］马克思．资本论（第3卷）［M］．上海三联书店，2009.

[93] 马瑞，柳海燕，徐志刚．农地流转滞缓：经济激励不足还是外部市场条件约束？——对4省600户农户2005～2008年期间农地转入行为的分析［J］．中国农村经济，2011，(11)：36－48.

[94] 毛飞，孔祥智．中国农业现代化总体态势和未来取向［J］．改革，2012，(10)：9－21.

[95] 米松华，黄祖辉，朱奇彪．新型职业农民：现状特征、成长路径与政策需求——基于浙江、湖南、四川和安徽的调查［J］．农村经济，2014，(8)：115－120.

[96] 牛若峰. 农业产业化：真正的农村产业革命 [J]. 农业经济问题，1998，(2)：27－31.

[97] 牛若峰. 中国农业产业化经营的发展特点与方向 [J]. 中国农村经济，2002，(5)：4－12.

[98] 农业部. 中国农业发展报告（2008）[M]. 北京：中国农业出版社，2008.

[99] 戚迪明，杨肖丽，江金启，等. 生产环节外包对农户土地规模经营的影响分析——基于辽宁省水稻种植户的调查数据 [J]. 湖南农业大学学报（社会科学版），2015，(6)：7－12.

[100] [俄] 恰亚诺夫. 农民经济组织 [M]. 北京：中央编译出版社，1996.

[101] 钱忠好. 非农就业是否必然导致农地流转——基于家庭内部分工的理论分析及其对中国农户兼业化的解释 [J]. 中国农村经济，2008，(10)：13－21.

[102] 邱淑，罗光强. 需求视阈下的我国粮食生产社会化服务研究 [J]. 云南大学学报（社会科学版），2014，(2)：99－105.

[103] 邵晓梅. 鲁西北地区农户家庭农地规模经营行为分析 [J]. 中国人口·资源与环境，2004，(6)：120－125.

[104] 申红芳，陈超，廖西元，王磊. 稻农生产环节外包行为分析——基于7省21县的调查 [J]. 中国农村经济，2015，(5)：44－57.

[105] 盛洪. 分工与交易——一个一般理论及其对中国非专业化问题的应用分析 [M]. 上海：上海三联书店，1992.

[106] 史月兰. 我国农业发展中的规模经济实现途径探讨 [J]. 理论与改革，2009，(4)：108－110.

[107] [英] 斯密. 国富论（上卷）[M]. 北京：商务印书馆，2014.

[108] 宋海英，姜长云. 农户对农机社会化服务的选择研究——基于8省份小麦种植户的问卷调查 [J]. 农业技术经济，2015，(9)：27－36.

[109] 宋洪远. 中国农村改革三十年 [M]. 北京：中国农业出版社，2008.

[110] 宋小亮，张立中. 什么是农业适度规模经营——兼论与土地适度

规模经营的关系［J］. 理论月刊，2016，(3)：156－161.

［111］宋修一. 农户采用农机作业服务的影响因素分析［D］. 南京农业大学硕士学位论文，2009.

［112］孙立平. 断裂——20世纪90年代以来的中国社会［M］. 北京：社会科学文献出版社，2003.

［113］孙永朋. 我国畜牧业和种植业生产分工水平比较研究［J］. 兰州学刊，2009，(4)：89－92.

［114］谈存峰，李双奎，陈强强. 欠发达地区农业社会化服务的供给、需求及农户意愿——基于甘肃样本农户的调查分析［J］. 华南农业大学学报(社会科学版)，2010，(3)：1－8.

［115］谭林丽，孙新华. 当前农业规模经营的三种路径［J］. 西南大学学报（社会科学版)，2014，(11)：50－56.

［116］田孟，贺雪峰. 中国的农地细碎化及其治理之道［J］. 江西财经大学学报，2015，(2)：88－96.

［117］万广华，程恩江. 规模经济、土地细碎化与我国的粮食生产［J］. 中国农村观察，1996，(3)：31－36，64.

［118］汪小平. 中国农业劳动生产率增长的特点与路径分析［J］. 数量经济技术经济研究，2007，(4)：14－25.

［119］王国敏，唐虹. 山地丘陵区农地适度规模经营的有效性及其限度——对适度规模经营危害论的一个批判［J］. 社会科学研究，2014，(6)：16－23.

［120］王继权，姚寿福. 专业化、市场结构与农民收入［J］. 农业技术经济，2005，(5)：13－21.

［121］王留鑫，何炼成. 专业化分工与农民合作经济组织：一个分析框架［J］. 宁夏社会科学，2016，(4)：89－95.

［122］王铁成，朱恒鹏. 分工、规模化经营与农村服务业发展［J］. 现在管理科学，2016，(2)：39－41.

［123］王亚飞. 农业产业链纵向关系的治理研究［D］. 西南大学博士学位论文，2011.

[124] 王亚飞，唐爽．农业产业链纵向分工制度安排的选择[J]．重庆大学学报（社会科学版），2013，(3)：33-38.

[125] 王钊，刘晗，曹峥林．农业社会化服务需求分析——基于重庆市191户农户的样本调查[J]．农业技术经济，2015，(9)：17-26.

[126] 王振坡，梅林，王丽艳．我国农业生产经营方式转变研究——基于新兴古典经济学框架[J]．江汉论坛，2014，(6)：16-21.

[127] 王志刚，申红芳，廖西元．农业规模经营：从生产环节外包开始——以水稻为例[J]．中国农村经济，2011，(9)：4-12.

[128] 韦吉飞，李录堂．农民创业、分工演进与农村经济增长——基于中国农村统计数据的时间系列分析[J]．大连理工大学学报（社会科学版），2010，(4)：24-30.

[129] 韦曙林．农业产业化、农民专业合作组织与城乡一体化[J]．调研世界，2008，(9)：24-26.

[130] 翁贞林．农户理论与应用研究进展与述评[J]．农业经济问题，2008，(8)：93-100.

[131] 夏益国，宫春生．粮食安全视阈下农业适度规模经营与新型职业农民——耦合机制、国际经验与启示[J]．农业经济问题，2015，(5)：56-64.

[132] 向国成．小农经济效率改进论纲：超边际经济学之应用研究[J]．社会科学战线，2005，(4)：75-86.

[133] 向国成，韩绍凤．农户兼业化：基于分工视角的分析[J]．中国农村经济，2005，(8)：4-9，16.

[134] 向国成，韩绍凤．分工与农业组织化演进：基于间接定价理论模型的分析[J]．经济学（季刊），2007，(1)：513-538.

[135] 肖卫东．农业地理集聚与农业分工深化、分工利益实现[J]．东岳论丛，2012，(8)：126-131.

[136] 谢琳，钟文晶，罗必良．“农业共营制”：理论逻辑、实践价值与拓展空间——基于崇州实践的思考[J]．农村经济，2014，(11)：31-36.

[137] 谢琳，钟文晶．规模经营、社会化分工与深化逻辑——基于“农业共营制”的案例研究[J]．学术研究，2016，(8)：101-106.

[138] 辛良杰，李秀彬，朱会义，等．农户土地规模与生产率的关系及其解释的印证——以吉林省为例 [J]．地理研究，2009，(9)：1276－1284.

[139] 熊鹰．粮食生产适度规模经营的实践与内在机理分析——基于四川省邛崃市的调查 [J]．农村经济，2016，(7)：56－59.

[140] 许庆，尹荣梁，章辉．规模经济、规模报酬与农业适度规模经营——基于我国粮食生产的实证研究 [J]．经济研究，2011，(3)：59－71，94.

[141] 徐金海．新型农民合作经济组织：实现农业产业专业化分工的有效交易协调机制 [J]．经济问题探索，2002，(11)：106－112.

[142] 徐锐钊．比较优势、区位优势与我国油料作物区域专业化研究 [D]．南京农业大学博士学位论文，2009.

[143] 许明月．土地规模经营制约因素分析 [J]．农业经济问题，2006，(9)：13－16，17.

[144] 薛继亮，李录堂．农民创业和分工演进、交易效率 [J]．山西财经大学学报，2009，(9)：51－57.

[145] 薛凤蕊，乔光华，苏日娜．土地流转对农民收益的效果评价——基于 DID 模型分析 [J]．中国农村观察，2011，(2)：36－42，86.

[146] 杨成林．中国式家庭农场形成机制研究——基于皖中地区"小大户"的案例分析 [J]．中国人口·资源与环境，2014，(6)：45－50.

[147] 杨丹．农民合作经济组织对农业分工和专业化发展的促进作用研究——基于中国家庭生产方式背景的分析 [D]．西南大学博士学位论文，2011.

[148] 杨丹．农业分工和专业化能否引致农户的合作行为——基于西部 5 省 20 县农户数据的实证分析 [J]．农业技术经济，2012，(8)：56－64.

[149] 杨丹，刘自敏．农民经济组织、农业专业化和农村经济增长——来自中国 2445 个村庄的证据 [J]．社会科学战线，2011，(5)：64－70.

[150] 杨国玉，郝秀英．关于农业规模经营的理论思考 [J]．经济问题，2005，(12)：42－45.

[151] 杨俊，李争．家庭分工视角下农户耕地转入和耕地利用效率研究——以赣抚平原农区农户样本为例 [J]．中国土地科学，2015，(9)：50－57.

[152] 杨小凯. 经济学原理 [M]. 北京：中国社会科学出版社，1998.

[153] 杨小凯. 经济学——新兴古典与新古典框架 [M]. 北京：社会科学文献出版社，2003.

[154] 易纲. 中国改革开放三十年的利率市场化进程 [J]. 金融研究，2009，(7)：1-14.

[155] 叶剑锋. 传承与创新：中国农村土地制度变革的现实困境与路向抉择 [J]. 学习与实践，2013，(11)：61-68.

[156] 殷秀萍，王洋，郭翔宇. 构建新型农业社会化服务体系的影响因素及解决对策 [J]. 学术交流，2013，(5)：146-149.

[157] 应瑞瑶，徐斌. 农户采纳农业社会化服务的示范效应分析——以病虫害统防统治为例 [J]. 中国农村经济，2014，(8)：30-41.

[158] 袁志刚，解栋栋. 中国劳动力错配对 TFP 的影响分析 [J]. 经济研究，2011，(7)：4-17.

[159] [英] 约翰·伊特韦尔，[美] 莫里·米尔盖特，[美] 彼得·纽曼. 新帕尔格雷夫经济学大辞典（第1卷：A-D）[M]. 北京：经济科学出版社，1996.

[160] [英] 约翰·伊特韦尔，[美] 莫里·米尔盖特，[美] 彼得·纽曼. 新帕尔格雷夫经济学大辞典（第2卷：E-J）[M]. 北京：经济科学出版社，1996.

[161] 展进涛，张燕媛，张忠军. 土地细碎化是否阻碍了水稻生产性环节外包服务的发展？[J]. 南京农业大学学报（社会科学版），2016，(2)：117-124.

[162] 张丁，万蕾. 农户土地承包经营权流转的影响因素分析——基于2004年的15省（区）调查 [J]. 中国农村经济，2007，(2)：24-34.

[163] 张广婷，江静，陈勇. 中国劳动力转移与经济增长的实证研究 [J]. 中国工业经济，2010，(10)：15-23.

[164] 张国强. 分工、专业化与产业组织演进：一个理论分析模型 [J]. 求索，2011，(3)：5-8.

[165] 张恒春，张照新. 增产增收视角下玉米种植户适度规模分析——

基于全国8423份调查数据［J］．湖南农业大学学报（社会科学版），2015，(6)：13－18.

［166］张建杰，张改清，关付新．农地规模调适下农户营粮行为及效率研究——基于对中部主产区1861个农户的问卷调查［J］．西北农林科技大学学报（社会科学版），2014，(1)：56－63.

［167］张娟．东部土地流转粮食规模经营的变化特征与政策建议——以江苏南通为例［J］．农村经济，2013，(7)：42－46.

［168］张乐，曹静．中国农业全要素生产率增长：配置效率变化的引入——基于随机前沿生产函数法的实证分析［J］．中国农村经济，2013，(3)：4－15.

［169］张清律．农村分工深化与社会结构变迁［J］．理论学刊，2014，(12)：68－75.

［170］张清津，王新志．中国农村专业化分工与农业经营组织体系的演变［J］．江西社会科学，2016，(2)：194－199.

［171］张维迎．产权、政府与信誉［M］．上海三联书店，2001.

［172］张晓山．农民专业合作社的发展趋势探析［J］．管理世界，2009，(5)：89－96.

［173］张学会，王礼力．农民专业合作社纵向一体化水平测度模型与实证分析［J］．中国人口·资源与环境，2014，(6)：37－44.

［174］张雁，刘峰．从分工看市场演进与中介组织的产生［J］．南方经济，2004，(9)：26－28.

［175］张颖熙，夏杰长．农业社会化服务体系创新的动力机制与路径选择［J］．宏观经济研究，2010，(8)：12－17.

［176］张忠根，史清华．农地生产率变化及不同规模农户农地生产率比较研究——浙江省农村固定观察点农户农地经营状况分析［J］．中国农村经济，2001，(1)：67－73.

［177］张忠军，易中懿．农业生产性服务外包对水稻生产率的影响研究——基于358个农户的实证分析［J］．农业经济问题，2015，(10)：69－76.

［178］郑宏，李保华．农地流转、分工演进与二元经济结构转化［J］．理

论月刊，2013，(7)：160 - 163.

[179] 钟真，陈淑芬. 生产成本、规模经济与农产品质量安全——基于生鲜乳质量安全的规模经济分析 [J]. 中国农村经济，2014，(1)：49 - 61.

[180] 周丹，杨晓玉，刘翌. 农产品生产环节中农户外包行为分析 [J]. 西北农林科技大学学报（社会科学版），2016，(3)：125 - 129.

[181] 周建锋. 农民工返乡、家庭承包经营与农业规模经营 [J]. 福州大学学报（哲学社会科学版），2010，(1)：64 - 68.

[182] 周镕基，杨丽华，皮修平. 多功能理念引领下农业规模经济与范围经济之实现 [J]. 学术交流，2013，(7)：98 - 101.

[183] 周师迅. 专业化分工对生产性服务业发展的驱动效应 [J]. 上海经济研究，2013，(6)：94 - 101.

[184] 周应恒，胡凌啸，严斌剑. 农业经营主体和经营规模演化的国际经验分析 [J]. 中国农村经济，2015，(9)：80 - 95.

[185] 朱富强. 分工效率：演进主义的观点 [J]. 上海经济研究，2004，(1)：28 - 35.

[186] 朱文珏，罗必良. 行为能力、要素匹配与规模农户生产——基于全国农户抽样调查的实证分析 [J]. 学术研究，2016，(8)：83 - 92.

[187] 邹宝玲，钟文晶. 行为能力、交易特性与横向专业化程度——基于农户问卷的实证研究 [J]. 华中农业大学学报（社会科学版），2015，(2)：10 - 16.

[188] Alchian, A. A., Demsetz, H.. Production, Information Costs, and Economic Organization [J]. *American Economic Review*, 1972, 62 (14): 777 - 795.

[189] Alchian, A., Demsetz, H.. The Property Rights Paradigm [J]. *Journal of Economic History*, 1973, 33 (1): 16 - 27.

[190] Alesina, A., Rodrik, D.. Distributive Politics and Economic Growth [J]. *Quarterly Journal of Economics*, 1994, 109 (2): 465 - 490.

[191] Alvarez, A., Arias, C.. Technical Efficiency and Farm Size: A Conditional Analysis [J]. *Agricultural Economics*, 2004, 30 (3): 241 - 250.

[192] Arcand, J. L.. Land-Ownership, Working Capital and Agricultural

Output: Egypt 1913 – 58 [J]. *Journal of African Economies*, 1996, 5 (1): 92 – 158.

[193] Asfaw, S., Kassie, M., Simtowe, F., et al. Poverty Reduction Effects of Agricultural Technology Adoption: A Micro-evidence from Rural Tanzania [J]. *Journal of Development Studies*, 2012, 48 (9): 1 – 18.

[194] Assuncao, J. J., Braido, L. H.. Testing Household-specific Explanations for the Inverse Productivity Relationship [J]. *American Journal of Agricultural Economics*, 2007, 89 (4): 980 – 990.

[195] Bagi, F., Huang, C.. Estimating Production Technical Efficiency for Individual Farmers in Tennessee [J]. *Canadian Journal of Agricultural Economics*, 1983, (31): 249 – 256.

[196] Barlett, P. F.. Part-time Farming: Saving the Farm or Saving the Life-style? [J]. *Rural Sociology*, 1986, 51 (3): 289 – 313.

[197] Barrett, C. B.. On Price Risk and the Inverse Farm Size-Productivity Relationship [J]. *Journal of Development Economics*, 1996, 51 (2): 193 – 215.

[198] Barrett, C. B., Bellemare, M. F., Hou, J. Y.. Reconsidering Conventional Explanations of the Inverse Productivity-Size Relationship [J]. *World Development*, 2010, 38 (1): 88 – 97.

[199] Barzel, Y.. *Economic Analysis of Property Rights* [M]. Cambridge: Cambridge University Press, 1989.

[200] Battese, G. E., Coelli, T. J.. Frontier Production Functions, Technical Efficiency and Panel Data: with Application to Paddy Farmers in India [J]. *Journal of Productivity Analysis*, 1992, 3 (1 – 2): 153 – 169.

[201] Becker, G. S.. A Theory of the Allocation of Time [J]. *Economic Journal*, 1965, 75 (299): 493 – 517.

[202] Becker, G. S., Murphy, K. M.. The Division of Labor, Coordination Costs, and Knowledge [J]. *Quarterly Journal of Economics*, 1992, 107 (4): 1137 – 1160.

[203] Benjamin, D.. Can Unobserved Land Quality Explain the Inverse Produc-

tivity Relationship [J]. *Journal of Development Economics*, 1995, 46 (1): 51 -84.

[204] Berry, R. A. , Cline, W. R.. *Agrarian Structure and Productivity in Developing Countries* [M]. Baltimore: John Hopkins University Press, 1979.

[205] Bhalla, S. S. , Roy P.. Mis-specification in Farm Productivity Analysis: the Role of Land Quality [J]. *Oxford Economic Papers*, 1988, 40 (1): 55 -73.

[206] Braun, J. V. , Webb, P. J. R.. The Impact of New Crop Technology on the Agricultural Division of Labor in a West African Setting [J]. *Economic Development & Cultural Change*, 1989, 37 (3): 513 -534.

[207] Bryant, C. D. , Dudley, C. J. , Shoemaker, D. J.. Occupational Diversity of Rural Residents in Virginia: A Research Study of Multiple Job Holding and Labor Exchange [J]. *Community Satisfaction*, 1980: 93.

[208] Buera, F. , Kaboski, J. P.. Scale and the Origins of Structural Change [J]. *Journal of Economic Theory*, 2012, 147 (2): 684 -712.

[209] Byiringiro, F. , Reardon, T.. Farm Productivity in Rwanda: Effects of Farm Size, Erosion and Soil Conservation Investments [J]. *Agricultural Economics*, 1996, 15 (2): 127 -136.

[210] Carletto, C.. Savastano, S. , Zezza, A.. Fact or Artefact: The Impact of Measurement Errors on the Farm Size-Productivity Relationship [J]. *Journal of Development Economics*, 2013, 103 (7): 254 -261.

[211] Carter, M. R.. Identification of the Inverse Relationship Between Farm Size and Productivity: An Empirical Analysis of Peasant Agricultural Production [J]. *Oxford Economic Papers*, 1984, 36 (1): 131 -145.

[212] Chang, H. , Dong, X. , Macphail, F.. Labor Migration and Time Use Patterns of the Left-behind Children and Elderly in Rural China [J]. *The World Development*, 2011, 39 (12): 2199 -2210.

[213] Chaplin, H. , Davidova, S. , Gorton, M.. Agricultural Adjustment and the Diversification of Farm Households and Corporate Farms in Central Europe [J]. *Journal of Rural Studies*, 2004, 20 (1): 61 -77.

[214] Chen, Z., Wallace, E. H., Scott, R.. Farm Technology and Technical Efficiency: Evidence from Four Regions in China [J]. *China Economic Review*. 2009, 20 (2): 153 – 161.

[215] Chen, Z., Huffman, W. E., Rozelle, S.. Inverse Relationship Between Productivity and Farm Size: the Case of China [J]. *Contemporary Economic Policy*, 2011, 29 (4): 580 – 592.

[216] Cheung, S. N. S.. Transaction Costs, Risk Aversion, and the Choice of Contractual Arrangements [J]. *Journal of Law and Economics*, 1969, 12 (1): 23 – 42.

[217] Cheung, S. N. S.. The Contractual Nature of the Firm [J]. *Journal of Law and Economics*, 1983, 26 (1): 1 – 21.

[218] Coase, R. H.. The Nature of the Firm [J]. *Economica*, 1937, 16 (4): 386 – 405.

[219] Coase, R. H.. The Problem of Social Cost [J]. *Journal of Law and Economic*, 1960, 3 (10): 1 – 44.

[220] Coelli, T. J., Fleming, E. M.. Diversification Economies and Specialization Efficiencies in a Mixed Food and Coffee Smallholder Farming System in Papua New Guinea [J]. *Agricultural Economics*, 2003, 31 (3): 229 – 239.

[221] Dahlman, C. J.. The Problem of Externality [J]. *Journal of Legal Studies*, 1979, 22 (1): 141 – 162.

[222] Elias, A., Nohmi, M., Yasunobu, K., et al. Does Gender Division of Labour Matters for the Differences in Access to Agricultural Extension Services? A Case Study in North West Ethiopia [J]. *Journal of Agricultural Science*, 2015, 7 (1): 138 – 147.

[223] Fan, C. C.. Rural-urban Migration and Gender Division of Labor in Transitional China [J]. *International Journal of Urban & Regional Research*, 2003, 27 (1): 24 – 47.

[224] Feder, G.. The Relation between Farm Size and Farm Productivity: the Role of Family Labor, Supervision and Credit Constraints [J]. *Journal of Develop-*

ment Economics, 1985, 18 (2 -3): 297 -313.

[225] Fernández-Olmos, M., Rosell-Martínez, J., Espitia-Escuer, M. A.. Vertical Integration in the Wine Industry: A Transaction Costs Analysis on the Rioja DOCa [J]. *Agribusiness*, 2009, 25 (2): 231 - 250.

[226] Foster, A. D., Rosenzweig, M. R.. Household Division and Rural Economic Growth [J]. *Review of Economic Studies*, 2002, 69 (4): 839 -869.

[227] Ghosh, B. K.. Determinants of Farm Mechanisation in Modern Agriculture: A Case Study of Burdwan Districts of West Bengal [J]. *International Journal of Agricultural Research*, 2010, 5 (12): 1107 -1115.

[228] Gianessi, L., Reigner, N.. The Outsourcing of Organic Crop Production [J]. *Crop Life Foundation*, 2005, (7): 76 -80.

[229] Gillespie, J., Nehring, R., Sandretto, C., et al. Forage Outsourcing in the Dairy Sector: the Extent of Use and Impact on Farm Profitability [J]. *Agricultural and Resource Economics Review*, 2010, 39 (3): 399 -414.

[230] Gonczi, I.. Division of Labor and Work Organization in the Hungarian Large-scale Agricultural Production [J]. *Acta Oeconomica*, 1983, 31 (1/2): 71 -86.

[231] Haji, J.. Production Efficiency of Smallholders' Vegetable-dominated Mixed Farming System in Eastern Ethiopia: A Non-Parametric Approach [J]. *Journal of African Economics*, 2007, 11 (2): 191 -196.

[232] Hayek, F. A.. The Use of Knowledge in the Society [J]. *American Economic Review*, 1945, 35 (4): 519 -530.

[233] Hossain, I.. Moral hazard and the division of labor in agricultural land leases [J]. *Australian Journal of Agricultural Economics*, 2004, 65 (1): 714 -733.

[234] Huffman, W. E., Evenson, R. E.. Structural and Productivity Change in US Agriculture, 1950 -1982 [J]. *Agricultural Economics*, 2000, 24 (2): 127 -147.

[235] Igata, M., Hendriksen, A., Heijman, W.. Agricultural Outsourcing: A Comparison between the Netherlands and Japan [J]. *Applied Studies in Agribusiness and Commerce*, 2008, 2 (1): 29 -33.

[236] Jabarin, A. S. , Epplin, F. M. . Impacts of Land Fragmentation on the Cost of Producing Wheat in the Rain-fed Region of Northern Jordon [J]. *Agriculture Economics*, 1994, 11 (2): 191 -196.

[237] Juhász, J. . Large-Scale and Small-Scale Farming in Hungarian Agriculture: Present Situation and Future Prospects [J]. *European Review of Agricultural Economics*, 1991, 18 (3 -4): 399 -415.

[238] Kalantari, K. , Abdollahzadeh, G. . Factors Affecting Agriculture Land Fragmentation in Iran: A Case Study of Ramjerd Sub-district in Fars Province [J]. *American Journal of Agriculture and Biological Sciences*, 2008, 3 (1): 358 -363.

[239] Kawasaki, K. . The Costs and Benefits of Land Fragmentation of Rice Farms in Japan [J]. *Australian Journal of Agricultural and Resource Economics*, 2010, 54 (4): 509 -526.

[240] Kevane, M. . Agrarian Structure and Agricultural Practice: Typology and Application to Western Sudan [J]. *American Journal of Agricultural Economics*, 1996, 78 (1): 236 -245.

[241] Kibwika, P. , Wals, A. E. J. , Nassuna-Musoke, M. G. . Competence Challenges of Demand. Led Agricultural Research and Extension in Uganda [J]. *Journal of Agricultural Education & Extension*, 2009, 15 (1): 5 -19.

[242] Kimhi, A. . Plot Size and Maize Productivity in Zambia: The Inverse Relationship Re-examined [J]. *Agricultural Economics*, 2006, 35 (1): 1 -9.

[243] Koenker, R. , Bassett, G. . Regression Quantiles [J]. *Econometrica*, 1978, 46 (1): 33 -50.

[244] Kruseman, G. , Bade, J. . Agrarian Policies for Sustainable Land Use: Bio-economic Modeling to Assess the Effectiveness of Policy Instruments [J]. *Agricultural Systems*, 1998, 58 (3): 465 -481.

[245] Kuehe, G. . My Decision to Sell the Family Farm [J]. *Agriculture and Human Values*, 2013, 30 (2): 1 -11.

[246] Kumbhakar, S. C. , Lovell, C. A. K. . *Stochastic Frontier Analysis* [M]. Cambridge: Cambridge University Press, 2000.

[247] Kurosaki, T.. Specialization and Diversification in Agricultural Transformation: the Case of West Punjab, 1903 –1992 [J]. *American Journal of Agricultural Economics*, 2003, 85 (3): 372 –386.

[248] Latruffe, L., Piet, L.. Does Land Fragmentation Affect Farm Performance? A Case Study from Brittany, France [J]. *Agricultural Systems*, 2014, 129 (7): 68 –80.

[249] Lewis, W. A.. Economic Development with Unlimited Supplies of Labor [J]. *The Manchester School*, 1954, 22 (2): 139 –191.

[250] Lipton, M.. The Theory of the Optimizing Peasant [J]. *Journal of Development Studies*, 1968, (4): 327 –351.

[251] Loan, C. T. K., Yokogawa, H., Kawaguchi, T.. The Economics of Dairy Cow Raising in the South East of Vietnam [J]. *Journal of the Faculty of Agriculture Kyushu University*, 2004, 49 (2): 497 –512.

[252] Manjunatha, A., Anik, A., Speelman, S.. Impact of Land Fragmentation, Farm Size, Land Ownership and Crop Diversity on Profit and Efficiency of Irrigated Farms in India [J]. *Land Use Policy*, 2013, 31 (4): 397 –405.

[253] Mclvor, R.. How the Transaction Cost and Resource-Based Theories of the Firm Inform Outsourcing Evaluation [J]. *Journal of Operations Management*, 2009, 27 (1): 45 –63.

[254] Nadaraya, E. A.. On Estimating Regression [J]. *Theory of Probability & Its Applications*, 1964, (1): 141 –142.

[255] Nee, V.. The Emergence of A Market Society: Changing Mechanisms of Stratification in China [J]. *American Journal of Sociology*, 1996, 101 (4): 908 –949.

[256] Newell, A., Pandya, K., Symons, J.. Farm Size and the Intensity of Land Use in Gujarat [J]. *Oxford Economic Papers*, 1997, 49 (2): 307 –315.

[257] Nguyen, T., Cheng, E., Findly, C.. Land Fragmentation and Farm Productivity in China in the 1990s [J]. *China Economic Review*, 1996, 7 (2): 169 –180.

[258] North, D. C.. *Institutions, Institutional Change, and Economic Per-*

formance [M]. Cambridge: Cambridge University Press, 1990.

[259] Offutt, S.. The Future of Farm Policy Analysis: a Household Perspective [J]. *American Journal of Agricultural Economics*, 2002, 84 (5): 1189 - 1200.

[260] Omamo, S. W.. Transport Costs and Smallholder Cropping Choices: An Application to Siaya District, Kenya [J]. *American Journal of Agricultural Economics*, 1998, 80 (1): 116 - 123.

[261] Pang, L., Scott, R., Alan, D. B.. Labor Supply of the Elderly in Rural China [J]. *China Economic Quarterly*, 2003, 2 (3): 721 - 730.

[262] Perelman, M.. Mechanization and the Division of Labor in Agriculture [J]. *American Journal of Agricultural Economics*, 1973, 41 (3): 523 - 526.

[263] Picazo. Tadeo, A. J., Reig-Martínez, E.. Outsourcing and Efficiency: the Case of Spanish Citrus Farming [J]. *Agricultural Economics*, 2006, 35 (2): 213 - 222.

[264] Pitt, M. M., Rosenzweig, M. R., Hassan, N. Human Capital Investment and the Gender Division of Labor in a Brawn-Based Economy [J]. *American Economic Review*, 2012, 102 (7): 3531 - 3560.

[265] Popkin, S.. *The Rational Peasant: The Political Economy of Rural Society in Vietnam* [M]. Berkeley: University of California Press, 1979.

[266] Postner, H. H.. *Factor Content of Canadian International Trade: An Input-Output Analysis* [M]. Ottawa: Economic Council of Canada, 1975.

[267] Pritchard, B., Burch, D., Lawrence, G.. Neither "Family" nor "Corporate" Farming: Australian Tomato Growers as Farm Family Entrepreneurs [J]. *Journal of Rural Studies*, 2007, 23 (1): 75 - 87.

[268] Prosteman, R., Hanstad, T., Li, P.. Can China Feed Itself? [J]. *Scientific American*, 1996, 275 (5): 90 - 96.

[269] Reinert, K. A.. Rural Non-farm Development: A Trade Theoretic View [J]. *Journal of International Trade and Economic Development*, 1998, 7 (4): 1 - 17.

[270] Rodríguez-Clare, A.. The Division of Labor and Economic Develop-

ment [J]. *Journal of Development Economics*, 1996, 49 (1): 3 -32.

[271] Schuh, G. E.. Specialization and Division of Labor: the Importance of Transportation in Promoting Agricultural Development. [C] // The Food Chain in Sub-Saharan Africa. Proceedings of A Workshop Held in Bamako, Mali, 15 - 19 October. 2001: 169 - 173.

[272] Schultz, T. W.. *The Economic Organization of Agriculture* [M]. New York: McGraw Hill, 1953.

[273] Schultz, T. W.. *Transforming Traditional Agriculture* [M]. New Haven: Yale University Press, 1964.

[274] Schultz, T. W.. *Origins of Increasing Returns* [M]. Oxford: Blackwell Publishers, 1993.

[275] Scott, J.. *The Moral Economy of the Peasant: Rebellion and Subsistence in Southeast Asia* [M]. New Haven: Yale University Press, 1976.

[276] Sen, A. K.. Peasants and Dualism with or without Surplus Labor [J]. *Journal of Political Economy*, 1966, 74 (5): 425 -450.

[277] Sen, A. K.. *Employment, Technology and Development* [M]. Oxford: Clarendon Press, 1975.

[278] Silverman, B. W.. *Density Estimation for Statistics and Data Analysis* [M]. London: Chapman & Hall, 1986.

[279] Sjaastad, L. A.. The Costs and Returns of Human Migration [J]. *The Journal of Political Economy*, 1962, 70 (5): 80 -93.

[280] Skoufias, E.. Household Resources, Transaction Costs and Adjustment through Land Tenancy [J]. *Land Economics*, 1995, 71 (1): 42 -56.

[281] Stigler, G.. The Division of Labor is limited by the Extent of the Market [J]. *Journal of Political Economy*, 1951, 59 (3): 185 - 193.

[282] Stock, J., Watson, M.. *Introduction to Econometrics, 3rd edition* [M]. Boston: Addison-Wesley, 2011.

[283] Stryer, J. D.. Population Density, Agricultural Technique. and Land Utilization in A Village Economy [J]. *The American Economic Review*, 1976, 66

(3): 347 -358.

[284] Tan, S., Heerink, N., Kruseman, G., et al. Do Fragmented Landholdings Have Higher Production Costs? Evidence From Rice Farmers in Northesatern Jiangxi, China [J]. *China Economic Review*, 2008, 19 (3): 347 -358.

[285] Townsend, R. F., Kirsten, J. F., Vink, N.. Farm Size, Productivity and Returns to Scale in Agriculture Revisited: A Case Study of Wine Producers in South Africa [J]. *Agricultural Economics*, 1998, 19 (1): 175 -180.

[286] Valentinov, V.. Nonprofit Organization and the Division of Labor: A Theoretical Perspective [J]. *Atlantic Economic Journal*, 2006, 34 (4): 435 -447.

[287] Vinnichek, L., Melnik, N.. Development of Agricultural Production on the Base of Territorial Labour Division [J]. *Mezhdunarodnyĭ Selskokhozyaĭstvennyĭ Zhurnal*, 2009: 20 -21.

[288] Wan, G. H., Cheng, E.. Effects of Land Fragmentation and Returns to Scale in the Chinese Farming Sector [J]. *Applied Economics*, 2001, 33 (2): 183 -194.

[289] Watson, G. S.. Smooth Regression Analysis [J]. *Sankhya Ser A*, 1964, 26 (4): 359 -372.

[290] Williamson, O. E.. Economies as an Anti-Trust Defence: The Welfare Tradeoffs [J]. *American Economic Review*, 1968, 58 (1): 18 -36.

[291] Williamson, O. E.. *The Economic Institutions of Capitalism: Firm, Markets, Relational Contracting* [M]. New York: The Free Press, 1985.

[292] Williamson, O. E.. Transaction Cost Economics and the Carnegie Connection [J]. *Journal of Economic Behavior and Organization*, 1996, 31 (2): 149 -155.

[293] Wintle, M.. Modest Growth and Capital Drain in an Advanced Economy: the Case of Dutch Agriculture in the Nineteenth Century [J]. *The Agricultural History Review*, 1991, 39 (1): 17 -29.

[294] Wolf, C. A.. Custom Dairy Heifer Grower Industry Characteristics and Contract Terms [J]. *Journal of Dairy Science*, 2003, 86 (2): 3016 -3022.

[295] Wu, Z., Liu, M., Davis, J.. Land Consolidation and Productivity in

Chinese Household Crop Production [J]. *China Economic Review*, 2005, 16 (1): 28 -49.

[296] Yang, X., Borland, J.. A Microeconomic Mechanism for Economic Growth [J]. *Journal of Political Economy*, 1991, 99 (3): 460 -482.

[297] Yang, X., Ng, Y. K.. Theory of the Firm and Structure of Residual Rights [J]. *Journal of Economy Behavior and Organization*, 1995, 26 (1): 107 - 126.

[298] Young, A.. Increasing Returns and Economic Progress [J]. *The Economic Journal*, 1928, (38): 527 -542.

[299] Zaibet, L. T., Dunn, E. G.. Land Tenure, Farm Size, and Rural Market Participation in Developing Countries: The Case of the Tunisian Olive Sector [J]. *Economic Development and Cultural Chang*, 1998, 46 (4): 831 -848.

[300] Zellner, A., Theil, H.. Three-Stage Least Squares: Simultaneous Estimation of Simultaneous Equations [J]. *Econometrica*, 1962, 30 (1): 54 -78.